Foster Cline und Jim Fay

Mit Liebe und Logik erziehen

Foster Cline und Jim Fay

Mit Liebe und Logik erziehen

Kindern helfen, verantwortungsbewusst zu leben

Ein Ratgeber für die ersten 12 Lebensjahre

GloryWorld-Medien

2. Auflage 2022

Das Buch folgt den Regeln der Deutschen Rechtschreibreform. Die Bibelzitate wurden diesen Rechtschreibregeln angepasst.

Übersetzung/Satz: Manfred Mayer
Umschlaggestaltung: Kerstin & Karl Gerd Striepecke, www.vision-c.de
Umschlagmotiv: Adobe Stock

Printed in the EU

ISBN: 978-3-95578-370-9
Bestellnummer: 356370

Erhältlich beim Verlag:

GloryWorld-Medien
Beit-Sahour-Str. 4
D-46509 Xanten
Tel.: 02801-9854003
Fax: 02801-9854004
info@gloryworld.de
www.gloryworld.de

oder in jeder Buchhandlung

Stimmen zum Buch

Eine bessere „Bedienungsanleitung für Eltern" werden Sie nicht finden. Jetzt können Eltern Fehler als wunderbare Lernmöglichkeiten zulassen, um respektvolle, verantwortungsvolle und fürsorgliche Kinder zu erziehen.

Gloria Sherman, M.A.
Schulberaterin, Lapeer, Michigan

Mit Liebe und Logik erziehen ist ein wesentlicher Bestandteil für unsere Schüler, Eltern und Lehrer. In den letzten vierzehn Jahren wurden Tausende von Familien in unserem Schulbezirk durch diese Prinzipien positiv beeinflusst.

Leonard R. Rezmierski, Ph.D.
Superintendent, Northville Public Schools

Mit Liebe und Logik erziehen ist ein Muss für alle Eltern in Amerika! Dies ist das nützlichste Buch, das ich je gelesen habe. Und es funktioniert wirklich! Meine Kinder benutzen es bei mir, ihren Freunden und ihren Lehrern! Daher weiß ich, dass es wirklich funktioniert!

Lorynda Sampson
Lehrerin des Jahres 2003 in Colorado

Seit fast zwanzig Jahren gebe ich gerne die mächtige und trotzdem einfache Weisheit von Jim Fay und Foster Cline an meine Kunden weiter. Die Prinzipien von *Mit Liebe und Logik erziehen* sind praktische, bewährte Methoden, die Eltern helfen, verantwortungsvolle, liebevolle und selbstbewusste Kinder großzuziehen.

Carol R. Cole, Ph.D., LMFT

Mit Liebe und Logik erziehen ist ein großartiges Buch für Eltern, das wichtige Konzepte und praktische Lösungen bietet, um Kindern zu helfen, emotional, sozial und moralisch gesund zu werden.

Therry M. Levy, Ph.D.
Co-Direktor des Evergreen Psychotherapie-Zentrums

Dieses Buch gibt Eltern die Werkzeuge an die Hand, um eine lebenslange Beziehung aufzubauen, die auf Respekt, Einfühlungsvermögen, Wertschätzung und Liebe basiert. *Mit Liebe und Logik erziehen* lehrt Kinder von klein auf, nachzudenken und Probleme zu lösen.

Stephanie Bryan,
klinische Sozialarbeiterin und Elterncoach
www.REALparenting.net

Dieser witzige, unterhaltsame Leitfaden für die Arbeit mit Kindern enthält praktische und leicht anwendbare Prinzipien für die Arbeit zu Hause und in der Schule.

Larry Anderson
Vater und Pädagoge

INHALT

Für all die Eltern und Kinder (einschließlich unserer eigenen!), die meine Lehrer waren, und für meine Frau Hermie, die mich unterstützt hat.

Foster Cline

Für meine Frau Shirley, deren Liebe, Unterstützung und Weisheit seit jeher eine Quelle der Motivation und Stärke für mich sind.

Jim Fay

Vorwort

Es hat uns sehr gefreut, wie die Bücher *Mit Liebe und Logik erziehen* sowie *Teenager mit Liebe und Logik erziehen*[1] weltweit aufgenommen worden sind. Eltern auf sechs Kontinenten – alle außer der Antarktis – haben Liebe-und-Logik-Konzepte effektiv umgesetzt. Seit der ersten Ausgabe haben wir begeistert die Erfolgsgeschichten von Eltern gesammelt, die uns aufgeregt und stolz von der Erziehung ihrer Kinder mit Wahlmöglichkeiten, Konsequenzen und Einfühlungsvermögen erzählten, wie es in *Mit Liebe und Logik erziehen* gelehrt werden.

Seit der ersten Ausgabe hat sich die Welt offensichtlich in vielerlei Hinsicht verändert. Damals gab es noch keine Computerspiele, keine Smartphones, keine Chatrooms und keine sozialen Medien. Kleinkinder besaßen kein Plastikspielzeug, das ihnen half, lesen und schreiben zu lernen. Doch ganz unabhängig von den Generationen läuft eine gute Erziehung letztlich auf liebevolle Beziehungen und eine effektive Kommunikation zwischen Eltern und Kindern hinaus, die Respekt und Selbstdisziplin zur Folge haben.

Unser Ziel hat sich nicht verändert, aber diese Ausgabe enthält Informationen, wie Eltern gezielt mit den neuen Herausforderungen umgehen können, vor denen unsere Kinder heute stehen.

Wir danken den Eltern, die uns erzählt haben, dass ihnen die Prinzipien in diesem Buch geholfen haben, Kinder großzuziehen, die gute Entscheidungen treffen können, liebevoll und verantwortungsbewusst sind und mit denen man gerne zusammen ist. Wir danken auch denen, die uns Ideen und Anregungen gegeben haben, von denen einige in diese Ausgabe eingeflossen sind.

Foster Cline und Jim Fay

[1] Die dt. Version erscheint im Verlauf von 2020 bei GloryWorld-Medien.

Einführung

Noch vor wenigen Jahrzehnten haben frischgebackene Eltern die Feinheiten der Kindererziehung am Beispiel ihrer Eltern gelernt: Sie nahmen deren Erziehungsmethoden und übertrugen diese auf ihre eigenen Kinder. Heute geht ein solcher Ansatz eher nach hinten los.

Wenn unsere Erziehungsmethoden versagen, werfen viele von uns frustriert die Arme in die Luft und sagen: „Ich verstehe es nicht. Bei meinem Vater hat es doch auch funktioniert!" Ja, das stimmt. Aber die Welt hat sich verändert. Die Menschenrechtsrevolution, die neuen Medien, das Internet, Mobiltelefone, Veränderungen in der Kernfamilie – diese und viele andere Faktoren haben grundlegend verändert, wie unsere Kinder das Leben sehen. Kinder sind heutzutage gezwungen, schneller heranzuwachsen, weshalb sie früher lernen müssen, mit den enormen Herausforderungen und dem Druck des heutigen Lebens umzugehen. Durch steigende Scheidungsraten, viele Alleinerziehende, Patchwork-Familien usw. hat sich vieles dramatisch verändert. Bei Kindern, die in der heutigen komplexen und sich schnell verändernden Welt leben, müssen Eltern lernen, andere Methoden anzuwenden.

An dieser Stelle kommt *Mit Liebe und Logik erziehen* ins Spiel. Warum die Begriffe Liebe und Logik? Effektive Erziehung konzentriert sich auf die Liebe: Liebe, die nicht nachgiebig ist, Liebe, die keine Respektlosigkeit toleriert, aber auch Liebe, die stark genug ist, dass sie Kindern erlaubt, Fehler zu machen und mit den Folgen dieser Fehler zu leben. Die meisten Fehler haben logische Konsequenzen. Und wenn wir diese Konsequenzen mit Empathie begleiteten – unser mitfühlendes Verständnis für die Enttäuschung, Frustration und den Schmerz des Kindes –, haben sie die Kraft, dass sich Denkweisen verändern.

Wir haben das Buch in zwei Teile gegliedert. Im ersten Teil werden wir unsere Erziehungskonzepte im Allgemeinen darlegen. Diese kreisen um den Aufbau des Selbstbildes, die Trennung von Problemen, die Entschärfung von Zorn und Streit, die Verwendung von Nachdenkworten und durchsetzbaren Aussagen, das Anbieten von Wahlmöglichkeiten und das Aktivieren unseres Mitgefühls, bevor unsere Kinder mit den Folgen ihrer Fehler konfrontiert werden. Diese sind die Bausteine einer effektiven Kindererziehung. Teil 1 enthält mit den „Liebe-und-Logik-Tipps“ außerdem einige zusätzliche Leckerbissen an Information, die viele der Liebe-und-Logik-Prinzipien mit nützlichen Hinweisen ergänzen.

Im zweiten Teil wird es praktisch. Die 46 *Liebe-und-Logik-Perlen* bieten alltägliche Strategien für den Umgang mit Problemen, mit denen die meisten Eltern in den ersten zwölf Jahren des Lebens ihrer Kinder konfrontiert sind. Diese Perlen bauen auf den Grundgedanken der ersten Hälfte des Buches auf und sollten erst verwendet werden, wenn man den ersten Teil gelesen und verstanden hat.

Mit Liebe und Logik erziehen ist keine narrensichere Methode, die jedes Mal funktioniert. Keine Methode kann das versprechen. Aber es *ist* eine Methode, die in den meisten Situationen mit großer Wahrscheinlichkeit funktioniert. Obwohl Liebe und Logik kein umfassendes System ist, ist es doch ein vollständiges System. Das heißt, man kann auf diesen Seiten nachlesen, wie man am besten mit fast jedem Problem umgeht, obwohl das Buch nicht jedes Detail der Eltern-Kind-Beziehung enthält. Eltern werden mit der Liebe-und-Logik-Haltung Erfolg haben. Sobald man diese Haltung beherrscht, wird der Umgang mit den meisten Problemen zur Selbstverständlichkeit, auch wenn ein bestimmtes Problem nicht speziell behandelt wurde. Unser Ansatz ist eher eine Haltung, die es unseren Kindern ermöglicht, reifer zu werden, wenn sie älter werden. Diese Haltung lehrt sie zu denken, zu entscheiden und mit ihren Entscheidungen zu leben. Kurz gesagt, bringt sie ihnen Verantwortungsbewusstsein bei, und das ist es, worum es bei der Erziehung geht. Wenn wir unseren Kindern beibringen können, verantwortlich zu handeln, haben wir einen großen Teil unserer elterlichen Aufgabe erfüllt.

Die Bibel gibt Einblicke in viele Erziehungsfragen. Vieles von dem, was dieses Buch lehrt, ist in einem bekannten alttestamentlichen Spruch schön zusammengefasst:

> *Bring dein Kind schon in jungen Jahren auf den richtigen Weg, dann hält es sich auch im Alter daran* (Sprüche 22,6).

Welch größeres Geschenk können Eltern ihren Kindern machen, als ihnen ein fröhliches, produktives und verantwortungsvolles Erwachsenenleben zu eröffnen? Wir glauben, dass die Prinzipien dieses Buches dazu beitragen werden, dass Sie dieses Ziel erreichen.

TEIL 1

Liebe-und-Logik-Eltern

Kapitel 1

Erziehung: Freude oder Alptraum?

Ein kluger Sohn lässt sich von seinen Eltern zurechtweisen, der Spötter aber verachtet jede Belehrung.

Sprüche 13,1

Eine Mutter und ein Vater stehen im Regen vor einem Restaurant und bitten ihre dreijährige Chloe, ins Auto zu steigen, damit die Familie nach Hause fahren kann. Chloe weigert sich. Ihre Eltern verbringen die nächsten fünfzehn Minuten damit, sie zu bitten und anzubetteln, es selbst zu tun. Irgendwann geht der Vater in den Pfützen auf die Knie und versucht, sie zu überzeugen, ins Auto zu steigen. Sie geht schließlich darauf ein, aber erst, nachdem ihre Eltern zugestimmt haben, ihr auf dem Heimweg eine Limo zu kaufen. Wenn sie eine Limo benutzen müssen, um sie als Dreijährige zu bestechen, was werden sie dann erleben, wenn sie erst einmal sechzehn Jahre alt ist?

Jim sitzt im Flughafen und wartet auf einen Flug. Er beobachtet, wie eine Mutter im Laufe einer Stunde ihrem dreijährigen Jungen mindestens achtzig verschiedene Anweisungen gibt, ohne jemals eine davon durchzusetzen:

„Komm zurück, Jasper!“
„Geh nicht da rüber, Jasper!“
„Du solltest mir besser zuhören, Jasper, sonst gibt’s was!“
„Ich meine es ernst, Jasper!“
„Renne nicht herum, Jasper!“

„Komm zurück, damit dir nichts passiert, Jasper!“

Jasper findet schließlich den Weg dorthin, wo Jim sitzt. Das Kleinkind lächelt ihn an, während es seine Mutter ignoriert. Die Mutter schreit: „Jasper, geh weg von diesem Mann! Du kommst sofort hierher!“

Jim lächelt Jasper an und fragt: „Hey, Jasper, was wird deine Mutter tun, wenn du nicht zu ihr gehst?“

Er schaut auf und grinst. „Sie wird nichts tun.“ Und dann blinzeln seine Augen und sein Grinsen wird breiter.

Es stellte sich heraus, dass er Recht hat. Schließlich kommt sie und entschuldigt sich. „Es tut mir leid, dass er Sie stört, aber Sie wissen, wie Dreijährige sind. Sie hören nicht auf eine einzige Sache, die man ihnen sagt.“

An einem Samstag in einem örtlichen Supermarkt haben zwei Jungen – fünf und sieben Jahre alt – den Krieg erklärt. Wie Guerillas schleichen sie sich von Gang zu Gang, verstecken sich hinter Regalen und lassen ihre Sportschuhe auf dem Fliesenboden quietschen. Plötzlich unterbricht ein lauter Knall – die Folge ihrer Mutprobe mit den Einkaufswagen – die ansonsten beruhigende Hintergrundmusik.

Die Mutter, die diese selbsternannte Kommandoeinheit aus den Augen verloren hat, lässt ihren halb gefüllten Wagen stehen. Als sie um die Ecke kommt, zieht sie mit ihren Schreien die Aufmerksamkeit der anderen Kunden auf sich: „Bleib da!“ „Fass das nicht an!“ „*Du* – komm hier rüber!“ Sie rennt den Jungs hinterher, und als sie ihre verschwitzten Hälse packen will, gehen sie zu Taktik B über: Sie trennen sich. Jetzt muss sie in zwei Richtungen auf einmal laufen, um sie anzuschreien. Vor Anstrengung keuchend, schnappt sie den Jüngeren, der gerade am Regal mit den Cerealien vorbeigeschlittert ist und dabei eine Reihe Kartons heruntergeworfen hat. Doch als sie ihn zu ihrem Wagen zurückbringt, ist der ältere Junge weg. Sie findet ihn in der Obstabteilung, wo er kernlose Trauben wie Murmeln auf dem Boden rollt.

Nachdem sie Junge Nummer Zwei aufgegabelt und zurückgebracht hat, Sie haben es erraten, stellt sie fest, dass Junge Nummer Eins verschwunden ist. Mama sprintet wieder von ihrem Wagen weg. Erst als sie mit Mord und der Verpfändung ihres Computerspiels gedroht hat, sind die Jungs wieder alle da.

Aber der Kampf ist noch nicht vorbei. Taktik C folgt: das Spiel „Fülle den Wagen, wenn Mama nicht hinsieht". Bald stapeln sich Schokolinsen, Kekse, Vanillewaffeln und Schokoriegel hoch im Wagen. Mama rast hin und her und legt die Leckereien wieder ins Regal. Darauf folgt das typische Schelmengrinsen und eine weitere Runde Drohungen von Mama: „Tu das nicht!" „Ich hau dir auf die Finger!" Und in einem Schrei der Verzweiflung: „Ich werde euch nie mehr aus dem Haus lassen!"

Erschöpft, belästigt und kaputt gibt Mama schließlich auf und kauft sich mit Schokoriegeln frei – eine Waffenruhe, die genügend Frieden garantiert, um ihre Einkaufstour beenden zu können.

Haben wir schon Spaß?

Oh ja, Erziehung – Freude und Lohn. Voller Optimismus werden wir Eltern. Während des nächtlichen Stillens und des ekligen Windelwechseln wissen wir, dass wir die Grundlage für eine lebenslange Beziehung legen, die ein Segen für uns sein wird, wenn unser Haar grau wird oder verschwindet. Wir freuen uns auf Zeiten der Zärtlichkeit und der Liebe, gemeinsame Freuden und Enttäuschungen, Umarmungen und Ermutigungen, Worte des Trostes und tiefe Gespräche.

Aber in den vorangegangenen Geschichten machte den Eltern die Erziehung nicht gerade große Freude. Es waren keine frisch geschrubbten Engelchen, die durch ihr Leben flogen und an jedem ermutigenden Wort hingen, das von Mamas oder Papas Lippen kam. Wo war diese angenehme, liebevolle, persönliche Beziehung zwischen Eltern und Kind? Die erhebende Freude, Eltern zu sein, wird durch eine unmittelbare Sorge ausgelöscht: das Überleben. Erziehung – der Alptraum.

Solche Szenen passieren den Besten von uns. Wir würden dann am liebsten die Arme in die Luft werfen und schreien: „Kinder! Sind sie wirklich die Mühe wert?" Manchmal können Kinder mehr Stress verursachen als ein Haus mit nur einer Dusche. Wenn wir an die enorme Liebe denken, die wir in das Leben unserer Kinder hineinpumpen, und dann an das freche, ungehorsame, undankbare Verhalten, das wir im Gegenzug erhalten, kann uns das ziemlich ausbrennen. Neben dem, dass sie uns täglich Mühe bereiten, stellen uns Kinder vor die vielleicht größte Herausforderung unseres Erwachsenseins: unsere Kinder zu verantwortungsbewussten Erwachsenen zu erziehen.

Durch das Wunder der Geburt erhalten wir ein winziges, wehrloses Baby, das für alle körperlichen Bedürfnisse völlig von uns abhängig ist. Wir haben höchstens achtzehn Jahre Zeit, um diesen Säugling auf eine Welt vorzubereiten, die grausam und herzlos sein kann. Der Erfolg dieses Kindes in der realen Welt hängt zu einem großen Teil davon ab, wie gut wir als Eltern sind. Nur daran zu denken, dass man verantwortungsbewusste, lebenstaugliche Kinder großziehen soll, jagt einem einen ernüchternden Schauer der Verantwortung über den elterlichen Rücken. Viele von uns haben sich nach einem solchen Gedanken unwohl gefühlt: *Wenn ich schon nicht in der Lage bin, einen Fünfjährigen in einem Lebensmittelgeschäft zu bändigen, was soll ich dann mit einem Fünfzehnjährigen machen, der enorm viel von Sex zu verstehen scheint und die Tage zählt, bis er einen Führerschein bekommt?*

Den Spaß in die Erziehung zurückbringen

Es ist nicht alles so düster. Vertrauen Sie uns! Es gibt Hoffnung, ein helles Leuchtfeuer am Ende des Tunnels der elterlichen Frustration. Erziehung muss keine Plackerei sein. Kinder können zu vernünftigen, verantwortungsbewussten Erwachsenen werden. Wir können ihnen dabei helfen, ohne einen achtzehnjährigen Horrorfilm zu überstehen.

Bei der Erziehung mit Liebe und Logik geht es darum, verantwortungsbewusste Kinder großzuziehen. Es ist eine Win-Win-Philosophie. Eltern gewinnen, weil sie lernen, ihre Liebe auf eine gesunde Art und Weise auszudrücken und die Kontrolle über ihre Kinder zu übernehmen, ohne auf Wut und Drohungen zurückzugreifen, die rebellisches Teenagerverhalten fördern. Kinder gewinnen, weil sie Verantwortlichkeit und die Logik des Lebens lernen, indem sie ihre eigenen Probleme lösen. So erwerben sie die Werkzeuge, um in der realen Welt bestehen zu können.

Eltern und Kinder können eine lohnende Beziehung aufbauen, die auf Liebe und Vertrauen aufgebaut ist. Was für ein Angebot! *Mit Liebe und Logik erziehen* bringt den Spaß in die Erziehung zurück.

Kapitel 2

Verantwortungsbewusste Kinder großzuziehen, ist möglich

Bring dein Kind schon in jungen Jahren auf den richtigen Weg, dann hält es sich auch im Alter daran.

Sprüche 22,6

Alle liebevollen Eltern stehen im Wesentlichen vor der gleichen Herausforderung: Kinder zu erziehen, die klar denken können und gute Chancen haben, es in der großen Welt zu schaffen. Jede aufrichtige Mutter und jeder aufrichtige Vater strebt danach, dieses Ziel zu erreichen. Wir müssen unsere geliebten Nachkommen ausrüsten, damit sie den Übergang von der totalen Abhängigkeit von uns zur Unabhängigkeit vollziehen, von der Kontrolle durch uns zur Selbstkontrolle.

Seien wir ehrlich: In diesem unglaublich komplexen, sich schnell verändernden Zeitalter sind verantwortungsbewusste Kinder die Einzigen, die in der Lage sein werden, in der realen Welt zu bestehen, die sie erwartet. Teenager – und noch jüngere Kinder – sind auf Schritt und Tritt mit Entscheidungen über Leben und Tod konfrontiert. Viele Versuchungen des Erwachsenenlebens – Drogen, Internet-Pornografie, vorehelicher Sex, Alkohol – werden jeden Tag auf Kinder losgelassen. Die Statistiken über Teenagerdepressionen und Selbstmorde belegen die Ernsthaftigkeit der elterlichen Aufgabe. Wie werden unsere Kinder mit so viel Druck umgehen? Welche Entscheidungen werden sie angesichts dieser Entscheidungen über Leben und

Tod treffen? Was werden sie tun, wenn wir ihnen nicht mehr weise Worte in die Ohren schütten? Reicht es aus, ihnen nur sagen, sie müssten verantwortungsbewusst sein? Das sind die Fragen, die die Entwicklung unserer Erziehungsphilosophie leiten sollten.

Die Schwere der Erziehungsaufgabe wurde mir (Jim) vor einigen Jahren klar, als mein Sohn Charlie ein Teenager war. Charlie bat darum, das Familienauto benutzen zu dürfen, um auf eine Party zu fahren. „Es ist die Party des Jahres“, sagte Charlie. „Jeder, der zählt, wird da sein.“

Ich vertraute Charlie und hätte ihm das Auto geliehen, aber ich musste noch am selben Abend einen Vortrag halten. Shirley, Charlies Mutter, hatte auch schon Pläne, für die sie das zweite Auto brauchte.

„Warum fährst du nicht mit Randy hin?“, schlug ich vor und bezog mich damit auf Charlies besten Freund.

Charlie schüttelte den Kopf. „Okay, alles klar. Ich schätze, ich werde dann nicht gehen.“ Dann ging er auf sein Zimmer. Ich wusste, dass etwas nicht stimmte. Dies war *die* Party des Jahres, also sprach ich mit Charlie und versuchte, einige weitere Informationen zu bekommen. Randy hatte wohl angefangen, auf Partys zu trinken, und Charlie wollte lieber zu Hause bleiben, als die Gefahr zu riskieren, mit einem Freund zu fahren, der wahrscheinlich trinken und trotzdem fahren würde.

In dieser Nacht kam Randy, der nach der Party betrunken war, mit 130 km/h in der Stunde von der Straße ab und stürzte mit fünf Mitfahrern einen Berg hinab.

Heute, etwa zwei Jahrzehnte später, hat Charlie seinen Doktortitel erworben und ist Mitarbeiter an unserem Institut. Er unterrichtet jetzt andere die gleichen Erziehungsmethoden, die sein eigenes Leben gerettet haben. Weil er gelernt hatte, ein verantwortungsvoller Teenager zu sein, hat er unzähligen anderen geholfen, anstatt in dieser Nacht zu sterben.

Leider beginnen viele Kinder ihre herausfordernden und lebensbedrohlichen Teenagerjahre ohne eine Ahnung davon, wie man Entscheidungen trifft. Sie „wissen es besser“, probieren aber trotzdem Drogen. Sie ignorieren gute Ratschläge von Eltern und anderen Erwachsenen und versuchen sich mit Sex. Obwohl sie gewarnt wurden, vorsichtig zu sein, werden sie immer noch von Internet-Verführern in Treffen gelockt. Warum wirken junge Menschen manchmal so dumm und selbstzerstörerisch? Die tragische Wahrheit ist, dass viele dieser dummen Entscheidungen die ersten echten Entscheidungen sind, die sie je getroffen haben. In der Kindheit wurden Entscheidungen für sie immer von wohlmeinenden Eltern getroffen. Wir müssen verstehen, dass gute Entscheidungen zu treffen, eine Aktivität wie jede andere ist: Man muss es lernen. Die Teenager, die die falsche Wahl beim Alkohol treffen, sind wahrscheinlich die gleichen Kinder, die nie gelernt haben, wie man die Hände aus der Keksdose raushält.

Eltern, die ihre Erziehungsaufgabe ernst nehmen, wollen verantwortungsbewusste Kinder großziehen – Kinder, die in jedem Alter die wichtigen Entscheidungen ihres Lebens mit Reife und Vernunft angehen können. Gute Eltern lernen, das Beste für ihre Kinder zu tun. Diese kleinen Frechdachse, die so unschuldig und verspielt wirken, werden eines Tages erwachsen werden. Wir wollen für unsere Kinder alles Menschenmögliche tun, damit sie eines Tages selbstbewusst in die reale Welt eintreten können. Und wir tun alles im Namen der Liebe. Aber Liebe kann uns in Schwierigkeiten bringen – nicht die Liebe an sich, sondern wie wir sie zeigen. Unsere edlen Absichten sind oft unser eigener schlimmster Feind, wenn es darum geht, verantwortungsbewusste Kinder großzuziehen.

Entgegen der landläufigen Meinung kommen viele der schlimmsten Kinder – die respektlosesten und rebellischsten – oft aus Familien, in denen ihnen Liebe gezeigt wird, aber einfach die falsche Art von Liebe.

Ineffektive Erziehungsstile

Helikopter-Eltern

Einige Eltern denken, Liebe bedeute, ihr Leben müsse sich um ihre Kinder drehen. Sie sind „Helikopter-Eltern“. Sie schweben über ihnen und retten ihre Kinder, wenn es Probleme gibt. Sie sind ständig damit beschäftigt, Pausenbrote, Erlaubniszettel, Musikinstrumente oder Hausaufgaben in die Schule hinterherzutragen. Sie ziehen ihre Kinder immer aus der Patsche. Es vergeht kein Tag, an dem sie den Junior nicht vor etwas schützen – meist vor einer Erfahrung, die er braucht oder verdient, um zu wachsen. Sobald ihre Kinder ein

SOS-Signal geben, fliegen Helikopter-Eltern, die bereits in der Nähe schweben, herbei und schützen die Kinder vor Lehrern, Spielkameraden und anderen feindlich erscheinenden Elementen.

Während diese „liebevollen" Eltern heute das Gefühl haben, den Weg ihrer Kinder ins Erwachsenenalter zu erleichtern, werden morgen dieselben Kinder das Haus verlassen und die ersten achtzehn Monate ihres Erwachsenenlebens verschwenden, bis sie aus dem College fliegen oder doch noch die Kurve kriegen. Solche Kinder sind für die Herausforderungen des Lebens nicht gerüstet. Ihre entscheidenden Lernmöglichkeiten wurden ihnen im Namen der Liebe gestohlen.

Die Ironie ist, dass Helikopter-Eltern von anderen oft als Modelleltern angesehen werden. Sie fühlen sich unwohl dabei, Konsequenzen aufzuerlegen. Wenn sie sehen, dass ihre Kinder leiden, leiden sie auch und helfen ihnen deshalb aus der Klemme.

Aber die reale Welt funktioniert nicht nach dem Rettungsprinzip. Strafzettel, überfällige Rechnungen, verantwortungslose Menschen, lähmende Krankheiten, Steuern – diese und andere normale Ereignisse des Erwachsenenlebens verschwinden in der Regel nicht, weil uns ein netter Wohltäter aus der Patsche hilft. Helikopter-Eltern versäumen es, ihre Kinder darauf vorzubereiten, diese Art von Welt zu erleben.

Die Entwicklung der Helikopter-Eltern: Das Turbo-Angriffs-Helikoptermodell

Beim Schreiben der ersten Version dieses Buches waren die Helikopter-Eltern, an die wir gewöhnt waren, im Vergleich zur heutigen Version relativ harmlos. Inmitten des Wohlstands der 1990er-Jahre entstand ein neuer Typ Eltern, der nicht mehr nur rettete und verteidigte, sondern mit rauchenden Gewehren und zielgerichteten Raketen einflog, um jeden anzugreifen, der sein Kind für seine Handlungen verantwortlich machte. Wir nennen sie inzwischen das „Düsentrieb-Turbo-Angriffsmodell" der Helikopter-Eltern.

Diese Eltern sind von dem Wunsch besessen, eine perfekte Welt für ihre Kinder zu schaffen. Diese perfekte Welt ist eine Welt, in der ihre Kinder nie mit Problemen, Unannehmlichkeiten, Unbequemlichkeiten oder Enttäuschungen konfrontiert sind. Es ist ein Leben, in dem das Kind mit den besten Zeugnissen ins Erwachsenenalter eingeführt werden kann. Auf dem Papier sehen sie mit all ihren guten Noten, außerschulischen Aktivitäten, Preisen und besonderen Auszeichnungen großartig aus. Diese Kinder führen ein Leben, in dem ihre Fehler unter den Tisch gefegt werden. Wir haben oft gehört, wie Helikopter-Eltern sagten: „Es ist eine von Konkurrenz geprägte Welt da draußen und ich möchte, dass meine Kinder jeden möglichen Vorteil haben. Sie sollen später nicht durch Fehler, die sie in jungen Jahren machen, aufgehalten werden."

Diese Eltern stürzen sich in ihrem Eifer, ihre Kinder zu schützen, wie ein düsengetriebener Apache-Angriffshubschrauber auf jede Person oder Behörde, die sie als Bedrohung für die tadellose Qualifikation ihres Kindes sehen. Mit verbalen Intelligenzbomben bewaffnet, sind sie schnell dabei, jeden in die Luft zu jagen, der hohe Standards für Verhalten, Moral oder Leistung setzt.

Ihr Kind zum Opfer zu erklären, ist ein beliebtes taktisches Manöver, mit dem Schulpersonal oder Sozialarbeiter dazu veranlasst werden sollen, in die Schützengräben abzutauchen. Lehrer und Schulverwalter werden durch das ständige Sperrfeuer dieser Eltern erschöpft. Es ist schrecklich enttäuschend zu sehen, wie Kinder lernen, andere für ihren mangelnden Erfolg zu beschuldigen, anstatt Menschen zu werden, die Ziele durch Arbeit und Entschlossenheit erreichen. Ich höre täglich von den düsengetriebenen Helikopter-Eltern, die sich nicht nur damit begnügen, ihre Kinder zu schützen, sondern lieber noch die Infrastruktur genau der Behörden zerstören würden, die sich für die Erziehung ihrer Kinder zu gebildeten, moralischen Menschen einsetzen.

Die Firma, die ein Helikopter-Kind einstellt, wird sich angesichts minderwertiger Leistungen nicht vom elterlichen Druck einschüchtern lassen. Ein perfektes Image und ein makelloses Schulzeugnis sind ein schlechter Ersatz für den Charakter und die Einstellung, dass sich Erfolg durch Mühe und Ausdauer einstellt. Ein solcher aggressiver Schutz ihrer Kinder wird nur das genaue Gegenteil von dem erreichen, was Helikopter-Eltern erreichen wollen.

Feldwebel-Eltern

Andere Eltern gleichen eher Feldwebeln. Auch diese lieben ihre Kinder. Sie haben das Gefühl, je mehr sie brüllen und kontrollieren, desto besser werden ihre Kinder auf lange Sicht sein. „Diese Kinder werden Disziplin haben", sagt der Feldwebel. „Sie werden wissen, wie man sich richtig verhält." Tatsächlich wird ihnen ständig *gesagt,* was sie tun sollen.

Wenn die Feldwebel-Eltern mit den Kindern sprechen, sind ihre Worte voller Herabsetzungen und „Ich hab's dir gleich gesagt"-Bemerkungen. Diese Eltern sind an der Macht! Wenn Kinder nicht tun, was ihnen gesagt wird, werden Feldwebel-Eltern es ihnen schon beibringen.

Haben Kinder von Feldwebel-Eltern die Chance, selbst zu denken, treffen sie oft schreckliche Entscheidungen – zur völligen Bestürzung und Enttäuschung ihrer Eltern. Aber das ist nur logisch. Diese Kinder sind in der Welt der Entscheidungsfindung wie Anfänger. Sie hatten es ja nie nötig zu denken – darum kümmerte sich der Feldwebel. Den Kindern wurde ihr Leben lang befohlen. Sie sind genauso abhängig von ihren Eltern wie die Kinder von Helikopter-Eltern.

Erreichen die Kinder von Feldwebel Eltern ihre Teenager-Jahre, sind sie außerdem für Gruppenzwänge anfälliger als die meisten anderen Jugendlichen. Warum? Weil sie als Kinder, als Fehler noch kleine Folgen hatten, nie ihre eigenen Entscheidungen treffen durften, sondern trainiert wurden, auf eine Stimme außerhalb ihres Kopfes zu hören – die ihrer Eltern. Wenn sie jedoch ihr Teenageralter erreichen und nicht mehr auf ihre Eltern hören wollen, folgen sie immer noch dem gleichen Muster, nur dass diesmal die Stimme außerhalb ihrer Köpfe nicht mehr ihren Eltern gehört, sondern ihren „Freunden". Feldwebel-Eltern neigen dazu, Kinder heranzuziehen, die Gefolgsleute sind, weil sie nie gelernt haben, wie man selbst Entscheidungen für sich trifft.

Eltern senden ihren Kindern Botschaften, die zum Ausdruck bringen, wozu ihre Kinder ihrer Meinung nach fähig sind. Die Botschaft, welche die Helikopter-Eltern senden, lautet: „Du bist fragil und kannst es ohne mich nicht schaffen." Die Botschaft des Feldwebels lautet: „Du kannst nicht für dich selbst denken, also werde ich es für dich tun." Zwar können beide Elterntypen ihre Kinder in den ersten

Jahren erfolgreich kontrollieren, doch werden sie ihren Kindern einen schlechten Dienst erwiesen haben, sobald die Pubertät erreicht ist. Helikopter-Kinder werden zu Jugendlichen, die mit äußeren Einflüssen nicht zurechtkommen, nicht selbstständig denken oder ihre eigenen Probleme lösen können. Feldwebel-Kinder, die viel salutiert haben, als sie jung waren, werden auch als Teenager viel salutieren, aber der Salut ist anders: eine erhobene Faust oder eine freche Geste mit dem Mittelfinger.

Liebe-und-Logik-Tipp 1

Die Laissez-faire-Eltern

Eine weitere, weniger verbreitete Erziehungsform, die hier nebenbei erwähnt werden sollte, ist das, was wir die Laissez-faire-Eltern nennen. Dies sind Eltern, die aus dem einen oder anderen Grund – sei es, weil sie unsicher im Umgang mit ihrem Kind oder durch die Vielfalt der Erziehungsmeinungen und -ratschläge verwirrt sind – beschließen, ihre Kinder sich selbst aufziehen zu lassen. Einige haben die Theorie geglaubt, Kinder würden mit der Fähigkeit geboren werden zu wissen, was richtig für sie sei, wenn man ihnen nur die Zeit und Gelegenheit dafür gäbe, und sie würden schließlich zu erfolgreichen, kreativen Menschen heranwachsen, falls die Eltern einfach aus dem Weg gingen und sich nicht einmischten. Andere glauben, dass sie der beste Freund ihres Kindes sein sollten und dass der Erhalt dieser Beziehung wichtiger sei, als dem Kind irgendeine Form von Selbstdisziplin oder Charakter beizubringen. Wieder andere fühlen sich schuldig, weil sie außer Hause arbeiten und deshalb wenig Zeit mit ihren Kindern verbringen können. Anstatt ihre Kinder für ihre Taten verantwortlich zu machen, lassen sie sie einfach frei laufen und glauben, dass es den Mangel an „Quantität" ausgleicht, wenn sie eine „qualitätsvolle" Zeit mit ihren Kindern verbringen, und dass in den richtigen „Qualitätsmomenten" schließlich ein Verantwortungsbewusstsein auf die Kinder abfärbt. Und noch andere wissen einfach nicht mehr, was sie tun sollen, und haben es deshalb aufgegeben.

Wir möchten betonen, dass es sich dabei um gar keine Erziehungsmethode handelt, sondern um einen Rückzieher bzw. ein Missverständnis von Erziehungsverantwortung. Wie Jim gerne sagt: „Wären Kinder dazu bestimmt, den Haushalt zu führen, wären sie größer geboren worden." Während Kinder in der Lage sein sollten, sich zwischen sicheren und verantwortungsbewussten

Optionen zu entscheiden (wie wir im nächsten Abschnitt erläutern werden), empfehlen wir nicht, sie alles selbst entscheiden oder gar von natürlichen Konsequenzen lernen zu lassen, die schädliche Auswirkungen haben können. Der „Liebesteil" von Liebe und Logik betont die Erziehung des Kindes zu der verantwortlichen, kompetenten Person, die das Kind nach Auffassung der Eltern und der Gesellschaft sein kann. Dies erfordert einige Überlegungen und Vorbereitungen seitens der Eltern, aber wie Sie in den folgenden Kapiteln sehen werden, sind die Ergebnisse die Mühe und das Engagement wert.

Der effektive Erziehungsstil von Liebe und Logik

Beratende Eltern

Helikopter können nicht ewig schweben, und Feldwebel werden irgendwann heiser. Erlauben Sie uns, eine Alternative vorzustellen, die von Liebe-und-Logik-Eltern eingesetzt wird und ein Leben lang gut funktioniert. Obwohl sie bei Teenagern besonders effektiv ist, spiegelt sie auch die Einstellung wider, die Eltern von der Zeit an haben sollten, in der ihre Kinder Kleinkinder sind. Wir nennen es den beratenden Erziehungsstil.

Wenn Kinder ins Teenageralter kommen, werden sie von konkreten Denkern zu abstrakten Denkern. Kinder brauchen eine durchdachte Führung und feste, durchsetzbare Grenzen. Diesen Grenzen liegen die Sicherheit des Kindes und die Auswirkungen seines Verhaltens auf andere zugrunde. Dann müssen wir bei diesen Grenzen bleiben, um den Kindern verstehen zu helfen, dass sie für ihr Handeln verantwortlich sind und dass unangemessene Handlungen entsprechende Folgen haben werden. Es ist zwar so, dass die Eltern diese Grenzen setzen und einfordern, doch ist es für sie wichtig, ihre Kinder weiterhin zu ermutigen, über ihr Verhalten nachzudenken, und ihnen zu helfen, das Gefühl zu haben, dass sie ihre Handlungen selbst kontrollieren, indem sie innerhalb dieser Grenzen Entscheidungen treffen dürfen. Hier kommen die beratenden Eltern ins Spiel.

Werden aus unseren Kindern dann Jugendliche, wird dieser Erziehungsstil noch wichtiger. Teenager ärgern sich oft über Regeln und rebellieren gegenüber festen Grenzen, weil sie inzwischen anders denken als damals, als sie jünger waren. Aufgrund dieser wichtigen

Veränderung der Wahrnehmung müssen Eltern ihren Erziehungsstil an die Bedürfnisse der neuen Denkprozesse ihrer Jugendlichen anpassen. Sie halten sich ein wenig von ihrer Rolle als „Durchsetzer" von Grenzen zurück und lassen vernünftige, reale Konsequenzen die Lehre übernehmen. Sie werden mehr zu Beratern und Seelsorgern als zu Polizisten. Sie erlauben ihren Jugendlichen, mehr Entscheidungen selbst zu treffen, und helfen ihnen, die Folgen dieser Entscheidungen erfolgreich zu bewältigen.[1]

Liebe-und-Logik-Eltern vermeiden die Helikopter- und Feldwebel-Mentalitäten, indem sie so früh wie möglich im Leben des Kindes einen beratenden Erziehungsstil anwenden. Sie stellen ihren Kindern Fragen und bieten ihnen Wahlmöglichkeiten. Anstatt ihren Kindern zu sagen, was sie tun sollen, überlassen sie die Last der Entscheidungsfindung ihren Kindern. Sie legen Möglichkeiten innerhalb von Grenzen fest.[2] Wenn die Kinder dann Teenager werden, sind sie es schon gewohnt, gute Entscheidungen zu treffen.

Das Paradoxon von Erfolg und Misserfolg

Obwohl wir versucht sind, das Gegenteil zu tun, müssen wir zugeben, dass es keinen todsicheren, absoluten, garantierten Ansatz für die Erziehung verantwortungsvoller Kinder gibt. Kein Experte auf diesem Gebiet kann ehrlich sagen: „Wenn Sie so handeln, wird es jedes Mal funktionieren." Nur weil wir etwas richtig machen, bedeutet das nicht, dass es so funktionieren wird, wie wir es uns erhofft haben.

Wir alle kennen Eltern, die sehr fehlerhafte Erziehungsmethoden anwenden, deren Kinder aber am Ende ganz passabel sind. Und wir kennen solche, die alles „richtig" machen, deren Kinder aber schließlich Attila, den Hunnenkönig, wie einen vorbildlichen Pfadfinder aussehen lassen.

Nichts in der Erziehung ist sicher. Wir erhöhen jedoch die Chancen, verantwortungsbewusste Kinder großzuziehen, wenn wir durchdachte

---

[1] Weitere Informationen über die Rolle als beratende Eltern von Jugendlichen finden Sie in unserem Buch *Teenager mit Liebe und Logik erziehen* (erscheint 2020 bei GloryWorld-Medien).

[2] Weitere Informationen zu den drei unterschiedlichen Erziehungstypen finden Sie in Anhang A.

Risiken eingehen. Das tun wir, wenn wir unseren Kindern erlauben zu *versagen* – kapieren Sie das, bitte! Denn wenn wir nicht zulassen, dass sie – manchmal sogar grandios – scheitern, verhindern wir, dass unsere Kinder lernen, gute Entscheidungen treffen.

LIEBE-UND-LOGIK-TIPP 2

Wenn unser Bauch spricht, hört leider unser Kopf zu.

Liebe-und-Logik-Methoden können manchen Eltern gegen den Strich gehen. Kinder mit Liebe scheitern zu lassen und die signifikanten Lerngelegenheiten (SLG) die Lehre übernehmen zu lassen, sind Prinzipien, die den Eltern missfallen können. Die meisten von uns erziehen ihre Kinder mittels ihres Bauchgefühls. Aber woher wissen wir, ob wir diesem vertrauen können oder ob es von einem „schlechten Essen" herrührt?

Tatsächlich sind „Bauchreaktionen" bei Erwachsenen das Ergebnis von Reaktionen aus der Kindheit auf familiäre Emotionen und Interaktionen. Daher ist ein „Bauchgefühl" hilfreicher, wenn wir eine glückliche Kindheit hatten und im Moment friedliche und zufriedenstellende Beziehungen zu Hause und anderswo haben. Wenn wir andererseits auf unsere Kindheit so reagieren, dass wir sagen: „Ich will es mit meinem Kind anders machen, als es meine Eltern mit mir gemacht haben", dann werden unsere Bauchreaktionen wahrscheinlich unzuverlässig und fehlerhaft sein.

Seien Sie nicht beunruhigt, wenn Sie sich bei einigen Methoden in diesem Buch unwohl fühlen. Wenn Sie Ihre Kinder nämlich auf eine andere Art und Weise erziehen wollen, als Sie selbst erzogen wurden, bestätigt Ihr Unbehagen wahrscheinlich, dass Sie auf dem richtigen Weg sind, die Liebe-und-Logik-Methode zu erlernen.

Gott gab allen Menschen – seiner höchsten Schöpfung – große Freiheit, und dazu gehört auch die Möglichkeit, es zu vermasseln. Misserfolg und Erfolg sind zwei Seiten derselben Medaille. Wenn es im Garten Eden keinen verbotenen Baum gegeben hätte, hätte die Menschheit keine Gelegenheit gehabt, verantwortungsvolle oder unverantwortliche Entscheidungen zu treffen. Als Adam und Eva die falsche Entscheidung trafen, erlaubte Gott ihnen, die Konsequenzen zu tragen. Obwohl er ihren Ungehorsam nicht billigte, liebte er sie genug, um sie eine Entscheidung treffen zu lassen und mit den Folgen zu leben.

Gottes Liebe im Garten ist das Vorbild für alle Eltern: Er ließ Adam und Eva die Freiheit, die Entscheidung zu treffen. Wenn wir in ähnlicher Weise unseren Kindern Freiheit und liebevolle Annahme schenken, werden sie manchmal Entscheidungen treffen und Dinge tun, die wir nicht für gut heißen.

Wenn unsere Kinder älter werden und mehr Macht über ihr Leben und ihre Umwelt gewinnen, wird die richtige Ausübung ihrer Entscheidungsfähigkeit für sie noch wichtiger. So wie Gott uns die Vernunft und die Fähigkeit gegeben hat, uns auszuzeichnen, hat er uns auch die Fähigkeit gegeben, den Planeten zu zerstören. Eine Menschheit, die in der Lage ist, den Planeten zu zerstören, ist jedoch auch in der Lage, zum Saturn zu fliegen. Große Erfolge und Errungenschaften bergen das Risiko abgrundtiefen Schadens.

Auf einer anderen Ebene kann die „verbotene Frucht“ ein bestimmter Freund, Drogen, Internet-Pornoseiten oder eine Vielzahl anderer Dinge sein. Kluge Eltern erkennen, dass ihre Kinder lernen müssen, ihre eigenen Entscheidungen zu treffen, um erfolgreich zu sein, und dass sie dabei manchmal ihre Unabhängigkeit ausnutzen und sich bewusst entscheiden zu versagen!

Ich (Jim) bestand immer darauf, dass sich mein Sohn Charlie an einem kalten Morgen dem Wetter entsprechend anzieht. „Charlie“, sagte ich, „es ist kalt heute Morgen. Du solltest lieber deinen dicken Mantel anziehen.“ Doch er schnappte sich seine dünnste Jacke und ging zur Tür hinaus. Unabsichtlich nahm ich ihm so seine beste Wahl weg. Ich dachte, ich würde dafür sorgen, dass Charlie warm ist, während er auf den Bus wartet, aber er entschied sich stattdessen dafür, kalt zu sein. Er übte seinen freien Willen aus.

Aber ich wurde klüger. Ich sagte dann stattdessen: „Charlie, draußen hat es minus fünf Grad. Vielleicht willst du ja einen Mantel anziehen.“ Dies bot ihm eine Reihe von Wahlmöglichkeiten, von ganz schlecht bis sehr gut (Kinder scheinen immer die erste Option abzulehnen, die wir ihnen geben). Daraufhin beschloss Charlie, seinen freien Willen auszuüben und einen warmen Mantel anzuziehen.

Das Paradoxon ist somit, dass Eltern, die versuchen, den Erfolg ihrer Kinder zu sichern, oft erfolglose Kinder großziehen! Aber die liebevollen und bedachten Eltern, die das Scheitern zulassen, bekommen schließlich Kinder, die dazu neigen, den Erfolg zu wählen. Das sind die Eltern, die durchdachte Risiken eingehen. Da Gott jedem von uns die Wahl lässt, sollten wir für unsere eigenen geliebten Kinder nicht weniger tun.

Der Liebe-und-Logik-Ansatz hilft Kindern, ihre Chancen zu erhöhen, denkende Individuen zu werden, die den Erfolg wählen. Das bedeutet, dass wir als Eltern Misserfolge zulassen und unseren Kindern während ihrer Grundschulzeit helfen müssen, das Beste aus ihnen zu machen, solange die Kosten noch annehmbar sind.

Lernen zu erschwinglichen Preisen

Die heutigen Kinder leiden unter Inflation. Die Kosten für das Erlernen des Lebens in unserer Welt steigen täglich. Die Drogen, mit denen unsere Kinder versucht sein werden, sind stärker als die, mit denen wir in unserer Jugend konfrontiert waren; sexuell übertragbare Infektionen sind weiter verbreitet und tödlicher, die Medien sind expliziter, im Internet agierende Sextäter und Pornografen tun mehr, um ein breiteres Publikum zu erreichen; Gewalt an Schulen ist erschreckender denn je usw. Der Preis, den ein Kind heute bezahlt, um mehr über Freundschaften, Schule, Lernen, Engagement, Entscheidungsfindung und Verantwortung zu erfahren, wird nie wieder so günstig sein. Morgen ist er stets höher.

Je älter ein Kind wird, desto größer werden die Entscheidungen und desto gravierender sind die Folgen dieser Entscheidungen. Kleine Kinder können viele Fehler zu erschwinglichen Preisen machen. Sie können sich aufraffen und es erneut versuchen, wenn es nicht klappt. Normalerweise kostet es nur vorübergehende Schmerzen und ein paar Tränen. Das kann man leicht veranschaulichen.

Wenn man einem Dreijährigen die Wahl „Möchtest du mit den Füßen auf dem Boden oder in der Luft zum Auto gehen?" gibt, setzt man als Reaktion auf eine rebellische Weigerung in einer regnerischen Nacht vor einem Restaurant eine sichere, durchsetzbare Grenze. Kindern im schulpflichtigen Alter zu sagen, sie könnten entweder ihre Hausarbeiten erledigen oder einige ihrer Spielsachen verkaufen, um für Monika, die ungeliebte und strenge Babysitterin, zu bezahlen, damit diese auf sie aufpasst, während Mutter einkaufen geht, ist keine unangemessene Konsequenz für ihre vorangegangenen Tiraden auf einer solchen Einkaufstour. Bis zu einem gewissen Grad gilt das sogar auch, wenn einem großmäuligen Fünfjährigen sein Gesicht ein wenig im Gras gerieben wird, weil er vor größeren, älteren Jungen aus der Nachbarschaft angegeben hat. Das wird ihn, wenn er sein eigenes Problem lösen muss, eine große Lektion in Bezug auf Respekt lehren. Größere Jungs reiben sich bei der Aussicht, neunmalklugen Kindern ein paar Lektionen zu geben, voller Freude die Hände. Die Lektion für das kleinere Kind mag einen Preis haben – eine blutige Nase oder ein blaues Auge – aber er ist noch erschwinglich.

Doch diese Preise sind für einige Eltern zu hoch. Sie beschützen. Sie denken: „Ich liebe ihn. Ich will nicht, dass es der kleine Johnny auf die harte Tour lernt." Deshalb knien sie sich an einem verregneten Abend in eine Pfütze und versuchen, ihr Kleinkind ins Auto zu bitten. Sie lassen zu, dass ihre Kinder sie beim Einkaufen jedes Mal fertigmachen. Oder sie schreien die Jungs aus der Nachbarschaft an: „Seid nett zu Johnny. Wenn nicht, werde ich es euren Eltern sagen." Dadurch verliert das neunmalkluge Kind die Möglichkeit, zu einmaligen Sonderpreisen eine Lektion zu lernen. Dann muss Johnny es vielleicht im Alter von fünfzehn Jahren lernen, und jeder, der fünfzehnjährige Jungen in Aktion gesehen hat, weiß, dass der Preis viel höher sein wird.

Es ist wahr, dass es schmerzhaft ist, mitanzusehen, wie unsere Kinder durch natürliche Konsequenzen oder, wie wir sie nennen, durch signifikante Lerngelegenheiten (SLG) lernen. Aber dieser Schmerz ist ein Teil des Preises, den wir zahlen müssen, um verantwortungsbewusste Kinder großzuziehen. Wir haben jedoch eine Wahl: Wir können entweder jetzt ein wenig darunter leiden, wenn wir zusehen, wie sie die Lektionen des Lebens lernen, oder wir können viel leiden, wenn wir mitansehen müssen, wie sie zu Individuen heranwachsen, die nicht in der Lage sind, für sich selbst zu sorgen.

LIEBE-UND-LOGIK-TIPP 3

Du kannst mich jetzt bezahlen, oder du kannst mich später bezahlen.

Shannon hatte acht Kinder. Jedes Mal, wenn ich (Jim) sie besuchte, sah ich, wie sie Geld an die Kinder verteilte. Eines Tages fragte ich: „Was machst du da, wenn du ständig Geld austeilst?"

„Wir geben unseren Kindern im Haushalt Kredite, damit sie etwas über die Finanzwelt lernen", antwortete Shannon, während sie einem ihrer kleinen Söhne fünfzig Cent gab. „Unsere Kredite sind genau wie die einer normalen Bank, mit Fälligkeiten, Schuldscheinen und Sicherheiten. Neulich habe ich einen drahtlosen Kopfhörer gepfändet."

„Muss schrecklich für das Kind gewesen sein", sagte ich.

„Eigentlich nicht", antwortete Shannon. „Das ist ein Geschenk für ihn, denn jetzt weiß mein Sohn, der erst zwölf Jahre alt ist, alles über die Verantwortung, seine Kredite zurückzuzahlen. Er weiß alles über Schuldscheine und Sicherheiten, ja sogar über Sachpfändung – und es kostete ihn nur einen drahtlosen Kopfhörer."

„Der Nachbarsjunge", fuhr Shannon fort, „lernte die gleiche Lektion, als die Bank kam und seinen teuren Sportwagen pfändete. Er ist sechsundzwanzig, aber seine Eltern haben ihn geschützt, als er jung war. Mein Sohn hat ihm gegenüber vierzehn Jahre Vorsprung."

Sie zu schützen, bedeutet, sie nicht zu lieben.

Unser Land braucht Kinder, die mit schwierigen Zeiten umgehen können, insbesondere in diesen unsicheren Zeiten. Viele Probleme, denen wir uns in unseren Schulen und Städten stellen müssen, haben mit Naturereignissen oder Terrorismus zu tun. Aber auch in unseren Familien bieten sich viele Möglichkeiten zu lernen, mit Problemen umzugehen. Im Allgemeinen lernen die Kinder von den Erwachsenen in ihrem Umfeld, wie sie mit solchen Herausforderungen zurechtkommen können. Zu lernen, mit kleinen Dingen umzugehen – und vor allem bei kleinen Dingen zu scheitern und durch diese Erfahrungen, die man sich leisten kann, zu wachsen – ist der beste Weg, unsere Kinder auf alles vorzubereiten, was ihnen in Zukunft bevorsteht.

Viel zu viele Eltern meinen, *Liebe*, *Schutz* und *Fürsorge* seien das Gleiche. Doch dem ist nicht so. Eltern können sich weigern, ihren

Kindern das Scheitern zu erlauben, weil sie das als lieblos empfinden. Deshalb übertreiben sie es mit ihrem Besorgtsein.

In Wirklichkeit befriedigen diese Eltern damit ihre eigenen egoistischen Bedürfnisse. Sie machen sich selbst mehr Arbeit und werden auf lange Sicht Kinder großziehen, denen ihr eigenes Leben mehr Arbeit macht. *Schutz* ist nicht gleichbedeutend mit *Fürsorge*, aber beide sind ein Teil der Liebe.

Schauen wir uns an, wie Gott arbeitet. Wenn wir uns fragen: „Kümmert sich Gott um uns?“, würden wir wahrscheinlich antworten: „Sicher, Gott kümmert sich sehr um uns.“ Aber wenn wir uns dann fragen: „Würde er uns heute Abend von einer Klippe springen lassen?“, müssten wir alle zugeben: „Ja, jetzt, wo du es sagst: Er würde es wahrscheinlich tun.“ *Kümmert es* ihn auch? Natürlich! Doch Gott liebt, ohne übermäßig beschützend zu sein.

Die Fürsorge für unsere Kinder bedeutet nicht, sie vor jedem möglichen Fehltritt zu schützen, den sie beim Erwachsenwerden machen könnten. Einem Säugling müssen verantwortungsbewusste Eltern natürlich absoluten Schutz bieten. Jedes Problem, auf das ein solches Kind stößt, ist in Wirklichkeit das Problem der Eltern. Wenn die Eltern das Kind nicht schützen, wird es sterben.

Wenn die Kinder jedoch wachsen, müssen die Eltern – ab einem Alter von etwa neun Monaten – mit sehr einfachen Entscheidungen einen sanften, schrittweisen Übergang vollziehen, damit ihre Kinder das Vorrecht haben, ihre eigenen Probleme zu lösen. Bis zum Alter von elf oder zwölf Jahren sollten Kinder in der Lage sein, die meisten Entscheidungen ohne elterliche Unterstützung zu treffen. Eigentlich ist es so, dass die elterliche Liebe und Einstellung bestimmen, wie Kinder in der frühen Adoleszenz mit den meisten Problemen umgehen.

Denken Sie zum Beispiel an eine Gruppe von Müttern, die ihren Kleinkindern zusehen, wie sie beim ersten Mal auf Schlittschuhen auf dem Eis herumwackeln. Sobald die Kleinkinder ihren ersten unvermeidlichen Sturz auf dem Eis machen, ruft eine Gruppe von Müttern, die sich am Rande der Eisbahn zu Tode sorgen: „Bist du verletzt?“ Und die Kleinkinder, die ihr Gesicht verzerren und zu Mama zurückrutschen, sagen auf diese unverwechselbare Weise: „Ja, es stimmt, ich *bin* verletzt.“ Die andere Gruppe von Müttern ruft lediglich „Wumm!“, wenn die Kinder hinfallen und sich selbst wiederaufrichten, ein paar Schneeflocken vom Popo wischen, weiterskaten und dabei oft sagen: „Ja, wumm!"

Die erste Gruppe von Kindern lernt, dass ein Sturz eine schmerzhafte Erfahrung ist. Die zweite Gruppe lernt aus ihren Fehlern und konzentriert sich nicht auf den Schmerz und die elterliche Rettung. Das Problem ist, dass rettende Eltern oft aus einem eigenen Bedürfnis heraus retten. Sie helfen und trösten gerne und sind Eltern, die es nötig haben, gebraucht zu werden, nicht Eltern, die gebraucht werden möchten.

Kinder, denen Liebe in erster Linie durch Schutz vermittelt wurde, können bis zum Erreichen der Mittelstufe irreparabel beschädigt werden. Eltern von Mittel- und Oberstufenschülern, die sich um Kleidung, Fernsehgewohnheiten, Hausaufgaben, Zähneputzen, Haareschneiden und dergleichen kümmern müssen, haben „gefährdete" Kinder an den Händen. Zumindest werden diese Kinder ihrem zukünftigen Ehepartner keinen großen Spaß bereiten.

Die Herausforderung der Erziehung besteht darin, Kinder genügend zu lieben, dass sie auch scheitern dürfen – zurückzutreten, so schmerzhaft es auch sein mag, und sie durch SLG lernen zu lassen.

Verantwortung kann nicht gelehrt werden

Eltern stöhnen immer wieder über die Unfähigkeit ihrer Kinder, ihre weisen Worte zu beherzigen. Anscheinend können wir Tochter Kayla hundert Mal sagen, dass sie etwas nicht vergessen soll, und tatsächlich geht sie ohne es aus der Tür. Wir sagen Sohn Ryan, er solle etwas Respekt zeigen, und er antwortet: „Warum muss ich das tun? Du lebst im Mittelalter!"

Eine Sache, die wir den Kindern sicher nicht sagen können, ist: „Sei verantwortungsbewusst!" Es funktioniert nicht. Hast du jemals bemerkt, dass die Eltern, die am lautesten über Verantwortung schreien, die unverantwortlichsten Kinder zu haben scheinen? Die verantwortungsbewusstesten Kinder kommen in der Regel aus Familien, in denen Eltern fast nie das Wort *verantwortlich* verwenden. Es ist eine Tatsache: Verantwortlichkeit kann nicht gelehrt, sie muss erlebt werden.

Damit unsere Kinder Verantwortung übernehmen können, müssen wir ihnen Möglichkeit dazu bieten. Das ist der Schlüssel. Eltern, die verantwortungsbewusste Kinder großziehen, verbringen sehr wenig Zeit und Energie damit, sich um die Verantwortlichkeiten ihrer Kinder Gedanken zu machen; sie machen sich mehr Gedanken darüber, wie sie den Kindern wegen ihrer *Verantwortungslosigkeit* SLG verschaffen können. Sie überlegen mit viel Liebe, wann ihre Kinder für die nächste Stufe an Lebenserfahrung bereit sind. Aber sie verbringen ihre Zeit nicht damit, sie an Dinge zu erinnern oder sich um sie Sorgen zu machen. Auf subtile Weise sagen sie: „Ich bin sicher, du wirst selbst daran denken; wenn nicht, wirst du sicherlich etwas daraus lernen." Solche Eltern helfen ihren Kindern zu verstehen, dass sie ihre eigenen Probleme lösen können, und sie sind mitfühlend, lösen aber nicht die Probleme ihrer Kinder.

Kinder, die in der Verantwortung wachsen, wachsen auch in ihrem Selbstwertgefühl, eine Voraussetzung, um in der realen Welt etwas zu erreichen. Wenn ihr Selbstwertgefühl und ihr Selbstvertrauen wachsen, sind Kinder besser in der Lage, es zu schaffen, wenn sie einmal nicht mehr zu Hause wohnen.

Kapitel 3

Verantwortungsbewusste Kinder fühlen sich gut in Bezug auf sich selbst

Schon im Verhalten eines Kindes zeigt sich, ob es ehrlich und zuverlässig ist.

Sprüche 20,11

Es gibt zwei Arten von Kindern auf dieser Welt. Die einen stehen morgens auf, schauen in den Spiegel und sagen: „Hey, schau dir diesen Typ an. Er ist in Ordnung! Ich mag ihn, und ich wette, andere Leute werden ihn auch mögen." Die anderen sagen, wenn sie in den Spiegel schauen: „Oh, nein, schau dir diesen Kerl an. Ich mag wirklich nicht, was ich da sehe, und ich wette, andere Leute werden ihn auch nicht mögen."

Zwei radikal unterschiedliche Sichtweisen auf das Leben; zwei radikal unterschiedliche Selbstbilder. Kinder mit einem schlechten Selbstbild vergessen oft, Hausaufgaben zu machen, schikanieren andere Kinder, streiten mit Lehrern und Eltern, stehlen und ziehen sich in sich selbst zurück, wenn es schwierig wird – sie handeln verantwortungslos in allem, was sie tun. Kinder mit einem guten Selbstbild haben in der Regel viele Freunde, erledigen regelmäßig ihre Aufgaben und geraten in der Schule nicht in Schwierigkeiten – sie übernehmen im Alltag ganz selbstverständlich Verantwortung. Auch wenn dies etwas vereinfacht klingen mag, gibt es einen direkten Zusammenhang zwischen dem Selbstbild und der Leistung in der Schule, zu Hause, auf dem Spielplatz oder wo immer Kinder sein mögen.

Kinder lernen am besten und sind verantwortungsbewusst, wenn sie ein gutes Selbstbild haben.

Wenn wir mit Liebe und Logik erziehen, sind wir bestrebt, unseren Kindern die Chance zu geben, dieses notwendige positive Selbstbild zu entwickeln. Mit genug Liebe, die den Kindern erlaubt zu versagen, mit genug Liebe, die zulässt, dass sie durch die Folgen ihres Handelns etwas über Verantwortung lernen, und mit genug Liebe, die ihnen hilft, die Triumphe zu feiern, wird das Selbstbild unserer Kinder jedes Mal besser, wenn sie alleine überleben.

Ich bin, was ich denke, dass du von mir denkst

Leider geben viele Eltern ihren Kindern keine Chance, ein positives Selbstbild aufzubauen, sondern konzentrieren sich auf die Schwächen ihrer Kinder. Sie denken (oft unwissentlich): „Bevor meine Elisabeth motiviert werden kann, etwas zu lernen, muss sie wissen, wie schwach sie ist." Wann immer diese Eltern mit ihren Kindern sprechen, dreht sich das Gespräch darum, was die Kinder schlecht machen oder was sie nicht können. Wenn ein Kind Probleme mit dem Bruchrechnen oder schlampige Arbeitsgewohnheiten hat oder Silben nicht richtig ausspricht – was auch immer das Problem ist –, erwähnen die Eltern ständig diese Schwächen. Das Ergebnis ist eine ständige Erosion des Selbstbildes ihres Kindes. Aber Eltern, die auf den Stärken ihrer Kinder aufbauen, erleben, dass ihre Kinder fast täglich in ihrer Verantwortung wachsen.

Stellen Sie sich vor, wie wir als Erwachsene auf eine Person reagieren, die auf unsere Stärken setzt. Wenn jemand, der für uns sehr wichtig ist, denkt, dass wir das Größte seit der Erfindung der Fernbedienung sind, werden wir für diese Person das Beste leisten. Aber wenn diese wichtige Person denkt, dass wir der Abschaum der Erde sind, werden wir ihr wahrscheinlich nie das Gegenteil beweisen.

So ist es auch bei Kindern. Kinder sagen sich: *Ich werde nicht zu dem, was* du denkst, dass *ich kann, und ich werde nicht zu dem, was* ich denke, dass *ich kann. Ich werde zu dem, was* ich denke, dass du denkst, dass *ich kann*. Und dann verbringen sie den größten Teil ihrer emotionalen Energie damit, nach Beweisen zu suchen, dass das, was sie als unsere Wahrnehmung von ihnen empfinden, richtig ist. Als

Jims Sohn Charlie in der siebten Klasse war, schwärmte beispielsweise sein Lehrer von seinem Potenzial zu schreiben, lange bevor er seine Schreibfähigkeiten entwickelte, und baute ihn damit auf und ermutigte ihn. Als Reaktion auf das, was sein Lehrer dachte, dass er tun könnte, arbeitete Charlie mit Entschlossenheit und Enthusiasmus an seinen Schreibfertigkeiten und ist heute ein versierter Psychologe, Redner und Autor mehrerer Bücher.

Als Eltern spielen wir eine wichtige Rolle beim Aufbau eines positiven Selbstbildes unserer Kinder. Mit unseren Worten und unseren Taten, mit der Art, wie wir ermutigen und Dinge vorleben, prägen wir unsere Kinder darin, wie sie sich selbst fühlen. Leider haben viele der wirklich bedeutenden Botschaften, die wir unseren Kindern vermitteln, verdeckte negative Bedeutungen. Wir mögen es gut meinen, aber manchmal werden die Worte, die wir verwenden, und die Art und Weise, wie wir sie formulieren, von unseren Kindern ganz anders wahrgenommen, als wir es meinten. Dies ist eine der schwerwiegenden Tragödien der Eltern-Kind-Beziehungen.

Zum Beispiel hat eine einfache Frage wie „Warum machst du das?" eine doppelte Bedeutung. Die offene Botschaft scheint eine einfache Frage zu sein. Aber was unser Kind nebenbei hört, ist: „Du bist nicht sehr kompetent." Wenn wir sagen: „Wenn ich es dir einmal gesagt habe, habe ich es dir tausend Mal gesagt", lautet die Schlussfolgerung: „Du bist ziemlich dumm, und deine Neuronen sind träge."

Solche impliziten Botschaften sind herabsetzend und würden uns wütend machen, wenn sie uns von einem Vorgesetzten oder einem Mitarbeiter gesagt würden. Wir können diese Botschaften noch so nett verpacken – „Schatz, willst du wirklich ohne deinen Mantel gehen?" –, aber die implizite Botschaft scheint immer noch durch, nämlich: „Du bist nicht klug genug, um zu wissen, ob dein eigener Körper warm oder kalt ist." Die letztendliche, implizite Botschaft lautet: „Ich bin größer als du. Ich bin mächtiger als du. Ich habe mehr Autorität, und ich kann dich dazu bringen, Dinge zu tun."

Wann immer wir unseren Kindern befehlen: „Halt die Klappe!", „Hör auf zu streiten!" oder „Schalte den Fernseher aus!", senden wir eine Botschaft, die ihr Selbstbild zerstört. Warum ist das so? Weil wir ihnen damit letztlich vermitteln:

- „Du nimmst keine Vorschläge an."
- „Du kannst die Antwort nicht selbst herausfinden."
- „Man muss dir von einer Stimme außerhalb deines Kopfes sagen, was du tun sollst."

Umgekehrt, wenn wir mit Liebe und Logik erziehen, betonen wir eine starke Kombination: Wir lassen unsere Kinder in nicht bedrohlichen Situationen versagen und betonen gleichzeitig ihre Stärken. Wir müssen unkritisch und nicht überbeschützend sein. Eltern, die unverantwortliche Kinder großziehen, tun genau das Gegenteil! Sie sind kritisch *und* beschützend.

LIEBE-UND-LOGIK-TIPP 4

Was wir sagen, ist nicht immer das, was Kinder hören.

Kinder verstehen die verdeckten Botschaften, die wir vermitteln, schnell, egal ob sie durch unsere Worte oder unsere Taten kommen. Jedes der folgenden Beispiele hat sowohl eine offene als auch eine verdeckte Bedeutung.

- *„Laura, ich lasse dich das selbst entscheiden."*
  OFFENE BOTSCHAFT: „Du kannst entscheiden."
  VERDECKTE BOTSCHAFT: „Du bist fähig."
- *„Noah, ich gebe dir noch eine Chance, aber du solltest dich zusammenreißen."*
  OFFENE BOTSCHAFT: „Das muss besser werden."
  VERDECKTE BOTSCHAFT: „Du kannst damit nicht umgehen. Ich muss dir noch eine Chance geben."
- *„Warum in aller Welt hast du das getan, Michael?"*
  OFFENE BOTSCHAFT: Eine einfache Frage.
  VERDECKTE BOTSCHAFT: „Das war sehr dumm."
- *„Geh nicht ohne deinen Mantel raus, Lisa."*
  OFFENE BOTSCHAFT: Eine einfache Erinnerung.
  VERDECKTE BOTSCHAFT: „Du bist nicht in der Lage, für dich selbst zu denken."

Der dreibeinige Tisch des Selbstbildes

Der Aufbau des Selbstbildes einer Person ist vergleichbar mit dem Aufbau eines Dreibeintisches. Ein solcher Tisch steht nur, wenn alle drei Stützen stark sind. Ist eines der Beine schwach, wackelt der Tisch. Fehlt ein Bein, geht gar nichts mehr.

Der dreibeinige Tisch des Selbstbildes unserer Kinder entsteht durch die implizierten Botschaften, die wir geben. Diese Botschaften bauen sie entweder auf und ermöglichen es ihnen, selbst erfolgreich zu sein, oder sie tragen zur Entmutigung in der Kindheit bei und verringern das Selbstwertgefühl.

LIEBE-UND-LOGIK-TIPP 5

Eine Geschichte über das Selbstbild

Der erste Schultag. Große Schule. Großer Bus. Ein großer Moment im Leben eines Kindes. Elena und Luca – zwei sehr unterschiedliche Kinder – gehen an diesem großen ersten Tag durch die Schultüren. Elena gehen Gedanken durch den Kopf, wie: *Die Schule wird wahrscheinlich Spaß machen. Ich werde eine faire Chance bekommen. Ich kann lernen. Die Schule ist wirklich keine große Sache.* Lucas Gedanken sind dagegen nicht so harmonisch: *Die Schule ist vielleicht nicht so toll. Vielleicht kann ich gar nicht lernen. Vielleicht wird es schwierig mit Freunden. Ich bin mir nicht sicher, ob Schule wirklich etwas für mich ist.*

Das Selbstbild eines Kindes ist schon stark festgelegt, wenn es in die Schule kommt, geprägt durch die vielen impliziten Botschaften, die es in den ersten Lebensjahren erhalten hat. Von Geburt an begibt sich ein Kind auf eine lebenslange Mission, sich angenommen und positiv wahrgenommen zu fühlen.

Elena hat in den ersten fünf Jahren alle möglichen positiven Botschaften aufgenommen – Botschaften, dass sie fähig, liebenswert und wertvoll ist. Ihre Eltern haben ihr Signale gesendet, die sagten: „Wir lieben dich so, wie du bist, weil du du bist." Schon in sehr jungen Jahren erhielt Elena die Möglichkeit, ihr eigenes Denken zu entwickeln. Bei den Entscheidungen ging es noch um elementare Fragen, richtig, aber es waren dennoch Entscheidungen. Ihre Eltern fragten unter anderem: „Willst du deinen Mantel heute anziehen oder willst du ihn einfach nur mitnehmen?"

Luca nahm auch Botschaften auf, aber diese vermittelten ihm, dass er nicht den Erwartungen der Eltern entsprach. Die Botschaften, die er hörte, lauteten: „Wir könnten dich viel mehr lieben, wenn du es einfach besser machen würdest." Luca durfte nie etwas entscheiden. Wenn es an der Zeit war, seinen Mantel anzuziehen, sagten seine Eltern: „Du ziehst diesen Mantel an. Du wirst nicht ohne ihn weggehen."

An diesem ersten Tag der Schule hatte Elena sehr wenig Zweifel an ihren Fähigkeiten, aber Luca war voller Fragen, Bedenken und mangelndem Selbstvertrauen. Als das erste Aufgabenblatt verteilt wurde, packte Elena es gleich an und gab ihr Bestes. Aber Luca hielt sich zurück. Er war blockiert. Er brauchte Ermutigung. Eine Stimme in seinem Kopf sagte: *Du bist vielleicht nicht so gut wie die anderen. Pass auf! Du wirst verletzt werden.* Luca wollte nicht schlecht aussehen und vermied deshalb, seine Arbeit zu vollenden – oder gar zu beginnen.

Elena setzt ihren Erfolg wahrscheinlich auch noch in der sechsten Klasse fort. Jeder kleine Sieg baut auf einem bereits gesunden Selbstbild auf. Aber Luca wird wahrscheinlich apathisch sein, alle Herausforderungen meiden und das Leben seiner Eltern und Lehrer unglücklich machen.

Der Aufbau des Selbstbildes eines Kindes beginnt zu Hause, und zwar schon mit der Geburt.

Erstes Tischbein: Ich werde von den „Wundermenschen" in meinem Leben geliebt.

Die beste Art der Liebe ist die Liebe, die ohne Bedingungen kommt. Unsere Liebe zu unseren Kindern darf niemals an Bedingungen geknüpft sein. Das ist nicht einfach, aber es bringt viele Vorteile. Echte Liebe muss unabhängig von den Leistungen der Kinder gezeigt werden. Das bedeutet jedoch nicht, dass wir alle ihre Handlungen billigen.

Allzu oft geben Eltern ihren Kindern nicht die Möglichkeit, ihre Liebe zu erleben. Einige halten die Liebe zurück, um Kinder dazu zu bringen, sich besser zu verhalten oder schlechte Gewohnheiten zu beenden. Andere, in ihrem Eifer, den Kindern zu helfen, die Schularbeit zu verbessern, wenden zum Beispiel so viel „Liebe“ auf, damit sie ihre Hausaufgaben machen, dass die Kinder die verdeckte Botschaft erhalten, die wahre Liebe müsse warten, bis sie sich gebessert haben. Diese Eltern drücken ihre Liebe durch Intensität und Druck aus und vergessen die wahren Zeichen der Liebe (Blickkontakt, Lächeln usw.);

und die Kinder, die sehr auf die nonverbale Kommunikation eingestellt sind, sehen dies und denken, die Liebe ihrer Eltern sei von ihrer schulischen Leistung abhängig. In Wirklichkeit ist die Interaktion zwischen Eltern und Kindern – der Ausdruck der Liebe – viel wichtiger als die Erfolge oder Misserfolge der Kinder. Hier folgt ein weiteres Paradoxon: Kinder können nicht besser werden, bis wir ihnen ohne Zweifel beweisen, dass sie so, wie sie sind, gut genug sind.

Starke, effektive Eltern sagen sowohl in ihren geheimen als auch in ihren offenen Botschaften: „Es gibt hier eine Menge Liebe für dich, unabhängig davon, wie du dich verhältst oder deine Arbeit in der Schule oder wo auch immer machst." Wenn diese Liebe mit Rückenklopfen, Umarmungen, einem Lächeln und Augenkontakt kombiniert wird, entsteht eine enge Verbindung zwischen Eltern und Kindern. Kinder werden für diese Erfahrung nie zu alt. (Wie fühlen Sie sich, wenn jemand Sie so behandelt?) Eine solche Kombination enthält starke Botschaften. Kinder erinnern sich ein Leben lang an diese Botschaften, wenn sie von den „Wundermenschen" in ihrem Leben kommen: engen Familienangehörigen und besonderen Lehrern. Sie machen sich unterbewusst – sogar bewusst – auf den Weg, um zu beweisen, dass ihre Wundermenschen richtig liegen.

Zweites Tischbein: Ich habe die Fähigkeiten, die ich brauche, um es zu schaffen.

Um das Selbstbild der Kinder aufzubauen, müssen Eltern ihren Kindern vermitteln, dass sie die Fähigkeiten haben, die Menschen in ihrem Alter benötigen, um erfolgreich zu sein. Jedes Kind muss spüren, dass es mit anderen Kindern im Klassenzimmer, auf dem Bolzplatz oder zu Hause konkurrieren kann – überall dort, wo Kinder interagieren. Kinder müssen wissen, dass sie in sich selbst die notwendigen Fähigkeiten haben, um im Leben zu bestehen und erfolgreich zu sein.

Diese Fähigkeiten werden durch Vorbilder erlernt. Gute Elternvorbilder helfen Kindern, gute Einstellungen und Gefühle in Bezug auf sich selbst zu entwickeln. Um gute Vorbilder zu sein, müssen Eltern erkennen, dass Kinder sie immer beobachten und davon ableiten, wie sie handeln und reagieren sollen. Weise Eltern sagen sich: *Werde nicht zu nervös, wenn unsere Kinder nicht immer auf uns hören, aber zittere vor Angst, weil sie sehen, was wir tun.*

LIEBE-UND-LOGIK-TIPP 6

Botschaften, die die Liebe bestärken

Zwischen Eltern und Kindern, besonders zwischen Vätern und Jungen, wird durch freundschaftliches Raufen, Armdrücken, Schieben und spielerisches Schlagen viel Bindung aufgebaut. Dieser physische Kontakt zwischen Vätern und Söhnen kann Botschaften vertiefen wie „Es macht Spaß, miteinander Blödsinn zu machen", „Du bist hart", „Du wirst erwachsen" und „Du bist einfach zu stark für mich".

Kinder haben die große, angeborene Fähigkeit zu lernen, Dinge so zu tun, wie es große Menschen tun. Sie beobachten und versuchen zu kopieren, was sie sehen. Ihr Hauptinteresse ist es, Dinge zu lernen und zu tun, einfach wie ihre Eltern sie tun. Allzu oft entmutigen Eltern ihre Kinder jedoch, sie als Vorbild nachzuahmen.

Paul sieht, wie sein Vater die Garage durchsucht. Er nimmt einen kleinen Besen und fängt an, Dreck herumzuschieben, wie sein Vater es tut. Innerlich denkt Paul: *Ich fühle mich groß. Ich lerne, wie man den Besen benutzt. Ich hoffe, Papa sieht es.*

Papa bemerkt es sehr wohl. Er sieht alle Stellen, die der kleine Kerl übersieht, anstatt zu schätzen, dass er etwas lernt. „Paul!", sagt er, mit einer Stimme voller Missbilligung. „Sieh dir den Schlamassel an, den du da machst! Bitte geh spielen und lass mich das fertig machen."

Wenn Papa das nur ab und zu so macht (wir alle tun es), wird Pauls Selbstbild davon unversehrt bleiben, aber eine wiederkehrende Entmutigung wird zu einem schlechten Selbstbild des Kindes führen. Paul wird aufhören zu versuchen, verantwortungsbewusstes „Erwachsenen"-Verhalten nachzuahmen, weil er sich selbst als unfähig sieht.

Eltern, die sich routinemäßig auf das Endergebnis und nicht auf das Lernen konzentrieren, bringen schließlich Kinder hervor, die ein negatives Selbstbild in Bezug auf ihre Fähigkeiten haben. Dann fragen sich die Eltern, warum ihre Kinder nie im Haus helfen wollen.

„Aber was ist mit der Qualitätskontrolle?", fragen Sie vielleicht. „Wann fangen wir an, uns Gedanken um die Endergebnisse zu machen? Wir wollen ja nicht, dass die Garage für immer voller Staubhaufen ist, oder?" Die Qualität des Lernens verbessert sich durch

Übung, Ermutigung und Vorbild. Sagen Sie z. B.: „Mann, Paul, du kannst wirklich gut fegen. Es macht Spaß, wenn alles sauber ist, oder? Schau mal, wie ich den Besen benutze und den *ganzen* Dreck erwische." Dies gibt dem Kind ein gutes Vorbild zum Nachahmen. Wie Papa will auch Paul einen guten Job machen und sich dabei gut fühlen.

Wenn Kinder klein sind, können wir ihnen eine großartige Kombination beibringen: *die Arbeit erledigen*, *Spaß* und *ich*. Wir sorgen dafür, dass es Spaß macht, die Arbeit zu erledigen. Das leben wir vor. Wir kritisieren nie die Arbeit von Kindern, wenn sie versuchen zu lernen. Vielmehr sagen wir Dinge wie:

- „Ich sehe, dass du dich bemühst zu lernen, wie man eine schriftliche Division macht. Sag mir Bescheid, wenn du Hilfe brauchst."
- „Ich sehe, dass du lernst, das Bett zu machen, genau wie Mami. Soll ich dir zeigen, wie ich die Falten wegmache?"

Wann immer möglich, verbinden wir die Aufgabe mit ein wenig Spaß. Als Fosters Kinder klein waren und er mit ihnen Geschirr abspülte, ermutigte er sie, sich vorzustellen, wie unglücklich die Keime auf dem Geschirr waren, wenn sie es vorspülten, bevor sie es in die Spülmaschine taten. „Was ist denn hier los?", schrien die Keime. „Was macht der große Lappen da? Es wischt mich von dem Teller ab. Arrrrgghghh!" Wenn die Keime dann den Küchenabfallzerkleinerer[1] erreichten, setzten sie ihren Dialog fort: „Was ist das für ein großer runder Raum? Was ist hier drin los? Hey, Leute, er fängt an, sich zu drehen. Wir werden alle getötet werden! Arrrgghhh!" Als seine Kinder dann ältere Teenager waren, stellten sie sich immer noch vor, wie die Keime schrien und starben.

Als sie noch klein waren, wäre es leicht gewesen, sie zu tadeln, weil sie hier und da einen Fleck übersehen hatten, aber das hätte den Spaß verdorben. Wenn unsere Kinder erwachsen werden, entfernen wir uns sozusagen von dem dreibeinigen Tisch, und ihnen bleiben die

---

[1] Ein Küchenabfallzerkleinerer (KAZ) ist ein insbesondere in den USA weit verbreitetes Gerät zur Zerkleinerung organischer Küchenabfälle. Mit dessen Hilfe werden biologisch abbaubare Abfälle aus Privathaushalten und Kleingewerbe für den Transport durch die Kanalisation in die Kläranlage zerkleinert (Wikipedia, 10.3.2020).

Aufgabe und der Spaß. Dann sind wir woanders und haben Spaß an unseren eigenen Aufgaben.

Drittes Tischbein: Ich bin in der Lage, die Kontrolle über mein Leben zu übernehmen.

Kinder mit einem starken dritten Bein an dem dreibeinigen Tisch hören eine kleine Stimme in ihrem Kopf, die sagt: „Ich bin fähig, die Kontrolle über mein Leben zu übernehmen. Ich kann Entscheidungen treffen und bin stark genug, um mit den guten und schlechten Folgen meiner Entscheidungen zu leben.“ Kinder, die das sagen, haben die Erlaubnis, über die Dinge zu entscheiden, die sie direkt betreffen.

Viele Eltern sagen ihren Kindern, sie erwarteten von ihnen, dass sie für sich selbst verantwortlich sind, aber dieselben Eltern sagen ihren Kindern immer, wann sie heiß, kalt, hungrig, durstig oder müde sind oder sogar, wann sie auf die Toilette gehen müssen. Wir alle haben diese Nachrichten gehört:

- „Zieh deinen Mantel an. Es ist zu kalt für dich, um ohne ihn wegzugehen.“
- „Du kannst keinen Hunger haben. Wir haben erst vor einer Stunde gegessen.“
- „Setz dich hin und sei still. Du brauchst kein weiteres Getränk.“
- „Du schläfst jetzt sofort ein!“
- „Denke daran, dass du noch aufs Klo gehst, bevor wir gehen.“

Jede dieser Botschaften sagt den Kindern, dass sie nicht in der Lage sind, selbst zu denken, und dass sie nicht die Kontrolle über ihr Leben übernehmen und Entscheidungen treffen können. Interessanterweise kommen solche Botschaften oft von Eltern, die über die mangelnde Verantwortung und Fähigkeit ihrer Kinder, selbstständig zu denken, jammern und stöhnen.

LIEBE-UND-LOGIK-TIPP 7

Es kann da draußen sehr kalt sein.

Es war ein frischer Abend in Colorado und meine (Fosters) Familie war auf dem Weg, etwas zu erledigen. An der Tür versammelt, fragte meine Frau unseren sechsjährigen Sohn: „Andrew, willst du deinen Mantel anziehen?"

Er sagte: „Nein, ich brauche meinen Mantel nicht." Er trug ein T-Shirt. Meine Frau lebte verantwortungsbewusstes Verhalten von Erwachsenen vor und sagte: „Ich bin sicher froh, wenn ich meinen Mantel trage." Dann zog sie ihren Mantel an, und die Familie stieg ins Auto.

Zwei Blocks von zu Hause kamen seltsame Geräusche vom Rücksitz – die unverwechselbaren Geräusche von Zittern und Zähneklappern. Meine Frau sagte: „Gibt es etwa Gänsehaut auf dem Rücksitz?"

„J-j-aaa!", stotterte Andrew. Seine nächsten Worte gehörten zu den klügsten, die Andrew je von den Lippen kommen waren: „N-n-n-n-ächstes Mal w-w-w-erde ich meinen Mantel anziehen!"

„Oh, Schätzchen, das klingt wie eine gute Idee." (Unsere Fahrt dauerte lange genug, damit die Botschaft sacken konnte, aber nicht so lange, dass Andrew blau vor Kälte wurde.)

Hätte meine Frau gesagt: „Zieh deinen Mantel an. Es ist kalt", hätte Andrew wahrscheinlich gesagt: „Nein." Und sie hätte gesagt: „Ich bin deine Mutter; trage deinen Mantel!" Dann hätte Andrew mollig warm auf dem Rücksitz gesessen, hätte sie gehasst und nichts gelernt. Er hätte gedacht: *Okay, ich werde meinen Mantel anziehen, aber nur, weil du mich dazu gezwungen hast. Warte nur, bis ich alt genug bin, um selbst über das Tragen eines Mantels zu entscheiden!*

Wenn kleine Kinder rebellieren, können Eltern die Rebellion mit einer strengen Ordnung unterdrücken und gute kurzfristige Ergebnisse erzielen. Aber wenn Kinder in die Pubertät kommen und rebellieren, werden elterliche Anordnungen allzu oft nicht durchsetzbar. Wenn man Kindern in jungen Jahren erlaubt, die Entscheidungsfindung in einfachen Fragen zu üben, lehrt man sie, über ihr eigenes Leben nachzudenken und zu bestimmen. Wenn sie dann Jugendliche sind, sind sie weniger anfällig für Gruppenzwänge in Bezug auf Alkohol, Drogen, Sex und andere Versuchungen. Sie werden gelernt haben, dass sie ihre eigenen klugen Entscheidungen treffen können. Diese Kinder können in den schwierigen Teenagerjahren die besten Freunde ihrer Eltern werden. Sie können auch ihr eigener bester Freund werden.

Obwohl Kinder mit einem großen Mut geboren werden, die Kontrolle über ihr Leben zu übernehmen und Entscheidungen zu treffen, haben sie noch wenig Erfahrung, worauf sie sie ihre Entscheidungen gründen können, sodass sie oft schlechte Entscheidungen treffen. Aber sie können aus diesen Fehlern lernen, vorausgesetzt, die Eltern mischen sich nicht zu sehr ein.

Der Unterschied zwischen Lob und Ermutigung

Alle Eltern wollen, dass ihr Kind ein positives Selbstbild entwickelt, und sie wissen auch, dass ein positives Selbstbild damit verbunden ist, dass man sich über Erfolge freut. Verständlicherweise konzentrieren sich Eltern deshalb darauf, die Leistungen eines Kindes zu bewerten, und wollen, dass sich ihr Kind in Bezug auf das, was es getan hat, gut fühlt. Die einfachste und vielleicht natürlichste Sache ist, das Kind zu loben – im Glauben oder in der Hoffnung, dass das Kind das Lob annimmt und sich großartig über sich fühlt.

Einige Eltern halten Lob für so wichtig, dass sie auch dann, wenn ein Kind schlechte Leistungen aufweist, immer noch davon ausgehen, dass Lob angebracht ist. Zum Beispiel sahen wir einen Vater in einem Park, der seinem Sohn zusah, wie dieser ein Modellflugzeug fliegenlassen wollte, doch obwohl das Flugzeug sehr häufig nach immer kürzeren Flügen abstürzte, rief der Vater mit vorgetäuschter Freude: „Was für ein toller Flug!" Wir beobachteten den Ausdruck seines Kindes, und es bestand kein Zweifel, dass es sich fragte:

- *Ist Papa blind?*
- *Lügt Papa?*
- *Weiß mein armer Papa nicht, was ein guter Flug ist?*
- *Denkt Papa, ich sei blind?*
- *Denkt Papa, dass ich seine Antwort brauche?*

Am Ende führt falsches Lob fast immer zu Respektlosigkeit.

Liebe und Logik lehrt, dass effektives Lob auf zwei Voraussetzungen basiert:

1. Der Bewertende und die Bewerteten haben ein gutes Verhältnis oder zumindest gegenseitigen Respekt.

2. Der Bewertende ist in der Lage zu beurteilen, wie gut die Tat oder die Leistung ist.

Trifft eine dieser Voraussetzungen nicht zu, kommt das Lob nicht an. Ermutigung hat gegenüber Lob mehrere Vorteile:

- Sie macht keine Annahmen über die Beziehung. Diese kann schlecht, neutral oder gut sein.
- Sie geht davon aus, dass Kinder ihr eigenes Verhalten oder ihre eigene Leistung beurteilen und Entscheidungen darüber treffen können, wie sie die Dinge in Zukunft ändern (bzw. nicht ändern) wollen.
- Sie akzeptiert immer die Bewertung des Kindes, auch wenn die Selbsteinschätzung zu hart ist.

Ist die Selbsteinschätzung zu hart, streiten die Lobenden oft mit dem Kind. Zum Beispiel:

ERWACHSENER: „Was für ein schönes Bild!“

KIND: „Das sehe ich nicht so.“

ERWACHSENER: „Warum nicht?“

KIND: „Die Nase ist zu groß.“ (Nun wird die Bewertung des Bewertenden in Frage gestellt, und damit beginnt der Streit.)

ERWACHSENER: „Ich bin mir nicht so sicher, ob das stimmt.“

KIND: „Doch, so ist es.“

ERWACHSENER: „Ich glaube nicht!“

KIND: „Sie ist zu groß!“

ERWACHSENER: „Ist es nicht.“

Die Situation ist anders, wenn es um Ermutigung geht:

ERWACHSENER (mit einer fröhlichen und ermutigenden Stimme): „Super, was hältst du von deinem Bild?“

KIND: „Es gefällt mir nicht.“

ERWACHSENER: „Und warum?“

KIND: „Die Nase ist zu groß.“

ERWACHSENER: „Wirklich! Wie ist das passiert?“

KIND: „Ich habe Probleme mit Nasen."

ERWACHSENER: „Und wie wird das Ergebnis sein?"

KIND: „Toll, denn ich übe sie, und ich werde besser."

Wenn Kinder ein schlechtes Selbstbild haben, führt Lob fast immer dazu, dass das Kind eine Szene macht. Da das Lob nicht zum Selbstbild des Kindes passt, verhält sich das Kind dann schlechter, um den Erwachsenen über die reale Situation aufzuklären. Ist ein Kind sehr negativ, könnte es für den Bewertenden klug sein zu sagen: „Mensch, wenn ich so eine Aufgabe erledigen würde, würde ich mich wahrscheinlich besser fühlen als du jetzt, aber jeder ist anders."

Die Grafik auf der folgenden Seite verdeutlicht die Unterschiede zwischen Lob und Ermutigung. Beachten Sie, wie Ermutigung Kindern hilft, sich über ihre Leistung gut zu fühlen, weil sie sich selbst bewerten und selbstständig denken. Lob ist nicht schlecht, aber man beachte, dass es die externe Bewertung betont – die Freude des anderen – und kein echtes Denken fördert.

Ein positives Selbstwertgefühl entsteht, wenn man Dinge erreicht

Was sie für sich selbst erreichen, bringt Kindern am meisten. Sie haben mehr davon, wenn sie ihre eigene Entscheidung treffen – selbst wenn sie falsch ist –, als wenn die Eltern für sie entscheiden. Manchmal bedeutet das, daneben zu stehen, wenn unsere Kinder darum kämpfen, eine Aufgabe zu erledigen, bei der wir ihnen leicht helfen oder sie für sie tun könnten.

Es ist normal für Eltern, dass sie wollen, dass ihre Kinder schöne Dinge haben und nicht so viel kämpfen müssen wie sie selbst, als sie aufwuchsen. Das bedeutet jedoch nicht, dass Eltern, weil sie das Geld (oder leider das Kreditlimit) haben, um ihren Kindern alles zu kaufen, was diese wollen, es für sie kaufen sollten, noch bedeutet es, dass sie ihre Kinder aus einer schwierigen Lage herausholen sollten, wenn sie den Mut dazu haben. Wenn wir unsere Kinder nie kämpfen lassen, um etwas zu bekommen, das sie wollen, oder ein Problem für sich selbst zu lösen, dann werden sie, wenn es später im Leben schwierig wird, nicht plötzlich mutig werden und loslegen, sondern einfach aufgeben. Letztendlich kommt der Glaube an sich selbst als einen fähigen Menschen daher, dass man schwierige Dinge bewältigt, und nicht daher, dass diese Dinge für einen erledigt werden oder dass einem wiederholt gesagt wird, man sei großartig.

	Lob	**Ermutigung**
Ort	Gute Gefühle von außen	Erzeugt gute Gefühle von innen her
Methode	Aussagen	Fragen
Annahmen	Kind und Erwachsener haben gute Beziehung	Keine Annahmen über die Beziehung
Inhalt	Wertend	Nicht wertend
Folgen, wenn das Kind ein gutes Selbstbild hat und den Erwachsenen mag	Fühlt sich gut in Bezug auf die Arbeit und den Erwachsenen	Fühlt sich kompetenter in der Entscheidungsfindung. Fühlt sich gut über sich selbst
Folgen, wenn das Selbstbild des Kindes schlecht ist	Vorbehalte mit: „Er will nur, dass ich mich besser fühle. Er kennt mich nicht wirklich." Verhält sich negativ, um zu zeigen, wie schlecht es wirklich ist.	Gefühle gegenüber Erwachsenen unverändert. Könnte besser in der Lage sein, sich selbst einzuschätzen. In keinem Fall verschlechtert sich das Verhalten, wenn unvoreingenommene Fragen gestellt werden.
Beispiele	„Was für eine tolle Arbeit!" „Das hast du aber gut gemacht!" „Ich wette, du bist stolz auf dich!"	„Was denkst du, wie gut du es gemacht hast?" „Warum ist das so?" „Wie kommst du darauf?" „Wie wirst du wohl das nächste Mal damit umgehen?"

Abgesehen von unseren ermutigenden Worten sieht das Muster für den Aufbau von Selbstwertgefühl und Selbstvertrauen in fast allen Fällen so aus:

1. Kinder gehen ein Risiko ein und versuchen, etwas zu tun, von dem sie denken, dass sie es nicht können.
2. Sie kämpfen bei dem Versuch, es zu tun.
3. Nach einer gewissen Zeit erreichen sie das, was sie zuerst erreichen wollten.
4. Sie haben die Möglichkeit, über das Erreichte nachzudenken, und können sagen: „Seht, was ich getan habe!"

Der letzte Schritt, um ein positives Selbstbild zu entwickeln, während unsere Kinder wachsen, ist eine innere Aufgabe – etwas, das Kinder für sich selbst tun müssen. Es ist die Folge dessen, dass man hart arbeitet und gute Dinge erreicht. Keine Menge an Dingen oder Lob kann Kindern ein belastbares Selbstbild schenken. Seltsamerweise fühlen sich Kinder nicht wohl dabei, wenn wir alles tun, was wir können, damit sie glücklich bleiben, oder ihnen alles geben, was sie wollen. Sie müssen ein wenig schwitzen und sich etwas verdienen.

Wenn wir zulassen, dass sie das Risiko eingehen, schwierige Dinge zu erreichen, bedeutet das natürlich, dass sie genauso leicht scheitern wie erfolgreich sein können. Sie müssen wissen, dass wir sie lieben, ob sie erfolgreich sind oder nicht, und wir können sie auf ihrem Weg unterstützen und ermutigen, solange wir ihnen die Arbeit nicht abnehmen. Indem wir zulassen, dass unsere Kinder mit altersgerechten schwierigen Zeiten umgehen lernen, wenn sie jünger sind, bereiten wir sie darauf vor, später wirklich harte Zeiten effektiv zu meistern.

Auch dies muss mit gesundem Menschenverstand geschehen. Wir müssen dazu keine künstlich schwierigen Situationen erzeugen, noch lassen wir sie mit Dingen kämpfen, die sie überfordern. Für ein Kleinkind kann der Bau eines Turms mit Bausteinen vergleichbar sein mit einem Zwölfjährigen, der lernt, ein mittelschweres Musikstück auf dem Klavier zu spielen, aber wenn wir diese Rollen umkehren würden, wären das lächerlich. Liebe-und-Logik-Eltern bereiten sich auf solche Situationen vor und wissen, wie sie die Arbeit und die Entscheidungsfindung ihrem Kind überlassen, anstatt es selbst zu tun.

Wenn wir glücklich sind, sind sie glücklich.

Vielleicht ist das ein extrem beunruhigender Gedanke für Sie, aber Kinder lernen fast jede zwischenmenschliche Aktivität durch Vorbilder. Und Sie wissen ja, wer ihre Hauptvorbilder sind, nicht wahr? Die Art und Weise, wie Sie mit Schwierigkeiten, Frustration, Lösen von Problemen und anderen Menschen umgehen und wie sie reden, sich geben und bewegen – alles lernen sie, indem sie die großen Menschen in ihrem Leben beobachten. Ihre alles sehenden Augen erfassen unsere Handlungen, vom Sprechen lernen bis zum Autofahren lernen.

In dem Alter, in dem sie lernen, die Toilette zu benutzen, schlüpfen sie in Mamas Schuhe oder tragen Papas Hut. Wenn Mama an der Spüle ist und Geschirr spült, dann sind auch sie da, spritzen herum und werden völlig nass. Wenn Papa am Motor seines Autos herumbastelt, sind auch die Kinder da und wollen mithelfen. Viele Eltern irritiert das und finden es eine Belastung, wenn die Kinder ständig um sie herum sind. Aber welche Lernmöglichkeiten sie haben! Und das zu niedrigen Preisen!

LIEBE-UND-LOGIK-TIPP 8

Was sie sehen, ist, was sie lernen.

Ich (Jim) verbrachte meine Kindheit auf der falschen Seite der Gleise in einem Wohnanhänger im Industriegebiet von Denver. Als meine Familie genug Geld zusammenkratzen konnte, kauften wir eine kleine Garage, in der wir lebten, während mein Vater ein Haus auf dem Grundstück baute.

Papa arbeitete eine Frühschicht in der Innenstadt und fuhr mit der Straßenbahn zur Arbeit, und wenn er dann um 14.00 Uhr zurückkam, griff er jeden Tag zu seinem Werkzeug und baute an dem Haus. Es dauerte sieben Jahre. Wenn ich ihm bei der Arbeit zusah, dachte ich: *Wow! Er darf all die tollen Dinge machen: Beton mischen, die Ziegel legen, die Schindeln aufsetzen, Nägel einschlagen, Holz sägen.* Ich beobachtete es den ganzen Tag, jeden Tag.

Wenn mein Vater dann am Ende des Tages aufhörte, sagte er stets: „Jim, räum dieses Chaos auf." Also holte ich die Schubkarre, nahm eine Schaufel und einen Rechen und räumte das Chaos auf. Gleichzeitig erklärte mir Dad, die Leute müssten lernen, hinter sich aufzuräumen. Sie müssten Dinge zu Ende machen und die Werkzeuge wegräumen.

Als mein Vater bemerkte, dass ich meine eigenen Sachen herumliegen ließ, beschwerte er sich: „Warum räumst du deine Sachen nicht auf, Jim? Dein Fahrrad liegt auf dem Gehweg und deine Werkzeuge liegen überall herum. Wenn du nach einem Werkzeug suchst, wirst du nicht wissen, wo es ist." Ich lernte natürlich alles, was Aufräumen angeht. Ich lernte, dass Erwachsene *nicht* hinter sich aufräumen.

Hätte mein Vater mir das Aufräumen vorgelebt – und dabei gesagt: „Ich habe ein gutes Gefühl, weil die Tagesarbeit beendet ist, aber es wird mir noch besser gehen, wenn ich dieses Chaos aufräume und alle Werkzeuge aufräume" –, hätte er einen Sohn hervorgebracht, der gerne sein eigenes Chaos beseitigt. Und deshalb ist meine Garage bis heute ein Chaos.

Der Schlüssel zum elterlichen Vorleben mag für Sie seltsam klingen, aber er geht so: Ich lebe immer ein verantwortungsbewusstes und gesundes Verhalten von Erwachsenen vor, indem ich mich gut um mich selbst kümmere. Die Maxime, gut auf sich selbst aufzupassen – ja sogar sich selbst am wichtigsten zu nehmen –, kann den Eltern gegen den Strich gehen. Viele Eltern glauben, ihre Kinder sollten immer an erster Stelle stehen. Kein Opfer ist ihnen zu groß. Diese Eltern sind Taxifahrer, Zustelldienst, Wecker, Reisebüro und Finanzberater – alles zur gleichen Zeit. Allerdings sehen Kinder, die mit dieser Regelung aufwachsen, dass ihre Eltern sich nicht auf gesunde Weise um sich selbst kümmern. Sie stellen immer die Kinder an die erste und sich selbst an die letzte Stelle. Die Kinder werden dieses Verhalten dann nachahmen, indem sie sich selbst ebenfalls an die letzte Stelle setzen.

Wenn dann die Oberstufe naht, werden sich dieselben Eltern fragen, warum ihre Kinder ein so schlechtes Selbstbild haben. Schließlich sagen die Eltern: „Ich habe sie doch immer mit Vorrang behandelt. Ich habe immer alles für sie getan.“ In Wirklichkeit folgen junge Menschen mit einem schlechten Selbstbild ihrem elterlichen Vorbild. Auf die gleiche Weise setzen sie sich selbst an die letzte Stelle.

Natürlich stellen wir uns als Eltern nie auf Kosten unserer Kinder an die erste Stelle. Wir wollen nicht, dass sie schlecht wegkommen. Wir wollen, dass sie gewinnen, aber wir sollten ebenfalls gewinnen wollen. Daher streben wir immer eine Win-Win-Situation an. Wir wollen uns selbst wohlfühlen, und wir wollen, dass sich unsere Kinder wohlfühlen, deshalb kümmern wir uns vorbildhaft auf eine gute, gesunde Weise um uns selbst.

Wir fahren unsere Kinder trotzdem zu bestimmten Orten. Wir tun Dinge für sie. Aber gesunde Menschen wünschen sich im Allgemeinen, dass es keine Einbahnstraße ist, sondern dass *beide* Parteien etwas davon haben. So genießen wir es, unsere Tochter zu ihrem Fußballspiel zu fahren, nicht nur, weil sie es genießt, sondern auch, weil wir es genießen, mit ihr zusammen zu sein und ihr die Chance zu geben, sich zu verbessern. Wir fahren unseren Sohn gerne zu seinem Musikunterricht, weil wir uns darüber freuen, wenn er Fortschritte macht, wenn wir im Auto mit ihm reden können und wenn wir insgesamt das Leben verbessern, das er uns dann gerne zurückspiegelt.

Für viele unglückliche Eltern und ihre anspruchsvollen, fordernden Kinder wird das Leben zur Einbahnstraße. Die Eltern tun Dinge für das Kind, aber das Kind spürt keine Notwendigkeit, den Eltern etwas zurückzugeben oder den Erwachsenen das Leben angenehm zu machen. Das Kind nimmt nur, und die Eltern geben nur. Weise Eltern, die sich in einer solchen Situation befinden, verhalten sich vorbildlich, indem sie sich gut um sich selbst kümmern. Ein Liebe-und-Logik-Elternteil könnte sagen: „Schätzchen, ich weiß, dass du gerne hättest, dass ich dir (bei deinen Hausaufgaben helfe / dich zu deinem Unterricht bringe / dich zum Kino fahre). Leider hat das viele Dich-Umherfahren (bzw. Dinge für dich tun) in letzter Zeit mein Glück getrübt. Das ist traurig, aber wahr. Also denke ich, dass ich es diesmal nicht tun werde.“ Dieser Elternteil wird respektvolle, nachdenkliche Kinder großziehen, die auch darin wachsen, gut für sich selbst zu sorgen.

Kapitel 4

Die Fehler der Kinder sind ihre Chancen

Weisheit und Urteilsvermögen zu erlangen ist viel kostbarer als Silber oder Gold!

Sprüche 16,16

Doug und Sara hatten ein großes Problem mit dem zehnjährigen Austin. Alles, was sie ihm sagten, er solle es tun, tat er. Ob es nun um Hausarbeiten, eifriges Lernen, den Umgang mit anderen oder den Respekt vor Erwachsenen und Lehrern ging – Austin machte es tadellos. Er stand jeden Tag von selbst auf. Er stellte seine Schulsachen immer ordentlich an die Tür, bevor er zum Frühstück ging, und er nahm sich immer genug Zeit, um sein Essen in einem gemütlichen Tempo zu genießen. Er vergaß nie, sein Mittagessen, seine Hausaufgaben, Sportkleidung, Erlaubniszettel oder etwas anderes mitzunehmen. Er war konsequent fünf Minuten zu früh an der Bushaltestelle. In der Schule geriet er selten in Schwierigkeiten. Seine Lehrer mochten ihn und er hatte viele Freunde. Wenn er am Nachmittag aus dem Bus stieg, machte er sich direkt an seine Hausaufgaben und Hausarbeiten, ohne dass es ihm gesagt wurde. Beim ersten Gähnen am Abend entschied er sich, ins Bett zu gehen – oft eine gute halbe Stunde, bevor er musste. Eines Samstagmorgens machte er die Garage sauber, bevor Doug und Sara überhaupt aufstanden!

Einige Eltern würden bei solchen „Problemen“ mit ihren Kindern vor Neid platzen. Aber Doug und Sara lagen nachts wach und machten sich Sorgen um Austin. „Er könnte in seiner Kindheit nur sehr wenige Möglichkeiten haben, um an seinen Fehlern zu wachsen“, dachten sie.

Die meisten von uns „leiden“ nicht an dem Problem, das Doug und Sara haben. Unsere Kinder vermasseln viel. Dadurch haben sie mehr als genug Chancen, verantwortungsbewusster zu werden, indem sie ihre Probleme lösen.

Liebe-und-Logik-Tipp 9

Verantwortungsbewusste und verantwortungslose Kinder

Die verantwortungsbewusstesten Kinder, denen ich (Jim) während meiner drei Jahrzehnte im Bildungsbereich begegnet bin, waren die Kinder an einer innerstädtischen Schule, wo ich als stellvertretender Schulleiter arbeitete. Sie lebten alle in Sozialwohnungen. Diese Kinder wachten morgens ohne Wecker auf und kamen pünktlich zum Frühstück in die Schule, ohne die Hilfe ihrer Eltern. Sie wussten, dass sie ihr Frühstück bekamen, wenn sie dort ankamen, und wenn sie es nicht schafften, verpassten sie es. Sie verpassten nie den Bus, wenn sie irgendwohin wollten.

Die unverantwortlichsten Kinder, die ich je erlebt habe, waren in einer Schule in einer Vorstadt der oberen Mittelklasse. Am ersten Schultag kamen tausend Kinder in achtzehn verschiedenen Bussen an. Die Hälfte dieser Kinder lief direkt zum Spielplatz, um noch vor dem Gong ein wenig herumzutoben; die andere Hälfte rannte direkt zum Büro des Schulleiters, um ihre Eltern anzurufen, weil sie Anmeldeunterlagen, Jacken oder ihr Pausenbrot vergessen hatten.

Verantwortungsvolles Verhalten steht in direktem Zusammenhang mit der Anzahl der Entscheidungen, die von Kindern erwartet werden. Je mehr Entscheidungen sie treffen, desto verantwortungsvoller werden sie.

„Mama, ich würde es lieber selber machen"

Oftmals behindern wir das Wachstum unserer Kinder. Wir begeben uns genau dorthin, wo wir nicht sein sollten: inmitten ihrer Probleme. Eltern, die sich mit den Problemen ihrer Kinder beschäftigen, erweisen ihnen einen Bärendienst. Sie berauben ihre Kinder der Chance, in der Verantwortung zu wachsen, und sie fördern sogar weiteres unverantwortliches Verhalten.

Das größte Geschenk, das wir unseren Kindern machen können, ist das Wissen, dass sie mit Gottes Hilfe immer zuerst bei sich selbst nach den Antworten auf ihre Probleme suchen können. Kinder, die eine Haltung entwickeln, die besagt: *Ich kann wahrscheinlich meine eigenen Lösungen finden*, werden zu Überlebenden. Sie haben einen Vorteil im Lernen, im Umgang mit anderen und in der Welt. Das liegt daran, dass die beste Lösung für jedes Problem sich in der Person findet, der das Problem gehört.

Wenn wir Probleme für unsere Kinder lösen – diejenigen, die sie alleine bewältigen könnten – sind sie nie ganz zufrieden. Unsere Lösung ist nie wirklich gut genug. Wenn wir unseren Kindern sagen, was sie tun sollen, sagen sie tief im Inneren: *Ich kann selbst denken*, weshalb sie oft das genaue Gegenteil von dem tun, was wir von ihnen erwarten.

Unser Zorn hilft auch nicht weiter. Sicher, es ärgert uns ohne Ende, wenn unsere Kinder etwas in ihrem Leben vermasseln. Wenn sie Schulbücher verlieren oder schlechte Zeugnisse nach Hause bringen, ist es nur natürlich, dass wir wie ein Feuerwerk an Silvester explodieren. Aber jedes Mal, wenn wir wegen etwas explodieren, was die Kinder sich selbst antun, machen wir das Problem nur noch schlimmer. Wir geben den Kindern die Botschaft, dass die eigentliche, logische Konsequenz ihres Schlamassels darin besteht, Erwachsene wütend zu machen. Die Kinder werden von der Macht dieser Wut überwältigt, statt dass sie eine Lehre aus den Folgen ihres Fehlers ziehen.

Wenn wir uns mit Ärger oder einer Rettungsaktion in die Probleme unserer Kinder einmischen, machen wir ihre Probleme zu unseren Problemen. Und Kinder machen sich keine Sorgen um Probleme, von denen sie wissen, dass sie das Anliegen ihrer Eltern sind. Dies lässt sich zum Teil durch das „Es macht keinen Sinn, wenn wir uns beide darüber sorgen"-Syndrom erklären.

Bevor Jim seine Frau Shirley traf, hatte er eine große Abneigung, zur Tankstelle zu gehen, einfach weil er es hasste, Geld auszugeben. Das Einzige, was ihn zwang, doch hinzugehen, war wenn die Tankanzeige fast leer war. Als er jedoch Shirley heiratete, entdeckte sie diese Gewohnheit und übernahm, aus Angst, dass ihm das Benzin ausgehen würde, die Verantwortung, ihn entweder daran zu erinnern, den Tank zu füllen oder es selbst zu tun. Er musste sich nie darum kümmern; sie hatte sein Problem fest im Griff.

Nach einer Weile hatte Shirley jedoch genug von dieser Verantwortungslosigkeit und hörte auf, Jim zu retten. Als ihm eines Nachts das Benzin ausging, lief er eine dunkle Straße entlang, um Hilfe zu holen. Dabei fiel er von einer Brücke herunter und stürzte drei Meter tief in ein Bachbett. Jim musste acht Wochen lang liegen, bevor er wieder gehen konnte. Dann wurde ihm klar, dass Shirley zwar bereit war, sich darum zu kümmern, wie viel Benzin in ihrem Auto war, aber nicht, wie viel in seinem war. Raten Sie mal, wem seitdem nie wieder das Benzin ausgegangen ist? Wenn Shirley sich nicht darum kümmerte, dann musste er sich wohl oder übel selbst darum kümmern.

Kinder, die sich direkt mit ihren eigenen Problemen auseinandersetzen, sind motiviert, diese zu lösen. Sie wissen, dass es niemand tun wird, wenn sie es nicht tun. Weder ihre Eltern noch ihre Lehrer – niemand. Und auf einer unterbewussten Ebene fühlen sie sich viel besser, wenn sie ihre eigenen Probleme lösen.

Du hast deine Probleme, ich habe meine.

Die Liste der Probleme der Kinder ist endlos: pünktlich zur Schule gehen, überhaupt zur Schule gehen, von Freunden belästigt werden, Freunde belästigen, Lehrer belästigen, von Lehrern belästigt werden, schlechte Noten, Faulheit, schlechte Freunde, Drogen, Alkohol und vieles mehr. Eltern, die sich in all diese Probleme einmischen, können jede wache Stunde damit verbringen. Leider glauben diese Eltern, dass sie ihre Liebe zu ihren Kindern zeigen, indem sie sich in diese Konflikte stürzen und sie retten.

Liebe-und-Logik-Tipp 10

Wann man sich in die Probleme der Kinder einmischen sollte, und wann nicht

Gelegentlich sollten wir die Probleme unserer Kinder schon zu unseren Problemen machen:

- Wir mischen uns ein, wenn unsere Kinder definitiv in der Gefahr sind, Leib und Leben zu verlieren oder eine Entscheidung zu treffen, die lebenslange Folgen haben könnte.
- Wir mischen uns ein, wenn unsere Kinder wissen, dass sie sich in einer Situation befinden, die sie allein nicht bewältigen können. Noch wichtiger ist vielleicht, dass sie wissen, dass *wir* auch wissen, dass sie sie allein nicht bewältigen können. Wenn wir also eingreifen und ihnen helfen – im Prinzip mit den Worten: „Du bist nicht in der Lage, mit dieser Situation umzugehen" –, ist das keine destruktive Botschaft, da sich jeder bewusst ist, dass das Kind nicht in der Lage ist, mit der Situation umzugehen.

Zum Beispiel können Eltern in einem seltenen Fall darauf bestehen, dass ihr Kind die Klasse wechselt. Dies sollte nur geschehen, wenn das Kind so stark leidet, dass seine gesamte Schulzeit gefährdet sein könnte, und wenn das Kind weiß, dass es sich in einer Situation befindet, in der es unvermeidlich verlieren wird. Sobald ein Elternteil eingreift, erhält das Kind die Meldung: „Du schaffst es nicht selbst."

Vergessen Sie nicht: Alles, was wir für unsere Kinder „reparieren", werden unsere Kinder nicht selbst reparieren können. Wenn Anna Probleme mit dem Schulbus hat und wir eines Morgens zur Haltestelle fahren, um mit dem Fahrer und den anderen Kindern zu sprechen, wird Anna jede Chance genommen, dieses Problem selbst zu lösen, und wird glauben, dass sie es nicht kann.

Wenn es mehr als eine 20-prozentige Chance gibt, dass unser Kind in der Lage ist, das Problem zu lösen, sollten wir uns davon fernhalten, das Problem zu unserem eigenen zu machen, und unserem Kind nicht die Möglichkeit nehmen, aus der Erfahrung zu lernen und zu wachsen.

Selbst wenn ein Kind sich keine Sorgen um seine Probleme macht, sollten wir uns aus ihnen heraushalten. Die Faulheit eines Kindes, zum Beispiel, ist immer noch das Problem des Kindes. Zwar können nicht erledigte Hausaufgaben, schlechte Noten oder Zuspätkommen in der Schule für uns unerträglich sein, doch müssen wir einen liebevollen Weg finden, um den Folgen zu erlauben, dem Kind eine Lehre zu erteilen, was auch immer diese Folgen sein mögen.[1]

Auf der anderen Seite *sind* einige der Verhaltensweisen der Kinder unsere Probleme. Wenn das Problem darin besteht, wie unsere Kinder mit uns umgehen (respektloses Gerede, freche Antworten, Unhöflichkeit), wie sie die Hausarbeiten erledigen, dass sie laute Musik spielen, uns mitten in der Nacht aufwecken, sich in der Öffentlichkeit schlecht benehmen oder wenn es um lebensnotwendige Dinge geht (essen und wohnen), dann ist das Problem von ihrem Bereich direkt in den unseren übergegangen. Kurz gesagt, wenn es ein Problem für uns ist, sollte es bald ein Problem für sie sein.

Wenn Luis in der Schule eine große Klappe hat, überlassen wir die Konsequenzen mit unserer Unterstützung den Lehrern. Aber wenn Luis das uns gegenüber tut, kümmern wir uns darum.

Wenn Mias Langsamkeit bei der Vorbereitung auf die Schule zur Folge hat, dass sie zu spät kommt, halten wir uns aus dem Problem heraus. Aber wenn Mias Langsamkeit, sich fertig zu machen, um das Haus zu verlassen, *uns* zu spät kommen lässt, kümmern wir uns darum.

Wenn Henrys Zimmer ein nationales Katastrophengebiet ist, lassen wir ihn sich im Morast wälzen. Aber wenn Henry innerhalb von fünfzehn Sekunden nach seiner Ankunft das Wohnzimmer zerstört, hat das Auswirkungen auf uns, weshalb wir ihm helfen, damit umzugehen – auf unsere Weise.

Auch hier leben wir das angebrachte Erwachsenenverhalten vor. Wir lassen nicht zu, dass andere Menschen uns etwas antun, und deshalb erziehen wir Kinder, die wissen, wie man für sich selbst sorgt und nicht zulässt, dass andere ihnen Probleme bereiten.

---

[1] Viele spezifische Probleme werden in Teil 2, „Liebe-und-Logik-Erziehungsperlen“, besprochen.

Liebe-und-Logik-Tipp 11

Das „Oh-oh"-Lied

Die vierjährige Jasmin kommt in die Küche und will einen Snack. Da es nur noch eine halbe Stunde bis zum Abendessen ist, sagt ihre Mutter ihr, sie solle warten. Jasmin will das jedoch nicht hören. Sie bettelt weiter und landet schließlich mit einem Wutanfall auf dem Boden. Für viele Eltern wäre dies die Zeit, an die Decke zu gehen, aber eine Liebe-und-Logik-Mutter sieht die SLG in der Situation und ist bereit dafür.

„Oh-oh", sagt Mutti leise mit einer singenden Stimme, „das sieht ganz danach aus, dass jemand ein wenig Zeit für sich allein braucht, um sich zusammenzureißen." Jasmins Kopf hebt sich und ihre Arme und Beine hören auf, auf den Boden zu schlagen. Sie hat das schon einmal gehört und weiß, was als Nächstes kommt. Mama hebt Jasmin liebevoll hoch und führt sie in ihr Zimmer, während sie alle **sechs Schritte** der Verwendung des „Oh-Oh"-Songs durchläuft:

1. Singen Sie: „Oh-oh! Das sieht nach einer kleinen Zeit in deinem Zimmer aus", während das Kind schnell und sanft in den entsprechenden Bereich gebracht wird. Dies ist oft das Kinderzimmer, kann aber auch jeder andere Ort sein, an dem das Kind nicht bei der Familie sein kann.
2. Singen Sie: „Du kannst gerne einen kleinen Wutanfall haben. Wir sehen uns, wenn du wieder freundlich bist." Halten Sie Ihre Stimme melodisch, während Sie dies sagen, um zu vermeiden, dass Sie wütend, frustriert oder sarkastisch klingen.
3. Bieten Sie bei Bedarf Optionen an, wie das Kind im Zimmer bleiben soll: „Willst du mit offener oder geschlossener Tür in deinem Zimmer bleiben?" Wenn das Kind dann herauskommt, sagen Sie: „Wie schade. Du hast also geschlossen gewählt."
   Wenn das Kind daraufhin wieder herauskommt, bieten Sie eine andere Wahl an: „Willst du in deinem Zimmer bleiben, während die Tür geschlossen oder abgeschlossen ist? Es ist deine Entscheidung." Wenn das Kind auch diesmal wieder herauskommt, sagen Sie: „Wie schade. Du hast abgeschlossen gewählt."
   Sicherheit ist hier ein wichtiger Punkt, bleiben Sie also im Notfall in der Nähe, sprechen Sie aber nicht mit dem Kind durch die Tür und geben Sie nicht

zu erkennen, dass Sie draußen warten. Sie können sogar den Fernseher lauter machen, dass es so aussieht, als hätten Sie mehr Spaß als das Kind.

4. Das Kind bleibt im Zimmer bis es sich beruhigt hat. Sprechen Sie in dieser Zeit nicht mit dem Kind, auch wenn es so klingt, als sei Krieg in dem Zimmer.
5. Sobald das Kind ruhig ist, stellt der Erwachsene den Küchenwecker auf vier oder fünf Minuten ein. Es ist wichtig, dass das Kind mindestens so viel Zeit hat, um auf den Gedanken zu kommen: *Ich möchte bei der Familie sein.*
6. Sobald das Kind vier oder fünf aufeinanderfolgende Minuten ruhigen Verhaltens gezeigt hat, kehrt es in die Familie zurück. Der Elternteil sollte und muss nicht mit dem Kind über das Problem reden. Wenn aufgrund des Fehlverhaltens etwas sauber gemacht werden muss, kann das Kind dies zu diesem Zeitpunkt tun.

Wenn sich Kinder schlecht benehmen, brauchen Eltern etwas, das sie tun können, um zu reagieren, und je konsequenter sie in ihrer Reaktion sind, desto schneller prägt sie sich dem Kind ein. Deshalb haben wir das „Oh-oh"-Lied kreiert. Es bietet den Eltern eine generelle Reaktion auf alle Angriffe auf ihren Frieden und ermöglicht ihnen, ohne Wut oder Drohungen zu reagieren. Es sollte weder Sarkasmus noch Ungeduld mitschwingen und positiv klingen, damit negative Emotionen aus ihm herausgehalten werden. Es dauert nicht lange, bis selbst ein Kleinkind es kapiert, dass, wenn das „Oh-oh"-Lied gesungen wird, das Verhalten, das gerade gezeigt wurde, keines war, das Mami oder Papi gut finden, und dass eine liebevolle Intervention bevorsteht.

Die beiden Regeln von Liebe und Logik

Im Lauf der Jahre haben wir zwei Prinzipien benutzt, die zum Ausdruck bringen, was wir mit Liebe und Logik erreichen wollen: Das erste war, dass es so effektiv wie möglich sein sollte, und das zweite, dass wir es so einfach wie möglich halten wollten, damit sich die Eltern auch inmitten hoch emotionaler Zeiten daran erinnern konnten. Aus diesem Grund haben wir die Liebe-und-Logik-Methode in zwei einfachen Regeln zusammengefasst, die Ihnen helfen werden, alles zu tun, was wir bisher besprochen haben:

Erwachsene müssen mit Hilfe von durchsetzbaren Aussagen feste und liebevolle Grenzen setzen, ohne ärgerlich oder belehrend zu werden oder Drohungen zu benutzen. Die Aussagen sind durchsetzbar, da sie sich damit befassen, wie wir reagieren werden.

Wenn ein Kind ein Problem verursacht, zeigt der Erwachsene Empathie durch Anteilnahme und gibt das Problem und seine Folgen liebevoll an das Kind zurück.

Während es im Rest dieses Buches darum geht, Ihnen Methoden, Werkzeuge und Perlen an die Hand zu geben, um Ihnen zu helfen, diese beiden Regeln in einer Vielzahl von Situationen anzuwenden, ist es entscheidend, dass Sie diese beiden Regeln zuerst als Grundlage für alles verstehen, was Liebe und Logik Ihnen zu bieten hat. Aus diesem Grund lohnt es sich, dass wir uns hier etwas Zeit nehmen, um sie genauer zu untersuchen, bevor wir weitermachen.

1. Erwachsene müssen mit Hilfe von durchsetzbaren Aussagen feste und liebevolle Grenzen setzen, ohne ärgerlich oder belehrend zu werden oder Drohungen zu benutzen.

Die vielleicht wichtigste Fähigkeit dieser ersten Regel ist die Verwendung von durchsetzbaren Aussagen. Dies geschieht oft am besten, indem Sie Wahlmöglichkeiten geben, die innerhalb Ihrer festen, liebevollen Grenzen liegen. Wenn sich zum Beispiel ein Kleinkind unangemessen verhält, kann der Elternteil das „Oh-oh"-Lied singen und ihm eine Wahl geben: „Möchtest du zu Fuß in dein Zimmer gehen, oder möchtest du, dass ich dich trage"? Die Grenze in diesem Fall ist, dass das Kind nicht so handeln kann, wie es das gerade in Anwesenheit des Elternteils getan hat, und dass der beste Platz für das Kind dann in seinem Zimmer ist.

Beachten Sie, dass der Elternteil dem Kind nicht vorschreibt, wie es sich verhalten soll, wie z. B. „Hör sofort auf damit!" Eine solche Aussage ist nicht durchsetzbar; sie führt nur dazu, dass die Eltern erneut handeln müssen, wenn das Verhalten anhält. Auch sagt der Elternteil nicht einfach: „Geh in dein Zimmer", denn das gibt dem Kind ebenfalls die Möglichkeit des Ungehorsams. Stattdessen werden zwei Optionen angeboten, die beide für den Elternteil akzeptabel sind und durchgesetzt werden können, wenn das Kind beschließt, als Reaktion nichts zu unternehmen. Es lässt dem Kind auch ein gewisses Maß an

Kontrolle, und alle Konsequenzen ergeben sich aus der Entscheidung des Kindes, nicht aus der der Eltern.

Nehmen wir zum Beispiel an, das Kind benimmt sich weiterhin unpassend als Reaktion auf die Frage „Möchtest du zu Fuß in dein Zimmer gehen, oder soll ich dich tragen?“ Dann kann der Elternteil sagen: „Oh-oh! Es sieht so aus, als hättest du dich für das Tragen entschieden.“ Wenn dann der Elternteil das Kind im Zimmer absetzt, kann er noch einmal nachlegen und zeigen, wer wirklich die Kontrolle über die Situation hat: „Hier sind wir in deinem Zimmer. Du kannst deinen Wutanfall hier gerne fortsetzen, wenn du willst. Möchtest du bei geöffneter oder geschlossener Tür in deinem Zimmer bleiben?“ Sollte das Kind an diesem Punkt beschließen, aus der Tür zu fliehen, dann lautet die Antwort: „Oh-oh! Sieht so aus, als hättest du dich entschieden, mit geschlossener Tür hier drin zu sein.“

Natürlich werden wahrscheinlich nur wenige Kinder hier aufhören. Eine geschlossene Tür lässt sich leicht wieder öffnen. Dann kann, wenn der Elternteil die Tür schließt, eine andere Wahl gegeben werden: „Möchtest du, dass die Tür einfach geschlossen wird, oder möchtest du, dass sie geschlossen und abschlossen wird? Dann sehen wir uns, wenn du wieder freundlich bist.“

Wir plädieren allerdings nicht dafür, Kinder in ihren Zimmern einzusperren und sie dort zurückzulassen – solche Aktionen sind gleichbedeutend mit Kindesmissbrauch. Wenn der Elternteil jedoch in der Nähe und wachsam bleibt, muss er dies nicht allzu oft tun, bevor das Kind sich einfach dafür entscheidet, dass die Tür nur geschlossen ist und die Situation nicht erneut austestet. Wird das Kind im Zimmer eingesperrt, sollte man in der Nähe bleiben und warten, bis der Wutanfall drinnen beendet ist, ihm dann noch etwa eine Minute geben und anschließend die Tür öffnen. Wir finden es gut, dann etwas in der Art zu sagen: „Oh, ich habe dich vermisst! Ich bin froh, dass es dir wieder besser geht! Ich stelle jetzt diesen Küchenwecker auf fünf Minuten, und sobald er losgeht, kannst du wieder zu mir kommen, wenn du die ganze Zeit freundlich bleibst.“

Es ist nicht ungewöhnlich, dass nach ein paar dieser Interaktionen die drastischeren Aktionen nicht stattfinden müssen. Ja, viele Kinder, die sich daran gewöhnt haben, werden gleich in ihr Zimmer gehen, wenn sie das „Oh-oh“-Lied hören, ohne dass noch etwas gesagt wird.

Natürlich gilt: Je jünger das Kind ist, wenn man mit solchen durchsetzbaren Aussagen beginnt, desto einfacher ist es im späteren Leben. Hier sind einige Beispiele:

- „Du kannst gerne zum Abendessen kommen, wenn du dein Zimmer aufgeräumt hast."
- „Möchtest du lieber etwas Nettes für die Kirche anziehen oder in deinem Schlafanzug gehen?"
- „Wenn du deine Hausarbeiten erledigt hast, kannst du gerne zu uns ins Wohnzimmer kommen, um etwas Fernsehen zu schauen."
- „Du kannst gerne das Auto benutzen, solange deine Mutter oder ich es nicht brauchen, sobald du den Selbstbehalt für die Versicherung auf ein Sparkonto eingezahlt hast und solange ich mir keine Sorgen um Alkohol oder Drogen machen muss."

Zwar können einige dieser Aussagen peinliche Situationen zur Folge haben (niemand will seine Kinder wirklich im Schlafanzug zur Kirche bringen), aber keine von ihnen ist gefährlich oder nicht durchsetzbar. Sicherlich ist es besser, wenn ein Kleinkind in seinem Schlafanzug zur Kirche geht, als wenn das ein Grundschüler tut, aber beides wäre nichts Schlimmes.

Stellen Sie sicher, dass Sie bereit sind, alle Wahlmöglichkeiten, die Sie geben, durchzusetzen. Es wird nicht allzu oft vorkommen, bis Ihr Kind versteht, dass beide Optionen für Sie wirklich akzeptabel sind und dass Sie sie ausführen werden.

Meiden Sie demgegenüber Alternativen, von denen Sie und Ihr Kind wissen, dass Sie sie nicht durchsetzen werden. Wir hätten gerne einen Dollar für jedes Mal, wo wir einen Elternteil in einem Fast-Food-Restaurant sagen hörten: „Beeil dich und iss, sonst lasse ich dich einfach hier zurück!" Sowohl der Ärger bei dieser Anmerkung als auch die Realitätsferne der Optionen lassen jeden in Hörweite wissen, wer wirklich die Kontrolle über diese Situation hat, und das Kind spielt wahrscheinlich weiterhin mit seinen Pommes, anstatt sie in seinen Mund zu stecken.

2. Wenn ein Kind ein Problem verursacht, zeigt der Erwachsene Empathie durch Anteilnahme und gibt das Problem und seine Folgen liebevoll dem Kind zurück.

Einer der Punkte des „Oh-oh“-Songs ist, dass die Eltern zeigen, dass sie betrübt über die Handlungen ihres Kindes sind. Das „Oh-oh“-Lied zu singen, ist einfach eine andere Art zu sagen: „Oh, was für eine bedauerliche Entscheidung du gerade getroffen hast.“ Für ältere Kinder kann sich das in etwas ändern wie „So ein Mist“ oder „Schade! Wenn ich so was mache, kommt für mich nie was Gutes dabei raus“ oder etwas Ähnliches. In Wahrheit haben beratende Eltern oft ein sehr begrenztes Vokabular und antworten im Laufe des Lebens ihrer Kinder mit den immer gleichen Sätzen. Damit prägen sie die Tatsache ein, dass sie die Kinder lieben und mitfühlen, wenn diese die falschen Entscheidungen treffen. Dies verstärkt, dass die Eltern sich die Probleme oder Konsequenzen, welche die schlechten Entscheidungen ihrer Kinder zur Folge haben, nicht zu ihren eigenen machen, sondern sie einfach weiter lieben, während die Kinder selber eine Lösung für diese Probleme suchen und sich mit den Folgen auseinandersetzen.

In Bezug auf diese Regel müssen noch zwei weitere Punkte verstanden werden. Der erste ist: Das Wichtigste, was beratende Eltern lernen sollten, besonders wenn ihre Kinder älter sind, ist, die Widerrede ihres Kindes zu neutralisieren. Ein Elternteil kann gut darin sein, mit einer durchsetzbaren Aussage feste Grenzen zu setzen, Mitgefühl in Bezug auf den Fehler seines Kindes zu zeigen und das Problem dem Kind zurückzugeben, zerstört dann aber alles Positive, was das Kind aus der Interaktion lernen kann, indem er sich in einen Streit mit seinem Kind hineinziehen lässt. Beratende Eltern kommen hinzu, nehmen Anteil und gehen wieder – sie rasten nicht aus!

Unser bester Rat an Eltern, die kurz davor sind auszurasten, ist, völlig hirntot zu werden und zu ihren Einzeilern zurückzukehren. Einige der besten davon sind: „Ich liebe dich zu sehr, um mit dir zu streiten“, „Ich weiß“ und „Netter Versuch“. Das Gespräch könnte etwa so ähnlich verlaufen:

JESSICA: „Aber Dad, das ist nicht fair!“

PAPA: „Ich weiß.“

JESSICA: „Aber von keinem meiner Freunde wird so etwas verlangt!“

PAPA: „Ich weiß.“

JESSICA: „Wenn du so denkst, dann liebst du mich einfach nicht!“

PAPA: „Netter Versuch! Du weißt, dass ich dich liebe, egal was passiert.“

JESSICA: „Bah! Ich kann nicht mit dir reden! Du bist so was von gestern! Keiner meiner Freunde hat Eltern wie dich!“

PAPA: „Ich weiß, es muss manchmal schrecklich sein, einen Vater wie mich zu haben, aber weißt du was? Ich liebe dich zu sehr, um mit dir zu streiten. Wir sollten über diese Sache reden, wenn wir beide weniger emotional sind.“

Der zweite Punkt ist, dass man Konsequenzen verzögern kann und auch oft sollte. Es ist nichts falsch daran, so etwas wie „Oh-oh! Ich werde etwas dagegen unternehmen müssen, aber nicht jetzt. Ich bin mit etwas anderem beschäftigt. Ich werde darauf zurückkommen und mich mit dir in Verbindung setzen. Versuch dir keine Sorgen deswegen zu machen.“ Das ist besonders hilfreich, wenn man im Auto sitzt und im Moment wirklich nichts dagegen tun kann, oder wenn man in der Öffentlichkeit ist, oder wenn einem einfach nichts einfällt, was man dagegen tun kann. Es ist in Ordnung, sich etwas Zeit zu nehmen und einen Freund, Lehrer, Berater oder Pastor anzurufen, um ein paar gute Ideen zu bekommen, wie man reagieren könnte. Sie könnten auch in diesem Buch nachschauen oder auf unserer Website www.loveandlogic.com nach Ideen suchen.

Vielen Menschen wurde beigebracht, am besten sofort zu reagieren, weil sie das Gefühl haben, dass die Wirkung nach einiger Zeit verloren geht. Aber haben Sie noch nie von einer Zweijährigen gehört, die sich an ein Versprechen aus der Woche vorher erinnert, dass Mami ihr einen Wunsch erfüllen würde, wenn sie das nächste Mal in einen Laden kämen? Keine Sorge! Auch Ihre Kinder haben ein gutes Gedächtnis. Und oft finden sie in der Zeit zwischen Problem und Konsequenz entweder selbst eine Lösung für das Problem, oder Ihnen wird sich die perfekte Konsequenz auftun, damit der Lerneffekt aus der Situation für die Kinder optimal ist!

Der Schlüssel ist, den Ball im Feld des Kindes zu halten und vorzuleben, wie man sich um sich selbst kümmert. Selbst wenn die Kinder denken, sie seien damit durchgekommen, werden die Konsequenzen dann, wenn sie kommen, effektiver sein, weil Sie sich die Zeit genommen haben, die beste Antwort zu finden.

Problem, Problem, wem gehört das Problem?

Leider ist es nicht immer so einfach, die Probleme der Kinder von unseren Problemen zu trennen, wie wir es gerne hätten. Die Grenze zwischen beiden wird oft durch elterliche Unentschlossenheit, Schuldgefühle, Unsicherheit und die autoritären Erfahrungen unserer eigenen Kindheit verwischt. Wenn unsere Schuldgefühle oder Unentschlossenheit uns dazu bringen, dass wir uns in die Probleme unserer Kinder einmischen, kümmern wir uns mehr um unsere eigenen Emotionen als um die Bedürfnisse der Kinder. Die meisten Kinder wollen, dass wir *ihre* Gefühle verstehen und nicht unsere eigenes Gefühlschaos beschwichtigen, indem wir ihnen Lösungen anbieten.

LIEBE-UND-LOGIK-TIPP 12

Wenn es ein Problem für uns ist, sollte es bald ein Problem für sie werden

„Wo ist Kuschel?" Die Frage von Emily, einem siebenjährigen Mädchen, war voller Sorge. Emily vermisste das aufgeregte Gebell, als sie aus dem Bus stieg, und auch das Werfen und Apportieren am Nachmittag. Als sie weiter nachforschte, stellte sie fest, dass ihr Hund nirgendwo zu finden war.

„Ich habe Kuschel in sein neues Zuhause bei Betty gebracht", sagte Emilys Mutter.

„In Bettys Haus?", fragte Emily.

„Richtig", sagte Mama. „Aber es gibt eine schlechte und eine gute Nachricht. Die schlechte Nachricht ist, dass Betty sich bereits in Kuschel verliebt hat und ihn vielleicht nie wieder hergeben will. Die gute Nachricht ist, dass Betty uns drei Tage Zeit gegeben hat, um zu entscheiden, ob Kuschel hierher zurückkommen kann."

„Kuschel ist bei Betty?", schrie Emily. „Warum?"

„Nun, offen gesagt", sagte Mama, „Du kümmerst dich nicht besonders gut um Kuschel. Wir hatten vereinbart, dass du ihn füttern und ausführen würdest, aber du passt nur auf ihn auf, wenn du Lust dazu hast. Hunde müssen besser versorgt werden. Es ist ein Problem für diese Familie, dass du nicht das getan hast, was wir vereinbart hatten, und deshalb habe ich beschlossen, dass Kuschel ein neues Zuhause braucht."

„Aaaaaaber wie bekomme ich Kuschel zurück?", stammelte Emily. „Bringst du mich zu Betty?"

„Hm, Emily", sagte Mama, „der Grund, weshalb Kuschel dort ist, hat mit deinen Entscheidungen zu tun. Es wäre ein weiteres Problem für mich, dich mitten an meinem arbeitsreichen Tag dorthin zu bringen. Welche Möglichkeiten hast du also, um ihn zurückzuholen?"

Emily dachte einen Moment darüber nach.

„Vielleicht könnte ich Jenny bitten, mich dorthin zu fahren. Sie fährt auf dem Weg zur Arbeit dort vorbei." Mama nickte. „Jenny zu fragen, ist eine gute Idee. Ruf sie doch einfach an."

Emily sagte: „Mama, es tut mir leid, dass ich mich nicht richtig um das Füttern und Ausführen von Kuschel gekümmert habe. Ich werde mich in Zukunft besser um ihn kümmern."

Inzwischen geht es Kuschel zu Hause gut – er ist glücklich, geliebt und geachtet. Emily füttert ihn jetzt und geht unaufgefordert mit ihm spazieren. Sie hat eine wichtige Lektion über Verantwortung gelernt.

Wir befürchten manchmal, dass dieser Ansatz zu hart klingt – das Haustier außer Haus bringen, mit der Möglichkeit, dass es nie wieder zurückkehrt. Aber wir wissen auch, dass das Leben oft noch viel schlimmere Konsequenzen hat. Die Botschaft, die wir unseren Kindern vermitteln wollen, ist, dass es schwerwiegende Folgen hat, wenn wir Verantwortlichkeiten vernachlässigen. So können beispielsweise schlechte persönliche Gewohnheiten in Bezug auf unsere Gesundheit zu Krankheiten und letztlich zum Tod führen. Kinder müssen diese Lektion lernen. Die Frage ist: Werden sie es an Goldfischen, Hamstern, Hunden oder an sich selbst lernen?

Das ist hart für uns. Unsere Schuldgefühle nagen an uns, unsere Unsicherheit nervt uns zu Tode. Was werden unsere Freunde denken, wenn unser Sohn der Idiot seiner Schule ist? Wie werden wir in der Kirche gesehen, wenn es unsere Tochter ist, die sich nie an den Namen des Jungen erinnert, der Goliath getötet hat? Wie können Eltern, die ihr Kind lieben, sich zurückhalten und zuschauen, wie es immer wieder versagt, ohne einzugreifen? Wenn wir in die Probleme unserer Kinder eingreifen, zeigt das eine egoistische Liebe. Wir müssen eine höhere Liebe an den Tag legen – eine Liebe, die sich darin zeigt, dass sie unseren Kindern erlaubt, selbstständig zu lernen.

Martina steht an ihrem Küchenfenster und beobachtet, wie ihr Sohn Jonas dem Nachbarsjungen Peter einen harten Schlag versetzt, nach dem Peter unverletzt, aber weinend nach Hause flieht. Ist dies das Problem des Kindes? Natürlich ist es das. Wenn Martina ihre Reaktion von ihren eigenen Emotionen bestimmen lässt, kann sie Jonas die Chance nehmen, in der Verantwortlichkeit zu wachsen. Wenn sie zum Beispiel mit Verlegenheit reagiert – „Was werden die Leute denken?" –, erhält Jonas die Botschaft, dass es ihr egal ist, wie *er* sich fühlt; sie interessiert sich nur dafür, wie andere sich fühlen. Ist sie wütend und autoritär – „Tu das nicht! Entschuldige dich bei Peter!" –, wird Jonas rebellieren. Eltern, die ein Kind dazu bringen, etwas auf ihre Weise zu tun, werden entdecken, dass das Kind umso mehr versucht, es auf seine Weise zu tun. Wenn sie hilflos die Hände über dem Kopf zusammenschlägt – „Was soll ich bloß mit dir machen?" –, übernimmt sie die Verantwortung für das Problem. Jonas wird wahrscheinlich denken: *Ich weiß nicht, aber das musst* du selbst *herausfinden.*

Jede dieser möglichen Reaktionen basiert auf Martinas eigenen Emotionen. Jede enthält Jonas die Chance vor, sein eigenes Problem anzugehen. Es wäre besser für Martina, sich auf Jonas zu konzentrieren. Sie könnte entweder nichts sagen oder ihr Ohr zum Zuhören anbieten, wenn Jonas darüber reden will. Oder wenn sie so besorgt ist, dass sie das Gefühl hat, sie müsse ihre Missbilligung zum Ausdruck bringen, könnte sie sagen: „Jonas, ich habe gesehen, was du Peter angetan hast. Findest du das richtig? Was sollte jetzt getan werden? Was denkst du, wie es Peter geht? Ich hoffe, dass du das nächste Mal einen besseren Weg findest, um diese Art von Problem zu lösen." Solche Kommentare legen die Last, das Problem zu lösen, sowie die zukünftige Reaktion auf Jonas' Schultern.

Was soll Martina tun, wenn Annette, Peters Mutter, herüberkommt und Feuer spuckt? Wie kann sie dafür sorgen, dass es Jonas' Problem bleibt? In diesem Fall ist es am besten für Martina zu sagen: „Nun, Annette, ich kann verstehen, dass du verärgert bist. Wenn mein Sohn geschlagen worden wäre, wäre ich auch wütend. Ich denke, es wäre toll für dich, wenn du Jonas genau sagst, wie du dich fühlst. Ich werde ihn am besten gleich rufen dann kannst du jetzt mit ihm reden."

Martina muss Annette gegenüber betonen, dass sie das Verhalten ihres Sohnes nicht kontrollieren kann, wenn er nicht zu Hause ist, dass sie aber andererseits versteht, wenn Peter wütend ist und es Jonas zurückgeben will. Martina erzählt Annette, dass sie Jonas wissen lassen wird, dass diese Bedrohung durchaus möglich wäre und dass solche Konsequenzen für *ihn* recht unangenehm wären. Während dieser ganzen Episode sollte Martina zwar einerseits realisieren, dass Annette ihrem Sohn Peter möglicherweise nicht hilft, indem sie direkt einschreitet und sich um Peters Probleme kümmert. Auf der anderen Seite ist ihr auch klar, dass es Jonas viel helfen könnte, ihn wissen zu lassen, dass die Nachbarn verärgert sind und ihn mit einer solchen Tat nicht einfach davonkommen lassen werden.

Kindern zu erlauben, ihre eigenen Probleme zu lösen, setzt ein implizites, grundsätzliches Vertrauen voraus, dass sich ihr Verhalten ändert, wenn sie aus ihren Erfahrungen lernen. Zum Beispiel könnte Jonas lernen, dass es normalerweise negative Konsequenzen hat, wenn man eine andere Person schlägt.

Um zu wiederholen: Die beste Lösung für jedes Problem liegt in der Person selbst, der das Problem rechtmäßig gehört.

Kapitel 5

Grenzen setzen durch Nachdenkworte

Die Worte eines gedankenlosen Schwätzers verletzen wie Messerstiche; was ein weiser Mensch sagt, heilt und belebt.

Sprüche 12,18

Liebe-und-Logik-Erziehung ist eine Philosophie von Recht-und-Ordnung. Nur weil wir Eltern empfehlen, sich davor zu scheuen, Befehle zu erteilen und ihre eigenen Lösungen für die Probleme ihrer Kinder durchzusetzen, heißt das nicht, dass wir alle Arten von Fehlverhalten gutheißen. Ganz und gar nicht. Keiner von uns akzeptiert Fehlverhalten in irgendeiner Weise.

Ja, wir erlauben unseren Kindern, Mist zu bauen, und wir reiten mit unseren Worten nicht auf ihren Fehlern herum. Wir belehren sie selten und sagen unseren Kindern eigentlich nie, was sie gerade gelernt haben. Wir glauben, dass es kontraproduktiv ist, unseren Kindern zu sagen, was sie denken sollen. Wir können ihnen Orientierung geben (mehr dazu in den folgenden Kapiteln), aber sie müssen selbst denken. Durchsetzbare Aussagen zu machen und Wahlmöglichkeiten anzubieten, zwingt sie dazu, selbst nachzudenken.

LIEBE-UND-LOGIK-TIPP 13

Liebe und Logik bei Kleinkindern anwenden

Zu Erziehung mit Liebe und Logik gehört, im Kleinkindalter feste Grenzen zu setzen. Grenzen schützen unsere Kinder nicht nur vor schädlichen Situationen, sondern ermöglichen es uns auch, gutes Verhalten von Erwachsenen vorzuleben, indem wir uns um uns selbst kümmern. Schauen wir uns ein paar Beispiele an.

Die beiden Kleinkinder „Nachdenklich" und „Rowdy" wollen auf den Arm genommen werden. Sie fuchteln mit den Händen und schreien ihre Eltern fordernd an. Rowdys Eltern heben ihn hoch. Im Wesentlichen sagen sie: „Sei widerlich zu mir, und du bekommst deinen Willen." Doch als Nachdenklich ihre Hände hebt und schreit, sagt ihr Vater ohne Wut oder Sarkasmus: „Nachdenklich, warum legst du dich nicht einfach auf den Boden? So wie du dich gerade aufführst, kann ich dich doch gar nicht hochheben." Nachdenklich lernt sofort, so höflich wie möglich zu sagen: „Papi, würdest du mich bitte hochheben?"

Alle Säuglinge entdecken nach etwa sechs Monaten, dass sie mit ihrem Arm die Babyflasche vom Tablett des Hochstuhls schieben und später sogar werfen können, und versuchen, ihre Mütter zu trainieren, diese wieder zu holen. Jede Mutter spielt „Holen" auf ihre ganz eigene Weise. Einige Mütter sind Ein-Flaschen-Holer, die meisten sind Drei-bis-vier-Flaschen-Holer. Einige sind noch wohlwollender und holen die Flasche immer wieder, mindestens zwei- oder dreimal pro Mahlzeit. Aus der Sicht eines Babys machen vor allem die seufzenden oder lauten Fänger Spaß: „Würdest du *bitte* aufhören, deine Milchflasche vom Tablett zu werfen?" Einige Holer sind ruhig, sagen beim Auffangen aber liebevoll: „Du kannst dich entscheiden, die Flasche einmal pro Mahlzeit zu werfen. Ich werde sie holen, aber dann hast du beschlossen, deinen Arm bis zur nächsten Mahlzeit zu schonen." Dieses Spiel ist viel kürzer und weniger lustig für den Werfer, aber der Holer führt ein glücklicheres Leben, und bald wird die Flasche überhaupt nicht mehr geworfen.

Die Grenzen, die wir unseren Kindern setzen, sind in Wirklichkeit die Grenzen, die wir uns selbst setzen. Je weicher und unentschlossener wir unseren eigenen Grenzen gegenüber sind, desto weicher und unbeständiger sind wir gegenüber den Grenzen, die wir unseren Kleinkindern setzen.

Je früher sie anfangen, desto besser. Wenn unsere Kinder unsere Obhut verlassen, wollen wir, dass sie so gut denken können, dass sie den größeren Problemen und den täglichen Schwierigkeiten des Lebens mit Kompetenz und gesundem Menschenverstand begegnen.

Wenn wir also unsere Kinder nicht herumkommandieren, wie *sollen* wir dann mit ihnen reden? Wie setzen wir Grenzen für ihr Verhalten, ohne ihnen zu sagen, was sie tun sollen? Grenzen sind entscheidend für die Erziehung mit Liebe und Logik. Unsere Kinder brauchen die Sicherheit, innerhalb der sie beginnen können, alle diese wichtigen Entscheidungen zu treffen. Sie müssen die Grenzen kennen.

Wände bauen, die nicht zerbröckeln

Stellen Sie sich vor, Sie wären in einer fremden, völlig dunklen Umgebung auf einen Stuhl geplumpst. Sie können Ihre Hand nicht vor Augen sehen. Ihre einzige Sicherheit ist der Stuhl. Sie wissen nicht, ob Sie auf einer Klippe, in einer Höhle oder in einem Raum sind. Irgendwann haben Sie genug Mut, vom Stuhl aufzustehen und Ihre unmittelbare Umgebung zu überprüfen. Sie finden vier massive Wände. Welch eine Erleichterung! Jetzt fühlen Sie sich sicher genug, um den Rest des Raumes zu erkunden, weil Sie wissen, dass Sie nicht von der Kante fallen werden. Aber was wäre, wenn die Wände zerfallen würden, wenn Sie sie testen? Sie würden sich aus Sicherheitsgründen schnell wieder auf Ihren Stuhl begeben. Und dort würden Sie bleiben. Ihre gesamte Umgebung wäre mysteriös und bedrohlich.

Stellen Sie sich nun vor, wie es für Neugeborene ist. Sie kommen aus der gemütlichen, komfortablen, vertrauten Umgebung der Gebärmutter in eine völlig unbekannte, fremde Welt. Sie suchen nach Grenzen für ihr Verhalten; sie fühlen sich sicher, wenn sie wissen, was sie tun dürfen und was nicht.

Schon von Anfang an setzen wir unseren Kindern Grenzen – Grenzen, die ihr Verhalten einschränken. Wie schnell springen wir aus unserem unterbrochenen Tiefschlaf auf, um uns dem schreienden Sam in seinem Bettchen zu widmen? Erlauben wir der kleinen Ann, vom Hochstuhl aus ‚Babynahrungskrieg' zu führen? Darf Ben Mami schlagen, wenn er sauer ist? Darf Jan jede Einkaufstour zu einem wilden Abenteuer machen? Einige Eltern bauen Mauern in Form von festen Grenzen für ihre Kinder; andere lassen ihre Kinder unsicher und ängstlich werden, indem sie kaum Grenzen setzen oder solche Grenzen, die leicht zerbröseln.

Foster beriet einmal eine junge Mutter, deren Sohn Graham ein laufender Spielautomat war. Der Junge aß kleine Münzen, aber keine großen. Für Letzteres war sie dankbar, aber es war immer noch ein Problem. Wenn Graham anfing, eine Münze zu schlucken, versuchte die Mutter die Münze wie ein Perlentaucher wieder herauszuholen. „Ich sage ihm, er soll es nicht tun, aber ich schaffe es nicht, dass er damit aufhört“, beschwerte sie sich. „Was soll ich jetzt tun?“

Foster fand während ihres Gesprächs heraus, dass sie an einer sehr belebten Durchgangsstraße in Denver wohnten. Deshalb fragte er die Mutter: „Läuft Graham auf den *Wadsworth Boulevard* hinaus?“

Die Mutter sagte: „Nein, natürlich nicht. Da kenne ich kein Pardon.“

Auf die eine Grenze wurde mit Geschrei und Frustration reagiert, auf die andere in einer festen, sachlichen Art und Weise. Graham wusste, dass das Spielen im Verkehr klar verboten war, aber wenn es um das Essen von Münzen ging, hieß es „guten Appetit“. *Das machte vielleicht Spaß!*

Kinder scheinen am sichersten um Eltern herum zu sein, die stark sind und nicht zulassen, dass die Grenzen, die sie ihren Kindern setzen, zerbröseln. Kinder verlieren den Respekt vor Erwachsenen, die keine Grenzen setzen können, zu denen sie auch stehen. Kinder, die sich schlecht benehmen, ohne die Folgen tragen zu müssen, werden zu Gören.

Kinder, die das Glück haben, dass man ihnen auf liebevolle Weise Grenzen setzt, werden sicher genug, um nicht nur effektiv mit ihren eigenen Emotionen umzugehen, sondern auch gute Beziehungen zu anderen aufzubauen. Diese Grenzen ermöglichen es den Kindern, Selbstvertrauen zu entwickeln. Dadurch sind diese Kinder leichter zu unterrichten, sie verbringen weniger Zeit mit Fehlverhalten und werden zu verantwortungsbewussten Erwachsenen. Wenn wir keine festen Grenzen setzen, leiden unsere Kinder unter einem geringen Selbstwertgefühl. Und wenn sie ein geringes Selbstwertgefühl haben, verhalten sie sich entsprechend.

LIEBE-UND-LOGIK-TIPP 14

Rationalisierungen, die wir uns für Fehlverhalten zurechtbasteln

Catherine und Jeremy haben Probleme mit ihren beiden Kindern, aber Catherine gibt zu, dass sie viel mehr Probleme damit hat als Jeremy. Sie erklärt dazu: „Das liegt daran, dass ich die ganze Zeit bei ihnen bin."

Erstaunlicherweise nickt Jeremy zustimmend. „Das ist richtig. Sie achten mich, aber Catherine ist die ganze Zeit in ihrer Nähe."

Wow! Glauben Sie, Catherine würde diese Antwort von einem Lehrer akzeptieren, wenn eine der dritten Klassen außer Kontrolle geraten wäre? „Nun, natürlich ist die Klasse ein echtes Chaos, aber ich hatte sie auch das ganze Halbjahr!" Diese Denkweise würde weder bei einer normalen stationären Therapie noch bei einem Hauptfeldwebel, der die Grundausbildung leitet, funktionieren: „Ich habe Probleme mit all den Rekruten, aber Mann, ich war ja schließlich auch die ganzen sechs Wochen mit ihnen zusammen!"

Die Schuldgefühle der Eltern spielen wahrscheinlich eine größere Rolle, als die meisten von uns glauben. Schuldgefühle entschuldigen das Fehlverhalten des Kindes: „Wäre ich ein(e) bessere(r) Vater/Mutter, würden sie sich nicht so verhalten" oder: „Gäbe es nicht unsere Scheidung, wären sie nicht so schwierig" oder: „Ich bin eine berufstätige Mutter, und ich habe nicht genug Zeit für Jakob, deshalb ist es kein Wunder, dass er außer Kontrolle ist. Armes kleines Schlüsselkind." Diese Ausrede für unverantwortliches und destruktives Verhalten, weil Kinder irgendwie ungerecht behandelt wurden, kann in lächerliche Extreme getrieben werden: „Wären die Jungs nicht ausgeschlossen worden und hätten andere Kinder sich nicht über sie lustig gemacht, hätten sie die Waffen vielleicht nicht in die Schule gebracht."

Liebe-und-Logik-Eltern geben eine ganz andere Botschaft: „Manchmal kann es sehr schwierig sein, und du hast die Möglichkeit, daraus zu lernen. Wenn jemand mit Schwierigkeiten zurechtkommt, dann du. Ich wette, du bist sehr stolz auf dich." Die alleinerziehende, berufstätige Liebe-und-Logik-Mutter fühlt sich nicht schuldig und gibt keine Entschuldigung. Ihre Arbeit ist eine Gelegenheit für ihre Kinder, zu wachsen: „Ihr habt so ein Glück, dass ich für euch sorge. Ihr habt so viel Glück, mich als Mutter zu haben, und ich habe Glück, euch zu haben. Und ich erwarte, dass ihr euch dafür entscheidet, mir eine große Hilfe zu sein. Danke!"

Wie man mit einem Kind spricht

Für viele Eltern bedeutet das Setzen von Grenzen, Befehle zu erteilen und diese Grenzen mit noch mehr Befehlen zu untermauern, die mit Strenge und Zorn gewürzt sind. Sie denken, sie würden jedes Mal, wenn sie etwas zu ihren Kindern sagen, Grenzen setzen, und je lauter ihre Stimme wird und je öfter sie es wiederholen, desto fester würden die Grenzen werden. Vielleicht erreichen sie mit ihren Befehlen etwas, aber sie bereiten ihre Kinder auf einen Kampf (gegen sie) vor und erweisen ihnen gleichzeitig einen Bärendienst.

Sie haben wahrscheinlich schon bemerkt, dass Liebe-und-Logik-Eltern etwas anders mit Kindern sprechen. Wir stellen immer Fragen. Wir bieten immer Wahlmöglichkeiten. Wir sagen unseren Kindern nicht, was sie tun sollen, sondern legen ihnen die Last der Entscheidungsfindung auf. Wenn sie älter werden, sagen wir ihnen nicht, wo die Grenzen liegen, sondern setzen Grenzen, indem wir ihnen Wahlmöglichkeiten anbieten.

LIEBE-UND-LOGIK-TIPP 15

Streitworte und Nachdenkworte

Eine andere Möglichkeit, sich durchsetzbare Aussagen vorzustellen, besteht in Wörtern, die Kinder zum Nachdenken anregen. Beobachten Sie den Unterschied zwischen einigen Streit- und Nachdenkworten:[1]

Das Kind sagt etwas Lautes und Unfreundliches zu den Eltern.

STEITWORTE: „Sprich nicht in diesem Ton mit mir!“

NACHDENKWORTE: „Du klingst verärgert. Ich höre dir gerne zu, wenn deine Stimme so leise ist wie meine.“

Das Kind trödelt mit seinen Hausaufgaben.

STEITWORTE: „Du solltest deine Hausaufgaben machen!“

NACHDENKWORTE: „Du kannst gerne mit uns fernsehen, wenn deine Hausaufgaben fertig sind.“

Zwei Kinder streiten sich.

---

[1] Weitere Beispiele hierfür finden Sie in Anhang B.

STEITWORTE: „Seid nett zueinander. Hört auf zu kämpfen."

NACHDENKWORTE: „Ihr könnt gerne wiederkommen, sobald ihr das geklärt habt."

Das Kind will seine Hausarbeiten nicht erfüllen.

STEITWORTE: „Ich will, dass du jetzt den Rasen mähst!"

NACHDENKWORTE: „Sobald der Rasen gemäht ist, fahre ich dich zu deinem Fußballspiel."

Liebe-und-Logik-Eltern bestehen genauso auf Respekt und Gehorsam wie befehlsorientierte Eltern es tun. Aber wenn Liebe-und-Logik-Eltern mit ihren Kindern sprechen, gehen sie einen anderen Weg. Anstelle der Streitworte befehlsorientierter Eltern verwenden sie Nachdenkworte.

Nachdenkworte – in Frageform verwendet und als durchsetzbare Aussagen ausgedrückt – sind einer der Schlüssel zur Erziehung mit Liebe und Logik. Sie übertragen den Kindern die Verantwortung für das Denken und die Entscheidungsfindung. Sie helfen den Kindern, genau das zu tun, was wir von ihnen erwarten: nachzudenken – so viel wie möglich.

Kinder lernen besser aus dem, was sie sich selbst sagen, als aus dem, was wir ihnen sagen. Vielleicht tun sie, was wir ihnen befehlen, aber ihre Motivation zum Gehorsam kommt dann von einer anderen Stimme als ihrer eigenen, nämlich unserer. Aber Kinder glauben an etwas, das aus ihrem eigenen Kopf kommt. Wenn sie eine Option wählen, denken sie nach, treffen die Wahl und die Lektion bleibt. Deshalb müssen Eltern von Kindheit an immer wieder Denkfragen stellen:

- „Möchtest du deinen Mantel lieber tragen oder anziehen?"
- „Möchtest du deine Stiefel lieber jetzt anziehen oder im Auto?"
- „Möchtest du lieber ruhig vor dem Fernseher spielen oder in deinem Zimmer laut sein?"

Wir benutzen keine Streitworte, wie:

- „Du ziehst jetzt den Mantel an!"

- „Weil ich gesagt habe, zieh deine Stiefel an, deshalb! Es schneit draußen."
- „Ich will dieses Fußballspiel sehen, also sei still!"

Der Unterschied zwischen Nachdenkworten und Streitworten kann subtil sein; schließlich ist die Grenze in jedem Fall die gleiche, aber die Reaktion des Kindes ist meist unterschiedlich. Kinder kämpfen gegen Befehle. Sie sehen sie als eine implizite Bedrohung. Wenn wir ihnen befehlen, etwas zu tun, sehen sie unsere Worte als einen Versuch, die Kontrolle über die Situation zu übernehmen. Jedes Mal, wenn wir mehr Kontrolle an uns reißen, bedeutet das, dass sie weniger Kontrolle haben. Sie bemühen sich, die Kontrolle wiederzuerlangen, die ihnen zu entgleiten droht.

Der Drohzyklus

Die Versuchung ist ja so groß. Wir wollen unsere Kinder verzweifelt mit Befehlen und Drohungen überschütten, um ihr Verhalten einzuschränken. Die Gründe dafür sind einfach:

1. Die Verwendung von Drohungen gibt uns nicht das Gefühl, das Weichei zu sein, als das wir uns fühlen, wenn wir unsere Kinder anbetteln oder anflehen.
2. Drohungen funktionieren manchmal.

In Jims frühen Jahren als Lehrer benutzte er häufig Drohungen, um Schüler zu motivieren, ihre Arbeit zu tun. Zu einem Schüler pflegte er zu sagen: „Entweder du erledigst jetzt diese Arbeit oder du gehst nicht zum Mittagessen", und der Bleistift des Kindes wurde sofort hektisch aktiv. Zu einem anderen sagte er dasselbe, und das Kind sagte: „Wen juckt's?" Einige Kinder reagieren auf Drohungen, andere nicht. Sie tun vielleicht, was man ihnen sagt, aber sie sind wütend auf die Person, die den Befehl gegeben hat. Oder sie können die Aufgabe auf eine Weise erfüllen, die unbefriedigend ist, nur um einen Teil der Kontrolle zurückzugewinnen, die man ihnen genommen hat. In beiden Fällen überschreiten sie die Grenze, die wir zu setzen versucht haben.

Tatsächlich war das, was uns in den 1970er-Jahren auf der Suche nach Liebe und Logik wirklich inspirierte, ein Vorfall, der einigen lokalen Jugendlichen passierte. Zwei Mädchen wurden beim Ladendiebstahl erwischt, und beide Elternteile verordneten die gleichen Konsequenzen, aber die Ergebnisse waren extrem unterschiedlich! Eines der Mädchen fand ihre Eltern gemein, aber das andere fand, dass ihre Eltern einfach nur versuchten, ihr bei der Vorbereitung auf die reale Welt zu helfen. Als wir uns fragten, was den Unterschied ausmachte, mussten wir zugeben, dass wir keine Ahnung hatten. Wir hatten auch den Eindruck, dass es, wenn wir es herausfinden könnten, uns einige wunderbare Erkenntnisse geben würde, die wir den Eltern weitergeben könnten, um das Leben für sie und ihre Kinder sehr viel besser zu machen. In den darauffolgenden Jahren haben wir gesucht und gesucht, konnten aber die Antwort in Büchern oder Seminaren nicht finden. Wir fanden sie, indem wir die wirklich effektiven Eltern beobachteten und analysierten, was sie taten und wie sie es taten! Dann nahmen wir die psychologische Forschung zu Hilfe, um eine Erklärung dafür zu finden. Wir fassten unsere Ergebnisse dann in den beiden Liebe-und-Logik-Regeln zusammen, die wir im vorherigen Kapitel erörtert haben, und mit der Verwendung von Nachdenkworten und durchsetzbaren Aussagen nahm alles seinen Anfang.

LIEBE-UND-LOGIK-TIPP 16

Iss hier schön, oder spiele auf dem Boden.

Abendessen mit dem zweijährigen Lukas. Mama und Papa sprechen über die Ereignisse des Tages und hören den neuen Worten und Erfahrungen des kleinen Frechdachses zu. Eine gemütliche Szene für Familienbande und Liebe, nicht wahr? So sehen es Mama und Papa, aber Lukas hat andere Vorstellungen.

Zuerst wird die Brotkruste in Papas Suppe geworfen und die Weihnachtskrawatte bespritzt. Dann bearbeiten die kleinen Fäuste die aufgeschnittenen Würstchen auf seinem Tablett. Als Nächstes steht er auf und versucht, aus dem Hochstuhl zu klettern. Dann ist der Deckel von seinem Sicherheitsbecher ab und er gießt die Milch über Elias, was alles mit markerschütternden Schreien begleitet wird.

Mama und Papa haben ein Problem. Sie müssen dieses Kind davon überzeugen, dass ein solches Verhalten beim Abendessen inakzeptabel ist. Sie müssen Grenzen setzen. Sie könnten auf seine kleinen Hände schlagen, ihn an seinen kleinen Schultern packen oder direkt in seine kleinen Augen schauen, während sie sagen: „Lukas, iss schön oder Papa versohlt dich." Und Lukas würde ihnen zeigen, wie stark seine kleinen Lungen sind. Oder sie könnten sagen: „Lukas, möchtest du schön im Stuhl essen oder möchtest du auf dem Boden spielen?" Beachten Sie, dass die Eltern Lukas nicht bitten, auf dem Boden „schön zu spielen". Wir können ein Kind nicht dazu bringen, auf dem Boden schön zu spielen, aber wir können ihm helfen, schön zu essen. Eine Sache steht unter unserer Kontrolle, die andere nicht.

Streitworte oder durchsetzbare Nachdenkworte. Mit Streitworten haben Mama und Papa das ganze Denken bereits erledigt, und das Essen ist chaotisch. Mit den Nachdenkworten lassen sie Lukas etwas nachdenken, und die Ordnung wird wiederhergestellt. Die Eltern haben Lukas gezeigt, wie sie sich glücklich machen, indem sie sich um sich selbst kümmern, und Lukas darf über sein eigenes Glück entscheiden.

Wählt Lukas den Boden, wird er früh genug lernen, dass es bis zum Frühstück eine lange, hungrige Zeit ist. Klar, wenn man Optionen wie das Warten auf das Frühstück anbietet, wird das Durchschnittskind den Rest der Nacht so schrecklich wie möglich machen. Ältere Kinder werden jammern, dass sie hungrig sind, und jüngere Kinder werden die Eltern mit Unglücksschreien auf dem Laufenden halten. Weise Eltern zeigen Mitgefühl, bleiben bei ihren Prinzipien und legen minimale Frustration an den Tag, trotz des besten Versuchs des Kindes, sie zu provozieren.

Auf der anderen Seite kann Lukas vielleicht schon nach etwa einer Stunde seine Lektion gelernt haben und bereit sein, schön zu sitzen und zu essen. Wie auch immer es gehandhabt wird, das Kind muss lernen, was alle glücklichen Erwachsenen wissen: „Wenn es sehr schwierig ist, in deiner Nähe zu sein, könnte es sein, dass es schwieriger wird, im Leben Nahrung zu bekommen!" All dies wird ohne Zorn, Drohungen oder Streitworte erreicht.

Schade um die Weihnachtskrawatte.

Passiv-aggressives Verhalten

Wenn Kindern befohlen wird, etwas zu tun, was sie nicht mögen, reagieren sie oft mit passiv-aggressivem Verhalten. Kinder wissen, dass sie sich an den Befehl halten müssen, um nicht bestraft zu werden. Sie kanalisieren ihren Zorn auf eine Weise, die ihren Eltern wehtun wird, und zwar so subtil, dass die Eltern nicht merken, dass sie verletzt werden. Sie werden es aber heftig genug machen, sodass die Eltern es sich zweimal überlegen werden, bevor sie diesen Befehl erneut geben.

Becca hatte die Aufgabe, das Geschirr zu spülen – etwas, das sie auf ihrem Glücksmeter so weit oben einordnete, wie sich vom Zahnarzt die Zähne bohren lassen. Sie benutzte jeden erdenklichen Trick, um es zu vermeiden. Manchmal konnte sie es über ihre Schlafenszeit hinaus verschieben. Dann wurde sie plötzlich sehr reif, was ihr Bedürfnis nach den guten alten acht Stunden Schlaf pro Nacht anging: „Du sagst mir immer, dass ich meinen Schlaf brauche“, sagte sie dann. „Ich mache es morgen früh.“ Wenn dann der Morgen kam, war sie natürlich zu spät dran und musste schnell zum Bus. Da lag das Geschirr noch ungewaschen herum. Schließlich tat es Mama, weil es die Küche verstank.

Aber eines Abends beschloss Mama, taff zu werden und sagte zu Becca: „Ich will, dass das Geschirr jetzt gespült wird! Ich habe es satt, dass du den ganzen Abend vor dem Fernseher vergeudest, während das Geschirr hier rumsteht.“

„Oh, alles klar“, antwortete Becca, „Ich mache es.“ Sie ging zum Waschbecken und spülte mit einer solchen Begeisterung, dass sie „versehentlich“ eines der besten Gläser ihrer Mutter fallen ließ. Es zerbrach auf dem Boden. „Oh, es tut mir leid, Mama“, sagte sie, als Mama in den Raum rannte. „Ich habe mich so bemüht. Ich wollte es gut machen.“ Mama befindet sich in einer Zwickmühle. Wie könnte Mama ein Mädchen bestrafen, das sich so sehr bemühte?

Beccas passiv-aggressives Verhalten enthielt eine wichtige Botschaft für ihre Mutter: *Du wirst es dir zweimal überlegen, bevor du mich wieder zwingst, abzuwaschen.* Und Mama könnte zu dem Schluss kommen: *Wozu ist das gut? Es ist einfacher, es selbst zu tun, als das alles durchzumachen.*

Passiver Widerstand

Wenn Kinder auf elterliche Forderungen mit passivem Widerstand reagieren, widersetzen sie sich, ohne den Eltern zu sagen, dass sie sich widersetzen. Der Widerstand liegt in ihrem Tun, nicht in ihren Worten. Wenn beispielsweise ein Elternteil ein Kind auffordert, etwas zu tun, reagiert das Kind, indem es behauptet, es habe die Bitte vergessen, oder indem es nicht gleich gehorcht.

Einer von Brandons Lehrern befahl ihm: „Geh in dein Klassenzimmer, junger Mann, und zwar gleich.“ Ja, Brandon „ging“, aber seine Bewegung war für das menschliche Auge nicht wahrnehmbar.

Der Lehrer sagte: „Beeil dich, Brandon.“

„Hey, ich gehe“, antwortete Brandon. „Ich tue, was Sie mir gesagt haben. Wie kommt es, dass Sie immer mich auf der Pike haben?“ Brandon versuchte, eine gewisse Kontrolle der Situation zurückzugewinnen. Er kämpfte. *Ich gehe,* sagte er innerlich. *Aber ich gehe nicht so, wie du es willst, sondern wie ich es will.*

Ein sicheres Zeichen für passiven Widerstand bei Kindern ist die anhaltende elterliche Frustration. Sicherlich können Eltern auch frustriert sein, ohne dass es an den Kindern liegt, aber alle Kinder im passiven Widerstand haben frustrierte Eltern.

In den folgenden Abschnitten werden wir einige Methoden erörtern, die Liebe-und-Logik-Eltern anwenden, um die elterliche Frustration und die Nichteinhaltung von Vorschriften durch Kinder zu verringern. Wir werden verschiedene Optionen entdecken, die Beccas Mutter oder Brandons Lehrer hätten nutzen können.

Sie sollen lieber denken als streiten

Streitworte laden zum Ungehorsam ein. Wenn wir sie benutzen, ziehen wir eine Linie und provozieren unsere Kinder, sie zu überschreiten. Wenn wir Streitworte benutzen, werden sie gegen die von uns gesetzten Grenzen kämpfen. Zu den Streitworten gehören drei Arten von Befehlen:

1. Unseren Kindern sagen, was sie tun sollen – „Du mähst jetzt sofort den Rasen!“

2. Unseren Kindern zu sagen, was wir nicht erlauben – „So redest du nicht mit mir!“
3. Unseren Kindern sagen, was wir nicht für sie tun werden – „Ich lasse dich nicht aus diesem Haus, bis du das Wohnzimmer geputzt hast.“

Mit solchen Befehlen rufen wir unsere Kinder zum Kampf auf, und in vielen Fällen sind dies Schlachten, die wir nicht gewinnen können. Warum meiden wir diese Auseinandersetzungen nicht und geben solche Worte von uns, die nicht bekämpft werden können? Warum nicht auf Befehle verzichten? Grenzen können viel effektiver gesetzt werden, wenn wir mit unseren Kindern nicht streiten. Es ist klinisch erwiesen, dass Kinder, die denken, nicht gleichzeitig mit uns streiten können.

Liebe-und-Logik-Eltern machen Aussagen mit durchsetzbaren Nachdenkworten, die ihren Kindern deutlich machen,

- was sie erlauben werden – „Du kannst nächstes Mal gerne mit uns essen, sobald der Rasen gemäht ist.“
- was sie tun werden – „Ich lese dir gerne eine Geschichte vor, sobald du dein Bad beendet hast.“
- was sie anbieten werden – „Du kannst essen, was es gibt, oder du kannst abwarten, ob dir das nächste Essen besser gefällt.“

Unsere Kinder haben wenig Chancen, gegen diese Aussagen anzukämpfen. Sie sind zu sehr damit beschäftigt, über die Wahlmöglichkeiten nachzudenken, die ihnen gegeben wurden, und über die Konsequenzen, die sich aus ihrer Wahl ergeben könnten.

LIEBE-UND-LOGIK-TIPP 17

„Euer Ja sei ein Ja, und euer Nein auch ein Ja."

Das Wort *nein* ist eines der größten Streitworte im elterlichen Arsenal der Befehle. Es ist der Ruf eines Kindes zu den Waffen, ein Schuss vor den Bug. Kinder hören es viel zu oft. Tatsächlich weiß man, dass Eltern von Zweijährigen 77 Prozent der Zeit in irgendeiner Form „nein" sagen. Kinder werden mit der Zeit müde, es zu hören. Ja, sie hören es so häufig, dass das erste Wort, das viele Kinder lernen zu sagen, „nein" und Varianten davon ist. Wenn Kinder

„nein" hören, ignorieren sie es die meiste Zeit. Sie hören es so oft, dass sie manchmal denken, es bedeute „vielleicht", und manchmal denken sie, es bedeute in Wirklichkeit „ja".

Die Regel in Bezug auf „nein" ist, dass wir es so selten wie möglich verwenden. Aber wenn wir es verwenden, meinen wir es ernst. All die anderen Male, wenn wir versucht sind, „nein" zu benutzen, können wir einen Streit vermeiden, indem wir „nein" durch ein „ja" zu etwas anderem ersetzen. Auf diese Weise verwenden wir Nachdenkworte anstelle von Streitworten, und wir etablieren das gewünschte Verhalten. Vergleichen Sie die beiden:

STREITWORTE: „Nein, du kannst erst rausgehen und spielen, wenn du deine Lektionen geübt hast."

NACHDENKWORTE: „Ja, du kannst rausgehen, um zu spielen, sobald du deine Lektionen geübt hast."

STREITWORTE: „Nein, du kannst erst fernsehen, wenn deine Aufgaben erledigt sind."

NACHDENKWORTE: „Ja, du kannst fernsehen, sobald du deine Aufgaben erledigt hast."

Indem wir Nachdenkworte verwenden, sind wir in der Lage, dem Verhalten unserer Kinder Grenzen zu setzen, ohne ihnen zu sagen, was sie tun sollen. Wenn wir zum Beispiel wollen, dass sie den Rasen mähen, bevor sie ihre nächste Mahlzeit einnehmen, setzen wir diese Grenze, indem wir ihnen eine Wahl bieten: den Rasen mähen und essen, oder den Rasen nicht mähen und nicht essen.

Wenn wir unseren Kindern solche Wahlmöglichkeiten geben, werden sie wahrscheinlich sagen: „Das ist nicht fair! Warum sollte ich mich für eine dieser Möglichkeiten entscheiden?" Die Antwort liegt darin, dass unsere Wahlmöglichkeiten immer „aus der realen Welt" sein müssen (wir werden dies in Kapitel 6 noch näher erläutern). Wir könnten somit liebevoll zu unserem Kind sagen: „Nun, Schatz, so funktioniert die Welt für mich. Zuerst tue ich meine Arbeit, dann werde ich bezahlt und dann esse ich. Wenn das gut genug für mich ist, für wen ist das dann wohl ebenfalls gut genug?" Das Kind wird immer ein wenig ertappt, aber einsichtsvoll antworten: „Für mich." Und wir antworten immer mit: „Guter Gedanke." Wenn wir unseren

Kindern das Recht geben, Entscheidungen zu treffen, gibt es keinen Zorn, gegen den sie rebellieren könnten. Niemand denkt für sie, und die Grenze ist festgelegt.

Geben wir es doch einfach zu: Wenn wir selbst andere um etwas bitten und wir eine „Ja"-Antwort erhalten, lässt es unser Herz singen und wir haben ein positives Gefühl gegenüber den anderen. „Ja" zu sagen macht einfach mehr Spaß, als „Nein" zu sagen, falls wir gesund sind und keinen Spaß daran haben, andere zu kontrollieren. Liebevolle Eltern haben oft das Gefühl, dass sie „nein" zu Bitten sagen müssen, etwas zu *tun,* von dem sie denken, dass es nicht im besten Interesse des Kindes ist: Süßigkeiten kaufen, Spielzeug kaufen, ein neues Auto kaufen und so weiter. Liebe-und-Logik-Eltern, die schon früh ein verantwortungsbewusstes Verhalten fördern, werden seltener in den Ja-oder-Nein-Streit geraten:

KIND: „Kann ich etwas haben (Süßigkeiten, Ballkleid, Auto)?"

MOM: „Schatz, wenn jemand das verdient (Süßigkeiten, Ballkleid, Auto), dann bist du es. Kauf es!"

KIND: „Ich habe aber das Geld nicht."

MOM: „Tut mir leid. So geht es mir auch häufig. Ich schätze, dann wirst du es nicht kaufen."

Meinen, was man sagt, und sagen, was man meint

Genauso schnell, wie Kinder die Grenzen kennenlernen, werden sie sie austesten. Tatsächlich müssen sie sie testen, um sich selbst davon zu überzeugen, dass die Grenzen fest genug sind, um die erforderliche Sicherheit zu gewährleisten. Sie *müssen* herausfinden, ob wir ernst meinen, was wir sagen – ob wir fest zu unserem Wort stehen oder nicht. Sie müssen herausfinden, ob die Wände echt sind oder ob sie beim Testen zerfallen.

Die meisten Kinder scheinen ihre eigene spezielle Testmethode zu haben. Einige benutzen Wut oder Schuldgefühle, einige sind heimtückisch und andere täuschen Vergesslichkeit vor, um die elterliche Entschlossenheit zu testen. Sie scheinen nie zu sagen: „Danke, Papa, ich fühle mich jetzt viel sicherer, da ich weiß, dass du meinst, was du sagst. Ich finde es gut, dass du mich so sehr liebst, dass du diese

Grenzen setzt." Stattdessen schmollen, beschweren oder stampfen sie, laufen in ihr Zimmer, jammern oder geben freche Antworten. Kinder scheuen auch nicht davor zurück, uns Schuldgefühle zu machen. Wenn wir ihnen sagen, dass sie die Arbeit erledigen sollen, bevor sie das nächste Mal essen, werden sie antworten: „Stell dir vor, ich werde von einem Vater aufgezogen, der mich hier nicht einmal essen lässt!"

Die Verwendung von Liebe und Logik bedeutet nicht, dass all dies verschwinden wird; Tatsache ist, dass es oft noch zunimmt. Kindern wäre es lieber, wenn Sie zu Ihren alten Methoden zurückkehren, als dass Sie so weiterzumachen wie jetzt. Allerdings sind Liebe-und-Logik-Eltern für den Kampf bereit und wissen, wie sie ihn führen müssen, sodass am Ende jeder davon profitiert. Während Kinder alles versuchen werden, dass wir aufgeben, müssen wir standhaft bleiben. Schließlich war die Grenze, die gesetzt wurde, die Entscheidung der Kinder. Natürlich sind sie hungrig, wenn sie sich entschieden haben, ihre nächste Mahlzeit auszusetzen, weil sie den Rasen nicht gemäht haben. Dieser Hunger ist die natürliche Folge ihres Handelns: *Wenn du nicht arbeitest, isst du nicht.* Wir fühlen sicherlich mit ihnen, wenn sie hungrig sind. Wir wissen, wie es ist, eine Mahlzeit zu verpassen, und wir sagen es ihnen ganz freundlich und verständnisvoll: „Es ist schrecklich, eine Mahlzeit zu verpassen. Jeder von uns würde sich hungrig fühlen. Aber Mensch, dafür genieße ich dann das nächste Essen umso mehr."

Wenn wir nachgeben, zerstören wir den Sinn dieser Konsequenzen. Wir legen dann eine unklare Grenze für unsere Kinder fest. Wenn wir wegen der Wahl, die sie getroffen haben, wütend werden oder sie mit einem „Ich hab's dir gleich gesagt" beschimpfen, offenbaren wir ebenfalls eine bröckelnde Grenze. Diese Kinder haben dann reichlich Grund, ihre Wut auf ihre Eltern und nicht auf sich selbst zu richten.

Durchsetzbare Nachdenkworte verwenden, Wahlmöglichkeiten geben, nicht ärgerlich werden – das sind die Elemente, wie wir gegenüber unseren Kindern feste Grenzen setzen.

Kapitel 6

Kontrolle durch Wahlmöglichkeiten gewinnen

Mein Sohn, hör auf meine Worte; dann wirst du ein langes Leben genießen.

Sprüche 4,10

„Garrett zum Essen zu rufen, ist, wie die Katze zu rufen", sagte Natalie. „Er reagiert überhaupt nicht, wenn ich mit ihm rede. Seine ganze Zeit verbringt er am Computer. Eines Abends sagte ich zu ihm: ‚Komm zum Essen', und glaubst du, er wäre gekommen? Er schaute nicht einmal hoch. Also habe ich es lauter gesagt. Wieder passierte nichts. Also sagte ich: ‚Ich meine es ernst!' Garrett ließ sich nicht beeindrucken. Ich bin so frustriert! Wie kann ich eine gute Mutter sein, wenn ich mein Kind nicht dazu bringen kann, das zu tun, was ich will und wann ich es will?"

Viele von uns teilen Natalies Frustration und ihre Vorstellungen von Erziehung. Wir fühlen uns nicht als gute Eltern, wenn wir es nicht schaffen, dass unsere Kinder wie kleine Roboter herumlaufen. Alles dreht sich um Kontrolle. Wir möchten unsere Kinder kontrollieren. Wir wollen, dass sie tun, was wir wollen und wann wir es wollen. Manchmal kämpfen unsere Kinder leidenschaftlich gegen uns. Ehe wir uns versehen, sind wir in einen Kampf um Kontrolle verwickelt.

Wie viel einfacher wäre es für Natalie gewesen, Nachdenkworte zu benutzen und ihrem Sohn ins Ohr zu flüstern: „In den nächsten zwanzig Minuten gibt es Abendessen, und es wäre schön, wenn du mit uns isst. Wir hoffen, dass du es schaffst. Wenn nicht, kannst du wieder beim Frühstück dabei sein." Aber Natalie konnte das leider nicht wie viele von uns. Denn wir haben dann nicht das Gefühl, die Sache im Griff zu haben.

Erziehung wird immer merkwürdiger

Kontrolle ist eine merkwürdige Sache. Je mehr wir abgeben, desto mehr bekommen wir. Eltern, die versuchen, ihren Kindern die gesamte Kontrolle zu entziehen, verlieren am Ende die Kontrolle, die sie eigentlich haben wollten. Diese Eltern laden ihre Kinder geradezu ein, zu kämpfen, um die Kontrolle wiederzugewinnen. Im Kampf um die Kontrolle sollten wir nie mehr nehmen, als wir unbedingt haben müssen, und wir müssen unsere Kinder immer in das Geschehen mit einbeziehen. Denn dann geben wir ihnen die Kontrolle zu unseren Bedingungen. Wir müssen die Grenzen setzen, aber dann müssen wir unseren Kindern die Kontrolle darüber geben, wie sie sich innerhalb dieser Grenzen verhalten.

Dieser Kampf um die Kontrolle beginnt schon früh im Leben. Schon von Kindheit an ist es für Kinder ein Drama, die Verantwortung und Kontrolle über ihr eigenes Leben zu gewinnen. Die kleine Sophie will Entscheidungen treffen; sie will selbstständig denken.

Wenn wir selbst den kleinsten Kindern ein gewisses Maß an Freiheit und Kontrolle über ihr Leben geben, dann flößen wir ihnen damit das Verantwortungsbewusstsein und die Reife ein, die wir ihnen wünschen. Die Unabhängigkeit hilft den Kindern, die reale Welt kennenzulernen und aus den Folgen ihrer Entscheidungen zu lernen.

Es gibt jedoch auch eine Kehrseite der Medaille: Wir können unseren Kindern auch zu viel Kontrolle geben, und Kinder mit zu viel Kontrolle sind nicht angenehm. Tatsächlich sind sie nicht einmal selbst gerne in ihrer Nähe. Sie sind Gören. Diese Kinder müssen kontrolliert werden; ihr Verhalten zeigt, dass sie glücklicher wären, wenn man sie kontrollieren würde. Und dennoch fordern sie mit ihren Schreien und Wutanfällen noch mehr Kontrolle für sich. Kontrolle ist Macht. Da sie schon sehr früh in ihrem Leben zumindest einen gewissen Grad an Kontrolle hatten, suchen sie immer nach mehr.

LIEBE-UND-LOGIK-TIPP 18

Du tust, was ich dir sage!

Amy, die Mutter der zwölfjährigen Leonie, erzieht im Stil von „Tu, was ich dir sage." Amy ist der Meinung, sie sollte über alles im Leben ihrer Tochter die Kontrolle haben. Sie kontrolliert, wann Leonie aufsteht, wann sie ins Bett geht, welche Kleidung sie trägt, wer ihre Freunde sein sollen, welche Noten sie bekommen sollte und wie viel Fernsehen sie schaut.

Wenn Eltern wie Amy abends weg waren und dann nach Hause kommen, umarmen sie nicht zuerst ihre Kinder und sagen: „Wir haben euch vermisst", sondern rennen zuerst zum Fernseher und umarmen *ihn,* um zu sehen, ob er noch warm ist, weil er vielleicht an war, obwohl er eigentlich hätte aus sein sollen! Die Kinder werden das eine Zeit lang mitmachen, aber irgendwann schütteln sie diese pauschale Kontrolle ab. Eines Tages sagte Leonie zu sich selbst: *Mama übertreibt es. Es ist an der Zeit, sie zu zurückzupfeifen. Vielleicht ist es an der Zeit, dass sie eine 3 im Zeugnis bekommt.* Leonie erhielt die 3, und Amy rastete aus. Sie schimpfte, tobte, gab Hausarrest, verbot, belehrte, schrie die Lehrer an und engagierte ihren Mann, damit der seine Rede über „Wenn du jetzt keine guten Noten hast, wirst du es im College nie schaffen" hielt. *Leonie lehnte sich zurück und dachte: „Euch werde ich es zeigen." Wartet nur, bis Mama eine 6 bekommt.*

Arme Amy. Sie hat noch nicht verstanden, dass Kinder ein Zeugnis bekommen, aber Eltern nicht. Amy kann ihre Tochter nicht zum Lernen zwingen. In Wirklichkeit verliert Amy mit jedem kleinen Versuch, die Kontrolle über Leonie zu behalten, die Kontrolle über sie. Es ist eine der vielen Schlachten, die Amy und alle Eltern letztendlich verlieren werden.

Die Kämpfe, die wir nicht gewinnen können, sind diejenigen, die sich auf die Hirnaktivität der Kinder konzentrieren. Wenn Kinder es schaffen, dass wir versuchen, sie dazu zu bringen zu reden, zu denken, zu lernen, zu einer bestimmten Zeit ins Bett zu gehen oder etwas Bestimmtes zu essen, dann haben sie uns im Griff. Wir werden diese Schlachten nie gewinnen und außerdem wertvolle Energie aufwenden, um gegen sie zu kämpfen – Energie, die wir besser für Kämpfe nutzen sollten, die wir gewinnen *können.*

Wenn die Eltern die Zügel anziehen, leisten ihre Kinder Widerstand und sind voller Zorn. Kinder, die dagegen am Anfang zu viel Macht bekommen, zwingen uns, die Grenzen um sie herum zu verschärfen, und das macht sie wütend. Erwachsene sind nicht anders. Wenn die Kontrolle in einem Lebensbereich eingeschränkt wird, reagieren auch wir mit Zorn. Wir haben das Gefühl, dass uns das, was uns rechtmäßig gehört, weggenommen wurde.

Die richtige Dosis an Kontrolle

Was ist also das richtige Maß an Kontrolle, das man Kindern geben kann? Die Psychologin Dr. Sylvia B. Rimm sagt, dass Menschen aller Altersgruppen das Maß an Kontrolle, das sie in einer Beziehung haben, nur mit dem Maß an Kontrolle vergleichen, das sie früher hatten – nicht mit dem Maß, das sie ihrer Meinung nach haben sollten. Wenn sie mit der Zeit mehr Kontrolle erhalten, sind die Menschen zufrieden; wird die Kontrolle reduziert, werden sie zornig. Daher sind Kinder, die mit Eltern aufwachsen, die die Kontrolle in zunehmendem Maße abgeben, in der Regel mit dem Grad der Kontrolle zufrieden. Es ist immer mehr, als es früher war.[1]

Rimms Analyse wird das „V" der Liebe genannt. Die Seiten des „V" stellen feste Grenzen dar, innerhalb derer das Kind Entscheidungen treffen und mit den Folgen leben darf. Das untere Ende des „V" steht für die Geburt, während das obere Ende den Zeitpunkt darstellt, zu dem das Kind das Haus verlässt, um ein Erwachsenenleben zu führen.

Im „V" der Liebe bieten wir im Laufe der Jahre immer mehr Freiheiten. Leider tun viele Eltern das Gegenteil (das umgekehrte „V"). Sie gewähren ihren Kindern viele Privilegien, wenn diese jung sind, und entziehen ihnen dann die Kontrolle, wenn sie älter werden. Das Ergebnis sind unglückliche Kinder.

Wenn Kinder sehr klein sind, geben Liebe-und-Logik-Eltern die Kontrolle in bestimmten Bereichen ab. Während er den kleinen Frechdachs badet, sagt der Liebe-und-Logik-Vater: „Willst du jetzt aus der Wanne steigen oder noch ein paar Minuten bleiben?" Papa braucht diese Kontrolle nicht. Oder am Tisch könnte Mama sagen: „Hast du genug Milch gehabt, oder willst du noch mehr?" Die Mutter

---

[1] Vgl. Sylvia B. Rimm, PhD, *How to Parent So Children Will Learn* (Watertown, WI.: Apple Publishing, 1990).

gibt diese Kontrolle an das Kind weiter. So treffen Kleinkinder Entscheidungen über Dinge wie Schokolade oder Milch, Zehnjährige entscheiden, wie sie ihr Taschengeld ausgeben, und Siebzehnjährige entscheiden über fast jeden Aspekt ihres Lebens. Die Kinder gewinnen mit der Zeit immer mehr Kontrolle über ihr Leben.

„V" der Liebe

Umgekehrtes „V"

Leider kehren viele Eltern das „V" um. Sie behandeln ihre Kinder von Anfang an wie kleine Erwachsene, mit allen Privilegien des Erwachsenseins, die sie ihnen unmittelbar nach der Geburt gewähren. Diese Kinder werden bald zu Tyrannen. Nicht ihre Eltern kontrollieren sie, sondern sie kontrollieren ihre Eltern und halten sie mit Wutausbrüchen und Beleidigtsein als Geiseln. Noch tragischer ist, dass viele Kinder, die ihr Leben mit zu viel Macht beginnen, mit zunehmendem Alter schließlich ein unglückliches Leben führen. Frühes Fehlverhalten zwingt die Eltern, gegen sie vorzugehen, was zu Wut und Rebellion führt, da ihnen gewaltsam Rechte und Privilegien entzogen werden. Diese unglücklichen jungen Leute schreien immer wieder: „Das Leben ist nicht fair! Du behandelst mich immer wie ein Kind."

Mit Wahlmöglichkeiten einen „Krieg" führen, den man gewinnen kann

Es gibt einige Bereiche im Leben unserer Kinder, die sich unserer Kontrolle entziehen und die wir am besten meiden sollten. Wenn wir in diesen Bereichen unseren Willen über die Kinder ausüben, sind wir zum Scheitern verurteilt. Jeder, der schon einmal gefleht, geschmeichelt, bestochen, gedroht, sein Gesicht grotesk verzerrt oder Kopfstände gemacht hat, damit der Kleine mit Verwandten ein bisschen redet, kennt diese Art von Kontrollkämpfen. Vince wird nicht reden, es sei denn, *er* will es. Dasselbe gilt für den Kampf um das pürierte Gemüse. Wir können es Lilys kleinen Schlund hinunterzwingen, so viel wir wollen, aber wenn sie es nicht essen will, kommt es wieder heraus. Und wir verlieren. Ebenso am anderen Ende des Magen-Darm-Trakts. Wir können von unseren Kindern verlangen, dass sie ihr Geschäft auf dem Töpfchen erledigen, aber ehe wir uns versehen, stehen sie mit ominös errötetem Gesicht in der Ecke des Wohnzimmers.

Das sind Kämpfe, die wir mit Befehlen nicht gewinnen können. Sie drehen sich darum, was Kinder lernen, denken und essen, wann sie ins Bett oder aufs Klo gehen und so weiter. Bei all diesen Dingen kämpfen Kinder hartnäckig um den Sieg, und wenn wir uns auf diese Kämpfe einlassen, verlieren wir unweigerlich. Wir beeinflussen unsere Kinder in diesen Bereichen nur, indem wir Vorbilder sind. Wir sind Vorbilder dafür, wie sehr wir *unser* Essen am Tisch mögen. Wir machen Bemerkungen darüber, wie gut es uns tut, unseren Teller aufzuessen, unser Gemüse zu essen usw. Aber jedes Mal, wenn wir Forderungen stellen, laden wir zum Kampf ein, und schließlich verlieren wir.

Das Geheimnis der Kontrolle besteht darin, sich auf die Schlachten zu konzentrieren, von denen wir wissen, dass wir sie gewinnen können. Das bedeutet, dass wir die Themen sehr sorgfältig auswählen müssen. Wir müssen Bereiche auswählen, in denen wir die Kontrolle über unsere Kinder tatsächlich haben. Und dann müssen wir in diesen Bereichen Wahlmöglichkeiten anbieten.

Wir sind vielleicht nicht in der Lage, Emma zum Essen zu zwingen, wenn sie am Tisch sitzt – das ist ein nicht zu gewinnender Kampf –, aber wir können kontrollieren, ob sie am Tisch sitzt oder nicht. Wir können vielleicht nicht kontrollieren, wann Justin seine Hausarbeiten erledigt, aber wir können dafür sorgen, dass er sie erledigt, bevor er seine nächste Mahlzeit isst. Wir sind vielleicht nicht in der Lage, die respektlosen Worte, die aus Alyssas Mund kommen, zu kontrollieren, aber wir können sicherstellen, dass sie sie nicht in unserer Gegenwart benutzt: Wir schicken sie weg, bis sie vernünftig mit uns sprechen kann.[2]

Wir können es uns nicht leisten, dass sie jedem unserer Wünsche blinden Gehorsam leisten. Wenn Kinder mit solchen Forderungen konfrontiert werden, stellen sie sich stur und versuchen ihren eigenen Willen durchzusetzen – und das ist ein Kontrollkampf, den wir jedes Mal verlieren werden.

LIEBE-UND-LOGIK-TIPP 19

Drei Regeln für Kontrollkämpfe

1. Vermeiden Sie unter allen Umständen einen Kontrollkampf.
2. Wenn Sie in einen solchen verwickelt werden, sorgen Sie dafür, dass Sie ihn um jeden Preis gewinnen.
3. Wählen Sie das Thema sorgfältig aus. Wenn ein Kontrollkampf verloren wird, dann deshalb, weil das Thema nicht sorgfältig ausgewählt wurde.

Wahlmöglichkeiten ändern alles

Ein Kampf, den man gewinnen kann, wird durch Wahlmöglichkeiten, nicht durch Forderungen geführt. Wahlmöglichkeiten verändern das gesamte Erscheinungsbild des Kampfs um Kontrolle. Sie ermöglichen es uns, die Kontrolle abzugeben, die wir nicht brauchen, und die Kontrolle zu behalten, die wir brauchen. Bei Wahlmöglichkeiten haben

[2] Mehr zu diesen spezifischen Fragen findet sich in Teil 2.

Kinder keine Forderungen, gegen die sie reagieren müssen, und die Kontrolle, die wir brauchen, ist festgelegt.

Eine Mutter sagte einmal: „Sobald ich meinem dreijährigen Kind die Wahl lasse, ändert sich alles. Es funktioniert jedes Mal. Ich sehe eine vollständige Persönlichkeitsveränderung bei Gabriele, wenn sie die Wahl hat – wenn ich meine Worte von Kampf- zu Nachdenkworten ändere. Ich setze zwar immer noch die Grenze und bekomme, was ich will, aber ich schließe die Kämpfe aus."

Warum Wahlmöglichkeiten funktionieren

Ein Grund dafür, dass Wahlmöglichkeiten funktionieren, ist, dass sie Situationen schaffen, in denen Kinder zum Denken gezwungen werden. Die Kinder bekommen die Möglichkeit, nachzudenken und zu entscheiden, wie sie vorgehen wollen. Sie müssen sich entscheiden. Zweitens bieten Wahlmöglichkeiten für Kinder die Möglichkeit, Fehler zu machen und aus den Folgen zu lernen. Bei jeder falschen Entscheidung, die die Kinder treffen, kommt die Strafe nicht von uns, sondern von der Welt um sie herum. Dann ärgern sich die Kinder nicht über uns, sondern über sich selbst.

Ein weiterer Grund, warum Wahlmöglichkeiten funktionieren, ist, dass sie uns helfen, nicht in Kontrollkämpfe mit unseren Kindern zu geraten. Und schließlich bieten Wahlmöglichkeiten unseren Kindern die Möglichkeit zu hören, dass wir ihren Denkfähigkeiten vertrauen, und stärken somit ihr Selbstvertrauen und die Beziehung zwischen uns und ihnen.

Durch den Umgang mit Wahlmöglichkeiten und der Verantwortung für ihre eigenen Entscheidungen werden die Kinder darauf vorbereitet, dass sie im Erwachsenenalter ständig Entscheidungen treffen müssen. Eltern sollten jedoch nur dann Wahlmöglichkeiten anbieten, wenn sie auch bereit sind zu garantieren, dass ihre Kinder die Konsequenzen tragen müssen.

Kämpfe austragen und Schlachten verlieren

Werden manche Kinder stur geboren oder werden sie durch die Art und Weise ihrer Erziehung so? Die Antwort ist: Ja. Manche Kinder sind aufgrund ihres angeborenen Temperaments weniger kooperativ und neigen eher dazu, sich zu widersetzen, wenn man ihnen sagt, was sie tun sollen. Und manche Kinder werden aufgrund ihrer Erziehung mit zunehmendem Alter immer aufsässiger und sturer.

Die Frage ist: Gibt es einen Weg, wie unsere Kinder besser kooperieren, unabhängig davon, wie willensstark sie von Natur aus sind? Ja, es gibt einen Weg. Eine kleine Änderung in der Art und Weise, wie wir sprechen, kann zu einer viel besseren Zusammenarbeit, weniger Streitigkeiten, weniger Wutausbrüchen, weniger Bedarf an Disziplinarmaßnahmen, weniger Hass und liebevolleren Beziehungen führen. Gute Chefs und Führungskräfte verlassen sich auf das, worüber wir jetzt sprechen werden. Gute Lehrer wenden diese Methode täglich an.

Bereiten Sie nicht den Boden dafür, dass sie verlieren

Lassen Sie uns diese Sache rückwärts angehen. Wir untersuchen nun eine Situation, in der eine Lehrerin eine kleine Katastrophe in ihrem Klassenzimmer verursacht. Ihre Versuche, eine Situation unter Kontrolle zu bringen, führen dazu, dass der Schüler einen Wutanfall bekommt, was zur Folge hat, dass andere Fachkräfte einbezogen werden müssen. Danach fragen wir uns, wie dies von vornherein hätte vermieden werden können, und anschließend sehen wir uns an, wie wir diese Methode in unseren eigenen Familien anwenden können.

LEHRERIN (spricht vom anderen Ende des Raumes): Megan, warum verschiebst du deinen Stuhl? Das ist nicht nötig. Stelle ihn wieder dahin, wo er war!

MEGAN: Brittany wird mir helfen.

LEHRERIN: Du brauchst ihre Hilfe nicht. Stelle jetzt deinen Stuhl wieder dahin, wo er war!

MEGAN: Aber ich brauche jemand, der mir dabei hilft.

LEHRERIN: Stell' den Stuhl zurück, oder du musst in das Ruhezimmer gehen.

MEGAN: Das muss ich nicht. Sie können mir nicht sagen, was ich tun soll. Sie sind nicht meine Mutter!

An diesem Punkt verschlechterte sich die Situation. Megan wurde angewiesen, den Raum zu verlassen. Sie weigerte sich und ihr wurden Disziplinarmaßnahmen angedroht. Als sie dies hörte, rannte sie schreiend aus dem Raum und andere Fachkräfte wurden in die Sache hineingezogen.

Ein „Niemand verliert"-Ansatz

Hier nun ein anderer Ansatz für genau dieselbe Situation. Es wird keine Frontlinie gezogen. Unabhängig davon, wie das Mädchen reagiert, gehorcht es praktisch dem Wunsch des Erwachsenen. Sowohl die Würde des Erwachsenen als auch die Würde des Kindes bleibt gewahrt. Disziplinarmaßnahmen, die Megan helfen sollen, zu lernen, dass es besser ist, mit dem Lehrer zu kooperieren, können bei Bedarf zu einem späteren Zeitpunkt durchgeführt werden:

> LEHRERIN (geht auf die Schülerin zu und flüstert): Megan, es ist nötig, dass du deinen Stuhl zurückstellst. Könntest du das vielleicht für mich tun? Danke. (Das Wort „vielleicht" nimmt jede Bedrohung weg und eliminiert die Möglichkeit für Megan, aufsässig zu sein).
>
> MEGAN: Aber ich möchte, dass Brittany mir hilft.
>
> LEHRERIN (noch immer flüsternd): Das glaube ich dir, und ich möchte, dass du offen dafür bist, den Stuhl umzustellen.
>
> MEGAN: Nein. Das muss ich nicht.
>
> LEHRERIN (noch immer flüsternd): Danke, dass du offen dafür bist. Denkst du wirklich, dass es klug ist, es abzulehnen, wenn ich dich freundlich darum bitte? Ich persönlich halte das nicht für eine kluge Entscheidung. Wir werden später darüber sprechen. (Die Lehrerin geht weg, und Megan bleibt, wo sie ist, vorausgesetzt, sie verursacht keine Störung).

Da Megan nicht befohlen wurde, den Stuhl umzustellen, ist sie der Bitte der Lehrerin bereits nachgekommen. Sie wurde nicht aufgefordert, den Stuhl umzustellen, sondern ihr wurde nur gesagt, dass sie dies in Erwägung ziehen solle. Niemand hat bisher eine Schlacht verloren. Die anderen Schülerinnen und Schüler sind sich des Problems nicht bewusst, und die Autorität der Lehrerin wurde vor der Gruppe nicht in Frage gestellt. Megans Lehrerin hat nun Zeit, herauszufinden, wie sie mit Megans mangelnder Kooperation umgehen soll. Falls Disziplinarmaßnahmen notwendig sind, kann dies unter vier Augen besprochen werden.

Anwendung dieser Methode auf die Kindererziehung

Wie viele Eltern kennen Sie, die den Boden für ähnliche Kämpfe bereiten, indem sie Befehle brüllen, die sie dann gar nicht durchsetzen können? Dies kann fatale Folgen haben. Kinder, die erkennen, dass sie sich ihren Eltern widersetzen können, werden zunehmend unsicher und neigen dazu, Grenzen zu testen. Jedes Mal, wenn eine elterliche Bitte ignoriert oder missachtet werden kann, wird die Autorität der Eltern in den Augen der Kinder reduziert. Es dauert nicht lange, bis diese Kinder denken: *Ich muss nichts tun, was meine Eltern sagen.*

Es ist wichtig, im Auge zu behalten, dass Liebe-und-Logik-Eltern nicht einfach alles erlauben. Auch wenn sie ihre Kinder mit Würde behandeln und selten Befehle brüllen, erwarten sie, dass ihre Wünsche und Bitten respektiert werden. Ihre Kinder glauben an das alte Sprichwort „Dein Wunsch ist mir Befehl". Kinder, die in Liebe-und-Logik-Familien leben, haben durch Erfahrung gelernt, dass jeder gewinnt, wenn er kooperativ ist. Haben diese Kinder je die elterliche Autorität getestet? Ganz bestimmt. Wie sollen sie sonst gelernt haben, dass sich Trotz nicht lohnt?

Genau wie die Lehrerin im zweiten Szenario können Eltern die Voraussetzung dafür schaffen, dass sie als Autoritätsfiguren geachtet werden, indem sie einige der folgenden „Nachdenkwortbitten" anstelle von „Kampfwortforderungen" verwenden:

KAMPFWORTFORDERUNG: „Bring' den Müll raus, und zwar sofort!"

NACHDENKWORTBITTE: „Ich fände es toll, wenn du vor dem Schlafengehen den Müll rausbringen würdest. Danke."

KAMPFWORTFORDERUNG: „Sprich nicht so mit mir! Geh auf dein Zimmer!"

NACHDENKWORTBITTE: „Würde es dir etwas ausmachen, diese Worte in dein Zimmer mitzunehmen? Danke."

KAMPFWORTFORDERUNG: „Du kommst jetzt sofort hierher!"

NACHDENKWORTBITTE: „Hey, könntest du mal herkommen? Danke."

KAMPFWORTFORDERUNG: „Geh und hilf deiner kleinen Schwester, und zwar gleich. Das meine ich ernst!"

NACHDENKWORTBITTE: „Würde es dir etwas ausmachen, deiner Schwester jetzt zu helfen? Das fände ich toll."

Einige Leser sehen diese „Denkwortbitten" vielleicht so an, als legten sie keinerlei Autorität an den Tag. Manche könnten sogar sagen: „Was für eine schwache Art zu reden. Wie soll hier irgendeine Autorität gewahrt werden, wenn man so nett mit Kindern spricht?" Unsere Antwort lautet: „Urteilen Sie nicht so schnell."

Nehmen wir doch einmal eines dieser Beispiele und gehen wir es durch, um zu zeigen, wie Kinder lernen können, dass es immer am besten ist, einer Bitte nachzukommen, wenn die Eltern höflich fragen:

MUTTER: Würde es dir etwas ausmachen, diese Worte in dein Zimmer mitzunehmen? Danke.

SOHN: Nein! Das muss ich nicht.

MUTTER: Habe ich höflich gefragt?

SOHN: Ja, na und? Ich werde nicht gehen!

MUTTER: Nicht klug, mein Sohn. Das zeigt mir einiges.

Die Mutter geht weg und lässt ihren Sohn vorübergehend glauben, er habe die Schlacht gewonnen. Er wird jedoch später merken, wie dumm seine Entscheidung war. Am nächsten Tag bittet er seine Mutter, ihn zu seinem Fußballspiel ans andere Ende der Stadt zu fahren, und entdeckt die Folgen seiner mangelnden Kooperationsbereitschaft:

SOHN: Mama, fährst du mich zu meinem Spiel? Frau Hauser kann heute nicht fahren.

MUTTER: Ich weiß nicht. Hast du höflich gefragt?

SOHN: Sicher. Was willst du denn?

MUTTER: Gestern habe ich von dir gelernt, dass man mit einer höflichen Bitte nicht erreicht, was man möchte. Erinnerst du dich an diese kleine Begebenheit, als ich dich höflich bat, in dein Zimmer zu gehen? Was hast du mir damals beigebracht?

SOHN: Ich weiß es nicht.

MUTTER: Du hast mir beigebracht, dass es nicht viel bedeutet, wenn man höflich fragt. Ich wäre dir dankbar, wenn du darüber nachdenken würdest. Und wenn ich dann eines Tages ein besseres

Gefühl habe, was deine Kooperationsbereitschaft angeht, werde ich dir gerne helfen.

Diese tapfere Mutter sagte das in der Erwartung, dass ihr Sohn anfangen würde zu betteln, zu klagen, zu murren und Schuldgefühle zu benutzen, was er natürlich auch tat! Sie fragen sich wahrscheinlich: *Hat sie nachgegeben und ihn zu seinem Spiel gefahren, nachdem sie sein Betteln und Klagen gehört hat? Hat sie gefragt: „Hast du nun deine Lektion gelernt?"* Auf keinen Fall! Sein zorniges Verhalten bewies ihr, dass sie ihrem Sohn diese wichtige Lektion erteilen musste. Denken Sie darüber nach. Lernen Kinder am besten, wenn sie etwas über Konsequenzen hören, oder lernen sie am besten, wenn sie diese erfahren?

Der unartige Junge im Fast-Food-Restaurant: Eine Fallstudie, wie man einen Kontrollkampf gewinnen kann

Wie können wir also eine Situation in den Griff bekommen, wenn unsere Kinder entschlossen sind, auf Schritt und Tritt gegen uns zu kämpfen? Die folgende Geschichte beleuchtet, wie man einen Krieg mit Kindern führt, den man gewinnen kann.

Der sechsjährige Aidan war ein Meister darin, seine Eltern in nicht zu gewinnende Kontrollkämpfe zu verwickeln. Stellen Sie sich vor, wie er mit Mama und Papa in einem Fast-Food-Restaurant sitzt. Diese trinken gerade ihre Getränke aus und sammeln ihre Sachen ein, um zum Einkaufen zu gehen, bevor das Einkaufszentrum schließt. Alle außer Aidan. Er erzeugt mit seinem Strohhalm Blasen in seinem Cola, spielt Flugzeug mit seinen Pommes Frites und hat bisher kaum mehr als die Ränder seines Hamburger-Brötchens angeknabbert.

Mama, deren Gesicht knallrot ist, sagt zähneknirschend: „Beeil dich mit dem Ding! Wir müssen noch einkaufen." Aidan antwortet, indem er eine Pommes frites surrend im Tiefflug über seinen Hamburger fliegen lässt. Er ist schwer mit allem außer Essen beschäftigt. Jetzt stürzt sich Papa ins Getümmel: „Kannst du nicht etwas mit dem Kind machen?", fragt er seine Frau. „Die Läden werden geschlossen sein, bis wir hier rauskommen." Die Mutter schnappt sich Aidans

Burger und versucht, ihn in das Gesicht des Kindes zu führen, aber Aidan glaubt nicht an die „Den Hangar für das Flugzeug weit öffnen“-Nummer. Sein Maul klemmt wie eine Bärenfalle.

Als Nächstes kommen die Drohungen: „Beeil dich mit dem Ding – du weißt, was sonst passiert! Wir gehen ohne dich einkaufen und lassen dich hier zurück.“ Aidan hebt seinen Burger auf und hält ihn etwa einen halben Meter vom Gesicht entfernt, als gäbe es zumindest eine mathematische Möglichkeit, dass er sich an die elterliche Anordnung halten könnte.

Bald beginnen sich seine Mundwinkel zu einem knappen, selbstzufriedenen Lächeln zu verdichten. Als Papa das sieht, springt er auf und schreit: „Okay, das war's! Wir gehen ohne dich einkaufen, und weißt du, was mit dir passieren wird, Kleiner? Die Bullen werden dich holen!“

Aidan denkt zweifellos etwas wie: *Schau mich an. Ich bin erst sechs Jahre alt und habe diese beiden Erwachsenen seit zwanzig Minuten völlig unter Kontrolle, ohne auch nur den Mund zu öffnen. Was für eine Macht habe ich doch! Ich kontrolliere ihren Tonfall, die Farbe ihrer Gesichter und ob sie sich in der Öffentlichkeit zum Narren machen. Das Letzte, worüber ich mir Sorgen mache, ist, von der Polizei aufgegriffen zu werden.*

Wer kontrolliert wen?

Aidans Eltern haben es völlig vermasselt, als sie versuchten, ihn dazu zu bringen, seinen Burger zu essen. Aidan hatte die totale Kontrolle über das, was in seine Speiseröhre gelangte. Hätten seine Eltern ihm Wahlmöglichkeiten angeboten, anstatt Forderungen zu stellen – hätten sie nur so viel Kontrolle übernommen, wie sie unbedingt brauchten – hätten sie Aidan zu ihren Bedingungen unter Kontrolle bringen können. Aber wie?

Zwei Wege, mit mir zu gehen: Hungrig oder nicht hungrig

Liebe-und-Logik-Eltern würden mit einem Lächeln im Gesicht sagen: „Kein Problem, Aidan. Mein Auto fährt in fünf Minuten los. Es gibt zwei Möglichkeiten, mit mir zu gehen: Hungrig ist eine Möglichkeit, nicht hungrig ist die andere.“ Das gibt den Eltern so viel Kontrolle, wie sie brauchen. Sie müssen nicht kontrollieren, ob der Burger in den Rachen des Kindes gelangt – das können sie nicht kontrollieren. Aber die Eltern können kontrollieren, wann das Auto abfährt.

Indem man Aidan die Wahlmöglichkeiten anbietet, wird der Kampf in Aidans Kopf übertragen. Aidan ist zu beschäftigt, um zu streiten – er wägt seine Entscheidungen ab: *Hungrig ... nicht hungrig ... hungrig ... nicht hungrig* – und Mama und Papa haben fünf Minuten willkommene Ruhe. Sie gewinnen die Kontrolle, indem sie die Kontrolle abgeben. Viele Eltern wären jedoch, nachdem sie die Alternativen genannt haben, in Versuchung, zu nörgeln und auf ihn einzureden, während er sich entscheidet. Sie könnten Dinge sagen wie: „Vergiss nicht, mein Auto fährt in drei Minuten. Wenn du dieses Essen nicht isst, wirst du hungrig sein. Du wirst mitten in der Nacht aufwachen, und es gibt nichts zu essen. Es wird eine miserable Nacht werden." Diese Art von Mahnungen sind herabsetzend. Seien Sie nachsichtig mit dem Kind. Aidan ist klug genug, um sich an die Entscheidungen zu erinnern, die er getroffen hat.

Lassen Sie Ihre Kinder wissen, dass der Umgang mit ihnen für Sie kein Problem darstellt.

Das alte Sprichwort „Lass sie dich nie schwitzen sehen" gilt hier ebenso wie bei den meisten Liebe-und-Logik-Begegnungen. Kinder nutzen Eltern aus, die den Eindruck erwecken, dass es ihnen schwerfällt, sie zu kontrollieren, oder dass sie die Macht haben, ihre Eltern zu verärgern. Eine solche Frustration sendet die versteckte Botschaft an das Kind: „Ich bin schwierig. Ich muss ein Problem für meine Eltern sein", während der entspannte Umgang mit ihnen mit Hilfe von Wahlmöglichkeiten die Botschaft vermittelt: „Für meine Eltern ist der Umgang mit mir kein Problem – sie scheinen es sogar zu genießen! Ich muss ein ziemlich guter Junge sein, da ich für sie überhaupt kein Problem bin."

Menschen sehnen sich nach Emotionen. Tatsächlich glauben die meisten Menschen, dass Gott will, dass sein Volk ihn liebt, also sehnt er sich vielleicht sogar nach Emotionen. Die Menschen bezahlen viel Geld, um ihre Sehnsüchte zu befriedigen. Tatsächlich gehören die gefragtesten Redner, die beliebtesten Entertainer und die besten Sportler der Welt zu den am höchsten bezahlten Menschen. Was haben sie gemeinsam? Sie alle stimulieren unsere Emotionen.

Es gibt eine Reihe von Emotionen, die dazu führen, dass sich das Verhalten ändert. Panische Angst führt zum Beispiel zu einer schnellen Reaktion, aber es gibt noch eine andere bekannte Emotion, die fast genauso wirksam ist wie große Angst. Diese Emotion, die im Allgemeinen von Erwachsenen an Kinder weitergegeben wird, beeinflusst das Verhalten von Kindern weitaus häufiger als jede andere Emotion. Was ist das für ein Gefühl, das Kindern so häufig vermittelt wird?

Man könnte die Liebe erahnen, aber in Wirklichkeit beeinflusst Liebe das Verhalten oft nur sehr langsam. Und nicht nur das, sie ist oft nicht effektiv. Menschen, die sich lieben, verletzen sich oft auch am meisten. Liebe ist wichtig, denn liebevolle Eltern erziehen in der Regel großartige Kinder. Aber für Kinder kann die alltägliche, schlichte, alte Liebe ein wenig langweilig sein. Es sind nicht die Filme über die Liebe, die sie gerne sehen! Welchen Film möchten die meisten Kinder sehen: *Jurassic Park* (über Dinosaurier, die Menschen fressen) oder eine süße kleine Liebesgeschichte wie *Schlaflos in Seattle?* Die meisten Kinder würden lieber sehen, wie ein Dinosaurier in einem Schuppen einen Anwalt frisst!

Aber die bei weitem effektivste Emotion zur Veränderung des Verhaltens von Kindern ist, Frustration zu zeigen. Aus der Sicht eines Kindes ist Frustration eine unwiderstehliche Mischung aus wunderbaren Emotionen. Wut und Kontrollverlust der Erwachsenen – kein Kind könnte sich etwas Aufregenderes wünschen! In der Tat lieben wir es alle, wenn andere frustriert werden und die Kontrolle verlieren. Die meisten der heutigen Sitcoms und viele Comicstrips basieren auf frustrierten Autoritätspersonen.

Das Guck-guck-Spiel der Kleinkinder basiert oft auf vorgetäuschter Frustration. Kinder lieben vorgetäuschte Frustration. „Oh, nein, du warst vor mir beim Auto!“ Wenn Erwachsene echte Frustration zeigen, strahlen sie starke Emotionen aus, meist Wut, und erklären damit auf entzückende Weise, dass sie die Situation nicht unter Kontrolle haben. Frustration deutet fast immer auf einen Kontrollverlust hin. Die unwiderstehliche Kombination, die bei Frustration zum Ausdruck kommt, ist: Der Elternteil wird rot, regt sich auf, wird laut und übergibt dem Kind die Kontrolle. Welches Kind würde das nicht wollen?!

Der Einsatz der Liebe-und-Logik-Werkzeuge und -Methoden in der Kindererziehung ist die beste Versicherung für Eltern gegen

Frustration. Liebe-und-Logik-Eltern mögen mit ihrem Kind mitleiden, mögen die Konsequenzen, die das Kind erleidet, nachempfinden, aber Liebe-und-Logik-Eltern sind im Allgemeinen viel zu effektiv, um frustriert zu sein!

LIEBE-UND-LOGIK-TIPP 20

„Kein Problem"

Die Formulierung „Kein Problem" ist ein Lebensretter, wenn man mit einem sich schlecht benehmenden Kind konfrontiert ist. Wenn Mama oder Papa es sagen, kann selbst das dümmste Kind der Welt herausfinden, was es bedeutet: Kein Problem für den Erwachsenen, großes Problem für das Kind. Wenn wir sagen: „Kein Problem", geben wir uns ein paar kostbare Sekunden Zeit, um mit Nachdenkworten zu kommen, die unsere Kinder darüber informieren, was wir tun werden, und nicht darüber, was sie zu tun haben.

Unter deiner oder meiner Macht

Wenn Aidans fünf Minuten abgelaufen sind, muss der Vater die Entscheidung dieses Kindes durchsetzen. Er könnte Kampfworte, wie: „Du steigst in mein Auto", verwenden, aber viel besser wären Nachdenkworte, wie: „Mein Auto fährt jetzt ab." Wahrscheinlich wird Aidan sagen: „Ja, aber ich bin noch nicht fertig." Wieder einmal würde Papa Aidan Wahlmöglichkeiten anbieten: „Kein Problem, mein Sohn. Du kannst entweder aus eigener Kraft oder durch meine Kraft gehen. Was dir lieber ist." Der Punkt, den Aidan verstehen muss, ist, dass die Abfahrt des Autos und dass Aidan darinsitzt, nicht davon abhängt, ob er fertig gegessen hat oder nicht. Das Auto fährt ab – Punkt.

Angenommen, Aidan beschließt, nicht freiwillig mit Papa zu kommen – was übrigens wahrscheinlich ist – dann muss Papa Aidan packen und mit ihm zur Tür gehen. (Ein wichtiger Hinweis zu den Wahlmöglichkeiten: Es sind immer drei. In diesem Beispiel kann Aidan es auf die eine oder die andere Weise tun. Die dritte Möglichkeit ist, dass die Eltern entscheiden. Aidan hat sich nicht entschieden, also hat sein Vater für ihn entschieden).

Viele Eltern stört es, was als Nächstes kommt. Schließlich ist es unwahrscheinlich, dass Aidan seinem Vater in die Augen schauen und murmeln wird: „Toller Erziehungsstil, Papa." Nein, er wird wahrscheinlich treten und schreien wie eine Furie. Jeder in dem Restaurant wird jeden Schritt beobachten, den Papa macht, wenn er dieses wilde, fuchtelnde Kind zur Tür hinauszieht. Das sollen sie gerne tun. Erstens denken die Leute im Restaurant nicht: *Schau mal, was für ein schlechter Vater dieser Typ ist.* Sie denken: *Gott sei Dank, ist das nicht mein Kind! Jetzt kann ich in Ruhe essen.* Zweitens gehen die Eltern von Sechsjährigen nicht in ein Schnellrestaurant, um dauerhafte Beziehungen zu den anderen Menschen aufzubauen, die dort essen, also wen kümmert es, was sie denken? Und drittens ist es kein Zuckerschlecken, Kindern verantwortliches Handeln beizubringen. Wir müssen uns auf Widerstand und Opposition einstellen. Es gibt einen Preis, den wir zahlen müssen.

Manchmal ist es besser, den Mund zu halten

Um sicherzustellen, dass Aidan aus diesem Vorfall etwas lernt, dürfen seine Eltern eines nicht vergessen: den Mund zu halten. Sparen Sie sich die Worte für glückliche Zeiten. Noch einmal: Liebe-und-Logik-Eltern halten sich kurz. Die einzige Zeit, in der man mit einem Kind vernünftig reden kann, ist, wenn beide Parteien glücklich sind. Eltern, die die Konsequenzen für ihr Kind verbal durchsetzen, nehmen den Konsequenzen ihren Wert. Lassen Sie die Konsequenzen den Lehrer sein.

Papa trug den strampelnden und schreienden Aidan aus der Restauranttür hinaus, setzte ihn ganz behutsam ins Auto und fuhr dann los, schwieg aber dabei die ganze Zeit über den Vorfall. Bevor der Abend vorbei ist, wird Aidan wahrscheinlich etwas sehr Intelligentes sagen: „Ich bin hungrig." Wenn er das sagt, sollte Vater die Versuchung unterdrücken, sich zu ärgern und zu sagen: „Natürlich hast du Hunger. Ich versuche dir, diese Dinge zu sagen, aber du hörst ja nie zu. Das wird dir eine Lehre sein, deinen Hamburger im Restaurant zu essen." Eine solche Reaktion erzeugt nur noch mehr Widerstreben und Widerstand beim Kind.

Papa sollte mit Mitgefühl auf die Konsequenzen eingehen. Zum Beispiel: „Ja, natürlich. So geht's mir auch, wenn ich mein Abendessen verpasse. Ich wette, dass du dich nach dem Frühstück sehnst. Keine Sorge – wir werden ein gutes machen.“ Ohne Zweifel wird Aidan aus dieser Reaktion mehr lernen als aus Wut und Drohungen. Anteilnahme und Konsequenzen und ein Arm um die Schulter sind mächtige Lehrmittel.

LIEBE-UND-LOGIK-TIPP 21

Gehirnleere

Kinder werden gegen die Wahlmöglichkeiten kämpfen, die wir ihnen geben. Kinder, die sich immer für eine der vorgegebenen Möglichkeiten entscheiden und glücklich ihr Leben weiterführen, sind selten. Manchmal werden sie fürchterlich kämpfen.

Einer der beliebtesten Tricks der Kinder ist „Gehirnleere" oder „Denkfaulheit". Damit versuchen sie, uns zum Denken zu zwingen und damit unserem Gehirn Energie zu entziehen. Schuldgefühle, Unentschlossenheit, der Vorwurf, wir würden sie nicht lieben … Sie werden uns mit Sätzen wie „Das ist nicht fair" und „Du liebst mich nicht" alles Mögliche vorwerfen, was ihnen in den Sinn kommt. Jedes Mal, wenn sie dies tun, sind wir gezwungen, unseren Energietank zu leeren, um die Wahlmöglichkeiten, die wir ihnen geben, zu rechtfertigen. Wenn hier jedoch jemand jemandem das Gehirn leert, dann sollten wir es sein, die das Gehirn unserer Kinder leeren. Wir tun dies, indem wir an unseren Wahlmöglichkeiten festhalten. Beachten Sie das folgende Szenario:

NICK: Bis später, Papa. Ich gehe mit Mason nach draußen.

PAPA: Moment mal, Nick, ich glaube, du hast versprochen, heute Morgen die Garage zu fegen, bevor du etwas anderes tust.

NICK: Aber ich habe jetzt keine Zeit, Papa.

PAPA: Das mag sein. Du kannst gerne gehen, sobald du die Garage gefegt hast.

NICK: Ach, komm schon. Ich habe meinen Freunden versprochen, dass ich gehen werde.

PAPA: Ich bin sicher, dass das stimmt, Nick, und du kannst gerne gehen, sobald du die Garage gekehrt hast.

NICK: Das mache ich, wenn ich zurückkomme. Mason erledigt seine Aufgaben nach dem Spiel.

DAD: Ich bin sicher, dass das stimmt, Nick, und du kannst gerne gehen, sobald du die Garage gefegt hast.

Wiederholen Sie die Wahlmöglichkeiten immer wieder. Werden Sie nicht wütend. Bleiben Sie bei der Sache, und Ihr Gehirn bleibt erfrischend voll. Die meisten Kinder werden nach drei oder vier Versuchen frustriert sein und denken: *Wie schnell kann ich aus dieser verrückten Situation herauskommen?* Sie werden laut sagen: „Ich weiß. Sag es nicht noch einmal."

Wählen Sie Ihre Wahlmöglichkeiten sorgfältig aus

Viele wohlmeinende Eltern, die ihren Kindern Wahlmöglichkeiten anbieten, machen dabei einen Fehler. Oftmals bieten sie ihren Kindern zwei Möglichkeiten an: eine, mit der die Erwachsenen leben können, und eine, mit der die Erwachsenen nicht leben können. Hätte Aidans Vater in unserem Schnellrestaurant-Beispiel gesagt: „Entweder du isst das oder du bleibst hier", hätte Aidan wahrscheinlich beschlossen, dort zu bleiben, bis das Restaurant geschlossen hätte. Kinder sind gut darin, in jedem Konflikt die empfindliche Stelle zu finden.

Seien Sie sich bewusst, dass es leicht ist, die Wahlmöglichkeiten in Drohungen zu verwandeln, die dem Kind sagen: „Entscheide dich für meinen Weg, oder …" Wenn wir zu unserem Kind sagen: „Du kannst entweder dein Zimmer aufräumen oder dein Recht auf Fernsehen verlieren", ist es nicht anders als wenn unser Chef uns sagt: „Würdest du lieber heute diesen Bericht machen oder gefeuert werden?" Wir müssen echte Wahlmöglichkeiten bieten, keine Drohungen:

- „Möchtest du dein Zimmer lieber heute Morgen oder heute Nachmittag aufräumen?" (Wenn das Kind sagt: „Weder noch", sagen weise Eltern: „Das ist keine kluge Entscheidung. Ich werde darauf zurückkommen." Die Konsequenzen müssen nicht unmittelbar folgen).
- „Willst du dein Spielzeug lieber selbst aufräumen oder mich dafür bezahlen?"

- „Willst du diese Woche dein Taschengeld für Dinge, die Spaß machen, ausgeben oder damit jemanden bezahlen, dass er deine Arbeit tut?"
- „Wollt ihr das Problem selbst lösen, Jungs, oder Strohhalme ziehen, um zu entscheiden, wer am Autofenster sitzt?

Nichtbedrohliche Entscheidungen, die in ruhiger Weise angeboten werden, geben den Kindern die Chance, ihre Probleme in den Griff zu bekommen.

Regeln für die Wahlmöglichkeiten

Zusammenfassend lässt sich sagen, dass wir fünf grundlegende Punkte beachten sollten, wenn wir unseren Kindern Wahlmöglichkeiten anbieten:

1. Achten Sie immer darauf, Wahlmöglichkeiten anzubieten, die Sie als Elternteil mögen und mit denen Sie leben können. Geben Sie nicht eine, die Sie mögen, und eine, die Sie nicht mögen, weil das Kind normalerweise diejenige auswählen wird, die Sie nicht mögen.
2. Geben Sie niemals eine Wahlmöglichkeit, wenn Sie nicht bereit sind, das Kind die Konsequenzen seiner Wahl erleben zu lassen.
3. Geben Sie niemals Wahlmöglichkeiten, wenn das Kind in Gefahr ist.
4. Geben Sie immer nur zwei verbale Wahlmöglichkeiten, aber stellen Sie sicher, dass das Kind weiß, dass es eine implizite dritte Wahl gibt: Wenn es sich nicht entscheidet, dann entscheiden Sie für es.
5. Ihre Formulierung ist wichtig. Versuchen Sie, Ihren Satz mit einem der folgenden Punkte zu beginnen:
    - „Du kannst gerne ________________ oder ________________.
    - „Fühl dich frei ________________ oder ________________.
    - „Möchtest du lieber ________________ oder ________________?
    - „Was wäre dir lieber, ________________ oder ________________?

Kapitel 7

Das Erfolgsrezept: Empathie mit Konsequenzen

Mein Sohn, wenn du weise bist, dann freue ich mich darüber.

Sprüche 23,15

Als Jims Kinder klein waren, hatte er ein Problem damit, dass sie pünktlich ins Bett gingen. Hätte er für jedes Mal, wenn er seine Kinder mit „Geht jetzt sofort ins Bett und schlaft!" anschrie, einen Dollar bekommen, könnte er sich jetzt in seinem Ferienhaus auf den Bahamas entspannen. Als besorgter Vater wusste er, dass Schlafmangel seinen Kindern den nächsten Tag verleiden würde. Sie würden sich herumschleppen, unfähig, klar zu denken oder in der Schule gute Leistungen zu erbringen. Sie könnten sogar am Schreibtisch einschlafen! Das schien ein zu hoher Preis für seine Kinder zu sein, weshalb er sie immer wieder bedrängte, pünktlich schlafen zu gehen, und damit drohte, ihnen den Hintern zu versohlen, ihnen die Fernsehprivilegien zu entziehen oder ihre Sportaktivitäten zu streichen.

Eines Tages ging ihm ein großes Licht auf, was Erziehung anging: Man kann ein Kind nicht zum Schlafen zwingen. Deshalb ging er nach oben, rief seine Kinder zusammen und sagte: „Kinder, ich muss mich entschuldigen. Ich habe mich in euer Leben eingemischt. Ich habe versucht, euch Dinge zu sagen, die ihr selbst entscheiden solltet. Wenn ihr also zwei einfache kleine Regeln behalten könnt, werde ich euch nie wieder drängen, schlafen zu gehen. Denkt ihr, dass ihr damit zurechtkommt?"

„Ja", sagten sie, „das sollte funktionieren."

„Regel eins", so Jim, „ist, dass abends ab acht Uhr eure Mutter und ich Privatzeit haben. Wir wollen euch weder sehen noch hören, ihr könnt aber gerne wach sein. Regel zwei: Wir alle stehen jeden Morgen um sechs Uhr auf. Also dann, bis morgen um sechs." Er gab jedem von ihnen einen kleinen Kuss und ging zurück ins Wohnzimmer.

Um 22.30 Uhr war das Licht in den Kinderzimmern immer noch an. Er versuchte, ihnen ein bewundernswertes Beispiel zu geben, das sie nachahmen sollten, und ging deshalb in ihre Zimmer und sagte: „Ich gehe jetzt ins Bett. Ich möchte morgen früh nicht schlecht gelaunt sein. Bis dann."

Als er am nächsten Morgen um sechs Uhr aufstand, brannten die Lichter immer noch. Ein Kind schlief in seiner Kleidung, ein anderes war in einer Ecke sitzend zur Ruhe gekommen. Dann entdeckte er eine weitere große Wahrheit über Erziehung: Es ist viel einfacher, Kinder aufzuwecken als sie zum Schlafen zu bringen. Zwei Radios auf maximale Lautstärke aufzudrehen, kostet kaum Energie.

An diesem Morgen liefen drei übernächtigte und stöhnende Kinder durchs Haus, rieben sich die Augen und jammerten: „Ich bin zu müde, um heute zur Schule zu gehen", „Ich bin krank, Papa" und: „Ich will wieder ins Bett."

Jim ärgerte sich nicht über sie. Stattdessen empfand er echtes Mitleid über ihren bedauernswerten Zustand. „Klar, Kinder", sagte er, „das passiert mir auch, wenn ich zu lange aufbleibe. Ich wette, es wird ein langer Tag in der Schule werden. Nun, versucht, das Beste daraus zu machen. Wir sehen euch, wenn ihr nach Hause kommt. Bis dann."

Er beobachtete sie auf dem Weg zur Bushaltestelle. Als um 15.30 Uhr der Bus auf der Rückfahrt anhielt, taumelte der sechsjährige Charlie aus der Tür, latschte müde die Treppe hinauf und fiel auf sein Bett. Dort schlief er den Rest des Nachmittags mit seiner Baseballmütze über der Nase. Auch seine schwere Jacke und seine bis zu den Knien geschnürten Tundra-Stiefel hatte er noch an.

Selbst beim Abendessen nickte Charlie immer wieder ein. Doch bevor das Essen vorbei war, sagte er etwas sehr Intelligentes: „Ich glaube, ich gehe heute früh ins Bett."

Charlie brauchte eine Nacht, um eine Lektion zu lernen, die Jim ihm jahrelang beizubringen versucht hatte. Und das geschah, weil Jim einfühlsam war und zuließ, dass die Konsequenzen zum Lehrer wurden.

Hätte Jim seinen Kindern den Hintern versohlt oder ihnen die Fernsehprivilegien entzogen, hätte er ihnen die Lektion über die Bedeutung eines guten Schlafs nicht annähernd so effektiv erteilt. Er hätte Bestrafung benutzt, aber die reale Welt funktioniert im Großen und Ganzen nicht mit Bestrafung.

Schmerzen von innen nach außen

Wenn wir unseren Kindern Kontrolle bzw. Macht geben, dürfen wir nicht vergessen, dass Macht korrumpieren und absolute Macht absolut korrumpieren kann. Sollen unsere Kinder zu guten Führungskräften heranwachsen sollen, müssen sie lernen, mit Macht und Kontrolle umzugehen. Missbrauchen Kinder ihre Macht und Kontrolle, reagieren unkluge Eltern mit Frustration, Wut und oft inständigen Bitten. Kluge Eltern lassen dagegen zu, dass natürliche bzw. von den Eltern auferlegte Konsequenzen die Lektion erteilen. Und sie sind mitfühlend. Als ein Star-Basketballspieler einmal seine Macht und seinen Einfluss falsch einsetzte und von drei wichtigen Spielen ausgeschlossen wurde, war sein Vater insgeheim sehr zufrieden. Aber was er ihm sagte, war: „Ich weiß, dass die Entscheidung des Trainers dich sehr unglücklich gemacht hat, aber ich bin sicher, dass du damit umgehen kannst. Gibst du hier dem Trainer die ganze Schuld, oder gab es vielleicht Dinge, die du hättest anders handhaben können?“ Wir behandeln also Kontrolle und Macht wie Geld. Wir freuen uns, wenn das Kind richtig damit umgeht, und wir zeigen Einfühlungsvermögen, ohne dass wir sie retten, wenn unkluge Entscheidungen zu Bestürzung, Schmerz und Reue führen.

Stellen Sie sich vor, Sie hätten auf dem Parkplatz ihrer Firma den Kotflügel eines Autos beschädigt. Sie fühlen sich deswegen schlecht, und wenn Sie an diesem Abend nach Hause kommen, erklären Sie Ihrem Ehepartner den Unfall. „Was?“, schreit Ihr liebevoller Partner. „Das macht mich wirklich wütend. Du weißt, dass du an diesem Wochenende Skifahren gehen wolltest? Vergiss es. Du hast Hausarrest!“

Ein lächerliches Szenario? Natürlich. Als Erwachsene bekommen wir keinen Hausarrest, wenn wir im Leben Mist bauen; niemand wäscht uns den Mund mit Seife aus, wenn wir fluchen. In der realen Welt gibt es keine Strafen, wenn keine Verbrechen begangen werden. Wenn Menschen für etwas bestraft werden, denken sie nur selten darüber nach, was sie falsch gemacht haben. Verstimmung ist die häufigere Reaktion.

Dasselbe gilt für Kinder. Wenn wir die Kinder früh ins Bett schicken, weil sie frech waren, verhängen wir eine Strafe. Wenn Kinder ein schlechtes Zeugnis nach Hause bringen und wir zwei Monate Fernsehverbot verhängen, lassen wir nicht zu, dass sie etwas aus den Folgen ihrer Fehler lernen.

LIEBE-UND-LOGIK-TIPP 22

Warnung: Gute Eltern geben keine Warnungen

Stellen Sie sich vor, Sie fahren mit 150 km/h auf der Autobahn, obwohl nur 120 km/h erlaubt sind. Sie sehen das Blaulicht der Polizei hinter sich und denken nur noch an Eines: „Ich werde einen Strafzettel kriegen." Der Polizist hält sie an und kommt gemächlich und ganz freundlich zu Ihrem Auto, schreibt den Strafzettel, sagt Tschüss und geht fröhlich seines Weges. Er zeigt keine Hysterie, keine Wut und keine Drohungen. Nur Höflichkeit und ein kleiner Zettel – die Folgen Ihres Rechtsbruchs.

Als Erwachsener würde man auch in seiner wildesten Phantasie nie daran denken, ihm zu sagen: „Ich werde mich in Zukunft benehmen und nicht mehr zu schnell fahren", und dass er dann sagt: „Na gut, okay. Wenn das so ist, schreibe ich keinen Strafzettel." Das wäre reine Fantasie. Aber wie oft stoßen in unseren Familien die Bitten unserer Kinder auf elterliche Unentschlossenheit?

Der kleine Adam ist ein Schrecken am Tisch. Er schmollt und klagt und jammert und baut auf seinem Teller Mini-Motocross-Bahnen, auf denen er Erbsen über Rampen aus Selleriestangen und kleinen Kartoffelpüreebergen hoch und runter schiebt.

Die Mutter, die denkt, sie sei konsequent, sagt: „Okay, Adam, dein Essen ist vorbei. Ab in dein Zimmer."

Adam sagt: „Ich werde brav sein."

Und was sagt Mama, außer: „Na gut, okay. Bist du sicher, dass du brav sein wirst? Oder wirst du weiterhin am Tisch herumblödeln?"

„Nein, ich werde es nicht mehr tun. Ich werde brav sein."

„Nun, okay", sagt die Mutter und denkt, ihre Probleme seien vorbei. „Du kannst bleiben."

Die reale Welt operiert nicht mit dem Mehrfachwarnsystem, und das sollten wir auch nicht. Eltern, die viele Warnungen aussprechen, ziehen Kinder auf, die sich erst nach vielen Warnungen benehmen.

Die reale Welt operiert mit Konsequenzen. Wenn wir bei der Arbeit ständig einen schlechten Job machen, nimmt uns unser Chef nicht das Smartphone weg – er feuert uns.

Wenn wir unsere Kinder bestrafen, geben wir ihnen ein großes Sicherheitsventil, eine Flucht vor den Folgen ihres Handelns. Wenn sie bestraft werden, müssen sie nie denken. Sie müssen ihr Verhalten nicht ändern. Sie denken, ich werde für das bestraft, was ich getan habe. Ich sitze meine Zeit ab. Und ihr Zorn richtet sich gegen den Bestrafenden: uns.

Als Liebe-und-Logik-Eltern wollen wir, dass unsere Kinder von innen her Schmerzen erleben. Dies geschieht, wenn wir zulassen, dass die Konsequenzen die Lehre erteilen. Konsequenzen lassen die Kinder sehr intensiv über ihr Verhalten und ihre Verantwortung nachdenken. Konsequenzen führen zu Selbstprüfung und zum Nachdenken.

Natürlich auftretende Konsequenzen

Die besten Konsequenzen sind die, die sich ganz natürlich ergeben. Wenn Anna am Esstisch lästig ist und lieber auf dem Boden spielt, als am Tisch schön zu essen, dann macht es nur Sinn, dass sie zur Schlafenszeit hungrig sein wird. Wenn Theo ständig seine Schularbeiten vernachlässigt und schlechte Noten nach Hause bringt, dann macht es Sinn, ein Schuljahr zu wiederholen. Die natürlich auftretenden Folgen bewirken, dass das Gehirn unserer Kinder Ursache und Wirkung ihrer Handlungen registriert. Wenn sie sich fragen: *Wer ist schuld daran, dass es mir so schlecht geht?*, ist ihre einzige Antwort: ich.

Aber diese Konsequenzen führen bei uns als Eltern zu einem flauen Gefühl im Magen. Das sind genau die Dinge, vor denen wir unsere Kinder bewahren wollen. Felix friert, wenn er seine Jacke nicht anhat. Ella bekommt Hunger, wenn sie ins Bett geht, ohne zu essen. Wir sind versucht, sie an den Schmerz der Kälte und das Elend des Hungers zu erinnern. Aber wenn wir wollen, dass die Konsequenzen effektiv ihre Arbeit erledigen, können wir uns diesen Luxus nicht leisten.

Anton, neun Jahre alt, war eine Schlafmütze. Jeden Morgen haute er die Schlummertaste seines Weckers nieder. Sieben Uhr, dann 7.10 Uhr, dann 7.20 Uhr, und jedes Mal, wenn das Rasseln seines Weckers in seinen Ohren dröhnte, schlug seine Faust prompt auf die Schlummertaste und er war wieder im Traumland.

Die Mutter hatte von diesem allmorgendlichen Theater schnell genug und beschloss, dass die Konsequenzen ihrem Sohn eine Lektion erteilen sollten. Eines Tages, als Anton zwanzig Minuten vor Schulbeginn die Treppe herabgepoltert kam, sagte sie warm, aber bestimmt: „Oh, schön, dass du auf bist. Was willst du heute in deinem Zimmer tun?"

„In meinem Zimmer?", sagte Anton. „Ich gehe zur Schule!"

„Gut", sagte die Mutter. „Und wie wirst du dorthin kommen? Der Bus ist vor zehn Minuten gefahren."

„Du fährst mich natürlich", antwortete Anton.

„Tut mir leid", sagte die Mutter. „Das geht nicht. Ich habe den ganzen Tag im Haus zu tun. Fühl dich frei, einen anderen Transport zu organisieren oder den Rest des Tages in deinem Zimmer zu verbringen, damit ich meine Arbeit ohne Unterbrechung erledigen kann, genau wie an anderen Schultagen."

„Zum Mittagessen kannst du dir gerne etwas für dich selbst machen", fuhr Mama fort. „Und wenn ich heute Nachmittag irgendwelche Besorgungen mache, kümmere ich mich darum, einen Babysitter für dich zu finden. Aber mach dir keine Sorgen, wenn du den Babysitter nicht bezahlen kannst. Du kannst mir das Geld später in der Woche zurückzahlen, oder ich kann es von deinem Taschengeld abziehen. Aber darüber musst du dir nur Gedanken machen, wenn ich tatsächlich eine Besorgung machen muss. Es ist also im Moment kein Problem. Bis dann, Anton. Wir sehen uns um 15.30 Uhr, wenn du normalerweise mit dem Bus nach Hause kommst."

Natürlich wollte Anton am nächsten Morgen, dass seine Mutter ihm eine Entschuldigung für die Schule schrieb. Aber diese sagte: „Oh, das kann ich verstehen. Ich weiß, wie nett ein Zettel ist, der erklärt, warum du in der Schule gefehlt hast. Aber du weißt, dass ich das nur mache, wenn du krank bist. Hoffentlich klappt es mit deinem Lehrer. Ich wünsche dir unter diesen Umständen einen schönen Tag."

Keine Frage – dafür braucht man Mut! Aber die Belohnung für ein verändertes Verhalten ist es wert. Diese Konsequenzen folgen alle ganz natürlich und passen zu dem „Verbrechen", nicht rechtzeitig zur Schule aufzustehen. Anton versäumt die Schule, er hockt seiner Mutter wie an jedem anderen Schultag nicht auf der Pelle, und er bekommt keine Entschuldigung.

Erstaunlicherweise scheinen Kinder mit dieser Methode nie mehr als zwei Tage hintereinander die Schule zu verpassen. Ohne die Gesellschaft anderer und ohne die Aufmerksamkeit von Eltern, die an ihnen herumnörgeln, werden sie ziemlich unglücklich.

LIEBE-UND-LOGIK-TIPP 23

Eine Buslinie aus der realen Welt

Als Jordan im Alter von zwölf Jahren zum ersten Mal als Pflegesohn in unsere (Fosters) Familie kam, wussten wir, dass er gerne passiven Widerstand leistete und Schwierigkeiten haben würde, pünktlich zu sein. Sein „Ding" war, zu spät zu kommen. Deshalb arrangierten wir in seiner ersten Woche bei uns eine Lernerfahrung für ihn.

Jordan wollte in der Stadt abgesetzt werden und uns an einem Lebensmittelladen treffen, der etwa zehn Meilen von unserem Haus in den Bergen entfernt war. Ich sagte Jordan, dass ich ihn gerne in der Stadt absetzen würde und dass ich ihn um 5 Uhr nachmittags an diesem Lebensmittelgeschäft treffen könnte. Dann fügte ich hinzu: „Jordan, ich arbeite wie die Buslinie in der realen Welt. Ich bin jedoch etwas nachsichtiger. Ich werde drei Minuten warten. Wenn du zwischen 5.00 und 5.03 Uhr an dem Laden bist, nehme ich dich mit. Wenn du aus irgendeinem Grund diese Zeit nicht einhalten kannst, mach dir keine Sorgen. Ich komme dann nochmals und warte von 10.00 bis 10.03 Uhr. Wenn du schlecht planst und es nicht schaffst, dann mach dir keine Sorgen. Ich werde morgen früh um sieben Uhr auf dem Weg zur Arbeit vorbeikommen und dann von 7.00 bis 7.03 Uhr warten."

Ich wusste, dass Jordan mich testen würde, und das tat er auch. Als ich um 5.00 Uhr da war, war kein Jordan zu sehen. Als ich um 10.00 Uhr ankam, wartete ich drei Minuten und fuhr dann los. Gerade dann kam Jordan dahergelaufen. Er wedelte wild mit den Armen und rief in der Dunkelheit: „Hier bin ich, hier bin ich! Nimm mich mit!" Ich glaube, dass diese kleine Episode eine eindeutig positive Wirkung hatte, und obwohl Jordan bei seinen Eltern chronisch zu spät kam, kam er bei uns nie zu spät.

Konsequenzen auferlegen

Natürlich auftretende Konsequenzen sind zwar am besten, aber manchmal eignen sich die Handlungen unserer Kinder nicht dafür. In diesen Fällen müssen wir die Konsequenzen selbst auferlegen.

Einige Eltern beherrschen diese Kunst ganz natürlich, während andere sie sich durch Übung aneignen müssen. Häufig entscheiden sich Eltern dafür, Konsequenzen aufzuerlegen, die entweder irrelevant oder zu hart oder zu nachsichtig sind.

Wenn sich Konsequenzen nicht auf natürliche Weise ergeben, müssen die auferlegten Konsequenzen

1. durchsetzbar sein,
2. zum „Verstoß" passen und
3. fest in der Liebe verankert sein.

Manchmal sehen diese auferlegten Konsequenzen eher nach Bestrafung aus. Aber wenn sie ohne Wut und Drohungen auferlegt werden und unseren Kindern so präsentiert werden, dass der Zusammenhang zwischen ihrem Fehlverhalten und den Folgen deutlich wird, sind sie recht wirksam.

LIEBE-UND-LOGIK-TIPP 24

Einfühlungsvermögen, nicht Zorn

Es reicht nicht aus, dass wir die Konsequenzen den Lehrmeister sein lassen. Wir als Eltern müssen unser Mitgefühl – unsere aufrichtige, liebevolle Anteilnahme – zeigen, wenn die Konsequenzen eintreten. Das ist es, was dazu führt, dass unsere Kinder die Lektion lernen, ohne dass wir ihnen das Gefühl vermitteln, wir seien nicht „auf ihrer Seite". Betrachten Sie die folgenden Beispiele:

Aaron verpasst das Abendessen, weil er seine Aufgaben nicht rechtzeitig erledigt hat.

ZORNIGE WORTE: „Natürlich bist du hungrig! Ich wette, du wirst das nicht noch einmal tun. Ich hab dir ja gesagt, dass du Hunger haben wirst."

EMPATISCHE WORTE: „Ich weiß, wie sich das anfühlt, Aaron. Ich bin auch hungrig, wenn ich eine Mahlzeit verpasse, aber es wird ein großes Frühstück geben."

Julia ist morgens müde, weil sie zu spät ins Bett gegangen ist.

ZORNIGE WORTE: „Ich habe dir gesagt, dass du müde sein wirst, wenn du nicht rechtzeitig zu Bett gehst. Jetzt wirst du den ganzen Tag in der Schule leiden."

EMPATISCHE WORTE: „Oh, du bist müde, hm? Bei der Arbeit geht es mir genauso, wenn ich nicht genug Schlaf bekomme. Aber versuch, den bestmöglichen Tag daraus zu machen."

Moritz bekommt schlechte Noten in seinem Zeugnis.

ZORNIGE WORTE: „Du machst deine Hausaufgaben nicht, und jetzt kommst du mit schlechten Noten nach Hause. Das sollte dir eine Lektion sein."

EMPATISCHE WORTE: „Oh, wie schrecklich. Während meiner Schulzeit bekam ich auch manchmal schlechte Noten, wenn ich mich nicht angestrengt habe, aber es gibt immer ein nächstes Schuljahr."

Die Konsequenzen müssen nicht unmittelbar sein

Die Konsequenzen müssen nicht an Ort und Stelle verpasst werden, um wirksam zu sein. Tatsächlich sind sie oft am wirksamsten, wenn ein Kind glaubt, mit unangemessenem Verhalten davongekommen zu sein.

Auf der Fahrt zum Einkaufszentrum sitzen Colette und Mia, zwei Grundschulkinder auf dem Rücksitz des Familienautos. Da sie sich zanken, schlagen und schubsen, zieht ihre Mutter eine imaginäre Linie in der Mitte des Rücksitzes, damit sie sich nicht gegenseitig in die

Quere kommen. Dann kommen die Schreie von der einen oder der anderen: „Mama, Colette ist auf meiner Seite!“ oder „Mama, Mia hat mich geschlagen!“

Mama hat genug davon. Als sie das nächste Mal einkaufen wollen, sagt Mama: „Als wir letztes Mal in das Einkaufszentrum gingen, gab es auf dem Rücksitz eine Menge Streit. Das störte meine Ohren und ich konnte mich nicht auf die Straße konzentrieren. Ich habe beschlossen, heute eine ruhige Fahrt zu den Geschäften zu machen. Ich habe eine Babysitterin für euch organisiert. Aber macht euch keine Sorgen, ihr müsst sie nicht gleich bezahlen. Ihr könnt mich am Samstag bezahlen oder wir können es von eurem Taschengeld abziehen. Aber das müsst ihr nicht sofort entscheiden. Ihr könnt mir später sagen, wie ihr damit umgehen wollt.“

Hätte Mama gleich an Ort und Stelle die Mädchen gemaßregelt, hätten diese weder etwas gelernt, noch hätten sie viel Zeit gehabt, über ihre Handlungen nachzudenken. Aber da sie etwas Zeit verstreichen ließ, vergaßen die Kinder den Vorfall wahrscheinlich. Doch wenn sie jetzt mit dem Babysitter zu Hause sitzen, müssen sie über mehrere Dinge nachdenken: *Wie sollen wir das bezahlen?, Wie bringen wir Mama dazu, uns das nächste Mal mitzunehmen?, Wie werde ich mit meiner Schwester zurechtkommen?* und so weiter. Nicht nur das, sondern diese auferlegte Konsequenz ist durchsetzbar.

Wenn Tim spät vom Spielen im Haus eines Nachbarjungen nach Hause kommt, würde man eine angemessene Konsequenz auferlegen, wenn er das nächste Mal fragt, ob er zum Haus des Nachbarjungen gehen dürfe. Seine Mutter könnte sagen: „Weißt du noch, wie spät du das letzte Mal nach Hause gekommen bist? Ich habe heute keine Lust, mir darüber Sorgen zu machen, also kannst du diesmal zu Hause bleiben und alleine spielen oder fernsehen. Wir werden beim nächsten Mal, wenn du dort hingehen willst, noch einmal darüber sprechen.“ Die Konsequenz ist also in Tims Denken an die pünktliche Rückkehr aus dem Haus des Nachbarjungen gebunden.

Gute Konsequenzen fallen uns nicht immer gleich ein. Selbst Fachleute auf diesem Gebiet fallen nicht immer gleich passende Konsequenzen ein. Dies ist ein weiterer Grund, warum es oft das Beste ist, die Konsequenzen hinauszuschieben. Das gibt uns Zeit, die besten Aktionen zu überlegen und Ideen von anderen zu bekommen.

Wenn uns keine Konsequenz einfällt, ist es viel besser, uns Zeit zu nehmen und über eine angemessene Konsequenz nachzudenken, als in Eile oder Wut etwas hinauszuschreien. Wir sind nicht weniger effektiv als Eltern, wenn wir uns ein wenig Zeit nehmen, um über die Konsequenzen nachzudenken. Die dringend benötigte Zeit zum Nachdenken kann mit folgenden Worten „erkauft“ werden:

- „Ich bin mir nicht sicher, wie ich jetzt reagieren soll, aber ich werde es dich wissen lassen.“
- „Weißt du, ich war bisher noch nie die Mutter eines fünfjährigen Jungen, also muss ich etwas darüber nachdenken. Ich werde mich bei dir melden.“
- „Ich bin mir nicht sicher, wie ich darauf reagieren soll. Ich werde darüber nachdenken müssen.“

Wenn Sie wollen, dass die Lektion wirklich gelernt wird, können Sie hinzufügen: „Versuche, dir keine Sorgen deswegen zu machen.“ Die Chancen stehen gut, dass Sie damit sicherstellen, dass Ihre Kinder in den nächsten Tagen nichts anderes tun werden, als ihre Handlungen zu überdenken.

Wenn wir uns Zeit lassen, um über die Konsequenzen nachzudenken, hilft das auch unseren Kindern. Sie haben dann Zeit, sich über die möglichen Konsequenzen Gedanken zu machen, und das ist eine gut genutzte Zeit.

LIEBE-UND-LOGIK-TIPP 25

Konsequenzen mit Humor

Liebe und Logik betont Konsequenzen, und Konsequenzen können manchmal schmerzhaft sein. Aber vergessen wir nie, dass Liebe und Logik Pep, Schwung und Spaß in die Erziehung und die Leitung im Allgemeinen bringt. Die Menschen benutzen Liebe und Logik, weil sie sich dadurch gut fühlen. So wie „ein Löffel Zucker hilft, die Arznei zu schlucken", so können auch Kreativität und Humor dazu beitragen, die Folgen zu reduzieren.

Dies führt mich (Foster) dazu, Ihnen eine wunderbare Geschichte weiterzugeben, die mir kürzlich nach einem Workshop erzählt wurde. Das ist nicht mein Verdienst, und wenn ich der wunderbaren Mutter, die es mir gesagt hat, dafür Anerkennung zollen könnte, würde ich es natürlich tun. Sie sagte:

> „Mein Mann war eher der ruhige – und manchmal auch feldwebelmäßige – Typ, und als wir Ihre Videos ansahen, lachte er manchmal und gab Kommentare ab. Doch ich wusste nie, ob die Liebe-und-Logik-Prinzipien bei ihm ankamen, bis er eines Tages, als wir zusammen im Auto fuhren und die Kinder auf dem Rücksitz laut herumtobten, genau wie Sie auf einem Video sagte: ‚Leute, es wird in diesem Auto auf der letzten Meile nach Hause viel ruhiger sein, weil eure Mutter und ich die einzigen hier drin sein werden!'
> Es gab einen Moment ohrenbetäubender Stille, und dann sagte unser zehnjähriger Sohn mit einer leicht herausfordernden und höhnischen Stimme: ‚Das würdest du nicht tun!'
> Im Nu sagte mein Mann: ‚Das hat Tommy gesagt.'
> Nochmals ein Moment der Stille. Dann fragte eines der Kinder: ‚Wer ist Tommy?'
> Mein Mann antwortete: ‚Dein älterer Bruder!'
> Eine Meile von zu Hause entfernt stiegen die Kinder aus und wanderten nach Hause, und natürlich mussten wir diese Methode nie wieder anwenden. Aber das Wunderbare daran ist, dass die Kinder jetzt, da sie erwachsen sind und mit ihren Familien auf Reisen gehen, uns schreiben und unterschreiben mit ‚Armer verlorener Tommy'. Es ist der Familienwitz. Der wandernde Tom ist immer noch irgendwo da draußen und wandert auf den Straßen und Nebenstraßen der Welt, nachdem er aus dem Auto geworfen wurde und sich auf dem Heimweg verirrt hat."

Ich denke, die Lehre aus der Geschichte dieser Frau ist klar. Wenn es hart auf hart kommt, fangen die Taffen an zu lachen. Lachen, scherzen und die Kinder lieben, während man die Konsequenzen auferlegt, gibt ihnen ein Beispiel dafür, wie sie selbst großartige Bewältigungsstrategien entwickeln können.

Es ist das Einfühlungsvermögen, das zählt

Sie haben wahrscheinlich bemerkt, dass Liebe-und-Logik-Eltern ganz anders als andere Eltern reagieren, wenn Kinder Fehler machen. Wir ärgern uns nicht, wir sagen nicht: „Ich hab's dir gesagt", und wir halten unseren Kindern auch keine Vorträge über ihre Fehler. Wenn wir diese Dinge tun würden, würden wir verhindern, dass die Logik der Konsequenzen ihre Sache tut. Der Zorn des Kindes würde sich auf uns richten und nicht auf die Lektion, welche die Konsequenzen erteilen. Und selbst wenn wir den Kindern – in den nettesten Worten – erklären, was sie falsch gemacht haben und warum es nicht funktioniert hat, lenken wir ihr Denken von ihren eigenen Konsequenzen ab und hin zu uns. Damit behindern wir nur die Wirksamkeit der Konsequenzen.

Das, was dazu führt, dass die Lektion in den Herzen unserer Kinder ankommt, wenn sie einen Fehler gemacht haben, ist unser Einfühlungsvermögen und unsere Anteilnahme. Die Beziehung zwischen uns und unseren Kindern steht für uns an erster Stelle. Unsere Liebe zu ihnen steht an oberster Stelle. Wir haben ihr Selbstwertgefühl von Kindesbeinen an aufgebaut und ihnen gesagt, dass sie geliebt, begabt und fähig sind. Und ein Fehler, egal wie schwerwiegend er ist, ändert nichts daran. Diese Botschaft muss ihnen ständig vermittelt werden.

Wenn unsere Kinder also einen Fehler machen, leiden wir wirklich mit ihnen mit – wir wissen, wie das ist. Und wir sagen ihnen das in aller Ernsthaftigkeit. Wenn unsere Kinder es vermasseln und die Konsequenzen tragen müssen, ist es entscheidend, dass wir ihnen gegenüber unsere Anteilnahme zum Ausdruck bringen.

LIEBE UND LOGIK-TIPP 26

Botschaften, die Empathie einsperren

Wenn unsere Kinder Mist bauen, werden wir oft von Wut überwältigt und wollen sie bestrafen. Besser ist es jedoch, unsere Empathie für sie auszudrücken und dann darauf zu vertrauen, dass die Konsequenzen der Lehrmeister sind. Eltern sollten ihre Kinder wissen lassen, wie sehr sie sie lieben und wie sehr sie mitleiden, was ihre Entscheidung und ihr daraus resultierendes Problem angeht, sobald es passiert. Bevor Sie wütend werden oder sich in das Problem des Kindes hineinziehen lassen, versuchen Sie es mit einer der folgenden Aussagen:

- „So ein Mist!"
- „Wirklich? So, wie ich dich kenne, fällt dir sicher etwas ein."
- „Das ist schrecklich. Was kannst du jetzt machen?"

- „Oh, nein, ich bin froh, dass das nicht mein Aufsatz (Zeugnis, Note, zu spät gelieferte Hausaufgabe, spezifisches Problem) ist. Du musst dich schrecklich fühlen. Was kannst du tun?"
- „Hmmm, das ist wirklich eine interessante Perspektive. Ich bin gespannt, wie es ausgeht."
- „So ein Schlamassel! Ich bin gespannt, wie du das lösen wirst."

Wenn wir diese Art von Bemerkungen machen, stellen wir uns nicht gegen unsere Kinder, sondern direkt zu ihnen und dazu, dass sie aus ihren Fehlern lernen. Sie müssen wissen, dass wir bei allem an ihrer Seite sind, aber dass wir ihnen dabei nichts von ihrer Verantwortung wegnehmen werden.

Michelle war auf dem besten Weg, eine Liebe-und-Logik-Mutter zu werden. Sie bemühte sich, die Kontrolle, die sie nicht brauchte, loszulassen, und sorgte immer dafür, dass Greta, ihre Tochter in der sechsten Klasse, mehr denken musste als sie.

Als Greta eines Tages mit einer Vier in ihrer Rechtschreibprüfung von der Schule nach Hause kam, wurde Michelles Erziehungsphilosophie einer härteren Prüfung unterzogen. Michelle hörte immer wieder eine Stimme in ihrem Kopf, die sagte: „Das könnte eine große Chance sein. Vermassle es nicht, indem du sie daran erinnerst." Deshalb tadelte Michelle ihre Tochter nicht. Sie wusste auch, dass der Lehrer für die Konsequenz gesorgt hatte, also sagte sie auch dazu nichts.

Michelle tat genau das, was sie für richtig hielt. Sie hatte Mitleid mit ihrer Tochter. Sie glich die Konsequenzen mit ebenso viel Einfühlungsvermögen aus. Sie sagte: „Oh, es muss wirklich peinlich sein, eine Vier zu bekommen. Ich wette, es ist schwer, seinem Lehrer gegenüberzutreten, wenn man nicht gelernt hat. Du fühlst dich bestimmt schrecklich."

Greta wurde sehr still und dachte über das nach, was sie getan hatte. Dann fiel Michelle ein Liebe-und-Logik-Prinzip ein: *Wenn du nichts mehr zu sagen weißt, übertrage das Problem auf das Kind, indem du ihm eine Frage stellst.* Also sagte Michelle: „Was wirst du tun, Greta?"

Mit einem niedergeschlagenen Gesicht antwortete Greta kleinlaut: „Ich weiß nicht, was ich tun werde.

So weit, so gut. Michelle hatte die Kontrolle, die sie brauchte, und Greta übernahm die Verantwortung für das Problem, indem sie darüber nachdachte und Lösungen entwickelte. Aber dann machte Michelle einen Fehler und sagte: „Weil du dich weigerst zu lernen, gehst du nicht zu der Party am Freitag.

„Was heißt das, dass ich nicht zu der Party gehe?“, schrie Greta. „Es ist nicht meine Schuld, dass ich eine Vier bekommen habe! Du solltest die Wörter sehen, die die Lehrerin uns aufgibt. Sie gibt uns nie Zeit zum Lernen, und sie hilft mir nie, wenn ich mich melde. Das ist einfach nicht fair!“

Konsequenzen zuzulassen und gleichzeitig Einfühlungsvermögen zu zeigen, ist einer der schwierigsten Aspekte bei der Erziehung mit Liebe und Logik. Wut ist solch ein verlockendes Gefühl, besonders wenn wir sie bei unseren Kindern anwenden. Bestrafung gibt uns das Gefühl, sehr mächtig zu sein. Es lässt uns glauben, wir hätten die Kontrolle. Die Kombination aus Wut und Bestrafung ergibt ein tödliches Gespann kontraproduktiver Erziehung.

Die gesamte Lektion, die Greta lernte, wurde durch Michelles Bestrafung zunichte gemacht. Damit die Folgen einen Nutzen haben, müssen wir mit unseren Kindern mitfühlen und dürfen sie nicht anschreien. Wenn wir Anteilnahme zeigen, haben sie niemanden, auf den sie wütend sein können, außer sich selbst. Wegen der Bestrafung konnte Greta ihrer Mutter die Schuld geben.

Wir senden unseren Kindern ständig Botschaften, aber die alles überragende Botschaft muss eine sein, die ihnen sagt, dass sie okay sind. Vielleicht gehen sie gerade durch eine harte Zeit, vielleicht haben sie einen Fehler gemacht und müssen mit den Konsequenzen leben, aber wir stehen zu ihnen und lieben sie wie zuvor. Empathie in Bezug auf die Konsequenzen zeigt unseren Kindern diese Art von Liebe. Sie lässt die Logik der Konsequenzen die Lektion übernehmen.

Kapitel 8

Jetzt kommt die Praxis!

Ich lehre dich, weise zu handeln, und zeige dir den richtigen Weg. Wenn du dich daran hältst, wird kein Hindernis deine Schritte aufhalten; selbst beim Laufen wirst du nicht stolpern.

Sprüche 4,11-12

Ein fünfzigjähriger Mann sprach einen Musiker an und fragte: „Können Sie mir beibringen, Posaune zu spielen, damit ich in der Stadtkapelle und auf Paraden und bei anderen Gelegenheiten spielen kann?"

„Sicher", sagte der Musiker.

„Wie lange wird es dauern?", fragte der angehende Posaunist.

„Nun", sagte der Musiker, „in fünf Jahren könnte ich fast jedem beibringen, alles zu spielen, was er spielen möchte."

„Fünf Jahre!", sagte der Möchtegern-Schüler. „Bis dahin werde ich fünfundfünfzig Jahre alt sein!"

„Ja, so ist es", antwortete der Musiker. „Und wie alt werden Sie in fünf Jahren sein, wenn Sie nicht lernen, Posaune zu spielen?"

Praxis, Praxis, Praxis

Die Liebe-und-Logik-Ideen erscheinen vielleicht überwältigend. Es gibt viel zu merken: Nachdenkworte, Trennung von Problemen, Wahlmöglichkeiten, Anteilnahme an den Konsequenzen. Das reicht aus, um jeden zur Verzweiflung zu bringen, der nicht in den Prinzipien von Liebe und Logik geschult ist – das heißt, wenn er versuchen würde, alles auf einmal anzuwenden.

Liebe-und-Logik-Erziehung ist jedoch wie eine Diät. Wer eine Diät macht, sagt nicht: „Ich werde heute schlank werden“ und wird dann wie von Zauberhand schlank. Genauso wenig sagen Eltern: „Meine Kinder werden sich ab jetzt immer richtig verhalten.“ Wenn Liebe und Logik für Sie also brandneu ist, dann setzen Sie es nach und nach um. Suchen Sie sich eine Sache aus, die Sie am Verhalten Ihres Kindes stört – eine Sache, von der Sie glauben, dass Sie sie mit den Prinzipien von Liebe und Logik gut korrigieren könnten – und arbeiten Sie dann mit einem der Prinzipien daran, die Sie aus diesem Buch gelernt haben. Aber tun Sie es nicht sofort. Üben Sie es zuerst. Überlegen Sie, wie Ihr Kind reagieren könnte, und bereiten Sie sich darauf vor, mit dieser Reaktion umzugehen. Wenn Sie in einem kleinen Bereich erfolgreich waren, wählen Sie einen anderen Bereich aus und arbeiten Sie an diesem, dann einen anderen und so weiter.

Der folgende Fünf-Punkte-Leitfaden soll Ihnen helfen, Liebe und Logik gedanklich einzustudieren:

1. Wählen Sie eine Situation und was das Kind tun soll.
2. Stellen Sie sich vor, Sie stehen aufrecht da, blicken Ihrem Kind direkt in die Augen und haben ein vollkommenes Recht, das zu erwarten, was Sie gleich verlangen werden. Schauen Sie sich in einem Spiegel an.
3. Stellen Sie sich den Klang Ihrer Stimme vor.
4. Probieren Sie es mit Freunden aus und bitten Sie um deren Meinung.
5. Üben Sie es, bis Sie sich sagen hören: „Kind, mach mich glücklich. Lass mich stolz sein auf das, was ich gelernt habe!“

Die Zeit für die tatsächliche Umsetzung der Strategie ist dann gekommen, wenn Sie die Zeit, die Energie und genügend Unterstützung für Ihre Aktionen haben. Die Kinder werden Sie auf die Probe stellen, sie werden wütend werden und alles versuchen, damit Sie zu Ihren alten Gewohnheiten zurückkehren – sogar bis zu dem Punkt, dass sie sagen: „Mama, ich mochte dich lieber, bevor du dieses dumme Erziehungsbuch gelesen hast!“ Sobald Sie auf Widerstand stoßen, wissen Sie, dass es funktioniert. Aber bleiben Sie standhaft. Wenn die Kinder Sie kontrollieren können, indem sie Ihren Wut-, Sympathie- oder

Schuldgefühl-Knopf drücken, werden sie immer dann, wenn sie das Bedürfnis nach Kontrolle verspüren, darauf zurückkommen.

Wenn Sie die Liebe-und-Logik-Erziehung einführen, werden Sie feststellen, dass Sie genauso wachsen werden wie Ihre Kinder. Mit jedem Erfolg, den Sie erleben, wird sich Ihr Selbstbild genauso entwickeln wie das der anderen.

Was Liebe und Logik nicht ist

Im Laufe der Jahre, seit wir mit den Forschungen, die zu diesem Buch geführt haben, begonnen haben, und durch die Seminare und Forschungen, die darauffolgten, haben wir entdeckt, dass gute Ideen und Praktiken falsch interpretiert, falsch dargestellt und aus dem Zusammenhang gerissen werden können. Man sagt: „Der Weg zur Hölle ist mit guten Absichten gepflastert." Vielleicht trifft man auf diesem Weg auf Teenager, die von Eltern aufgezogen wurden, die Bücher darüber gelesen haben, wie man kleine Engel aufzieht. Was ist schiefgegangen?

Liebe und Logik garantiert keine engelsgleichen Kinder und Jugendlichen, aber wir wissen, dass die Konzepte, Werkzeuge und Methoden von Liebe und Logik die besten Chancen für den elterlichen Erfolg bieten. Aber auch Liebe und Logik kann missverstanden oder missbraucht werden. Das Material von Liebe und Logik enthält viele schöne Prinzipien, die selbst von wohlmeinenden Eltern falsch angewendet werden können, besonders wenn ihr eigener Hintergrund von Dysfunktionalität, Missbrauch und Schmerz geprägt ist.

Eines der interessanten Dinge an der Liebe-und-Logik-Methode ist, dass sie einfach nicht funktioniert, wenn man sie nicht genau anwendet. Wir legen zum Beispiel großen Wert auf die Vorbildfunktion. Dies ist eines der großen Themen von Liebe und Logik, das unserer Meinung nach zusammen mit Erfahrung und Einfühlungsvermögen das große Rückgrat einer effektiven Erziehung bildet. In diesem Buch versuchen wir durchweg, den Eltern zu helfen zu verstehen, wie sie gesunde, für beide Seiten hilfreiche Lösungen finden können. Wenn Eltern ein schlechtes Selbstbild haben, ist es für sie schwer, ein Beispiel zu geben, von dem sie selber wollen, dass ihm ihre Kinder nacheifern.

Seit wir die erste Ausgabe dieses Buches geschrieben haben, haben wir erkannt, dass es einige Verwirrungen gibt, die nur bei Liebe-und-Logik-Neulingen vorkommen. Spezifische Haltungen, Werkzeuge und Methoden von Liebe und Logik können falsch angewendet oder missverstanden werden. Wir möchten Ihnen helfen, einige dieser Fallstricke zu vermeiden, indem wir ein paar dieser bedauerlichen, wenn auch verständlichen Bereiche der Verwirrung untersuchen. Vielleicht ist das ein wenig eigennützig, denn im Laufe der Jahre waren wir schockiert, als wir Eltern beobachteten oder von solchen hörten, die die verrücktesten Dinge taten, und wir waren doppelt schockiert, als wir erfuhren, dass sie ihre Handlungen oft stolz mit der Aussage verteidigten: „Das habe ich von Liebe und Logik gelernt." Hier sind einige der häufigeren Verwirrungen, denen wir in den Jahren seit dem ersten Druck dieses Buches begegnet sind.

Unaufrichtiges Einfühlungsvermögen

Liebe-und-Logik-betont das Führen mit Einfühlungsvermögen, wie zum Beispiel, dass man sagt:

- „Wie schade!"
- „So ein Mist!"
- „Ich hoffe, es läuft besser für dich."
- „Wenn jemand aus diesem Fehler lernen kann, dann du."
- „Ich bin mir sicher, dass du es nicht immer einfach hast."
- „Wenn jemand damit umgehen kann, dann du."
- „Wenn es hart auf hart kommt, kommen die Taffen in Fahrt."
- „Das ist bestimmt ein Problem für dich."
- „Wenn du noch etwas mehr darüber nachdenkst, kommst du wahrscheinlich auf gute Lösungen."

All diese Aussagen – die freundlich, mitfühlend und verständnisvoll ausgedrückt werden sollten – können leider auch mit der Wärme eines Eiszapfens an einem frostigen Morgen geäußert werden. Unglaublich, aber wahr! Das ist der Grund dafür: Einige Eltern befinden sich verständlicherweise auf ungewohntem Terrain, wenn sie versuchen, Einfühlungsvermögen zu zeigen. Sie sind es gewohnt, wütend und frustriert zu sein. Während sie also versuchen, sich daran zu erinnern, neue Aussagen zu verwenden – und sich dabei unsicher fühlen und vielleicht auch unsicher sind, wie sie ein neues Wissen, das sich nicht „vertraut“ anfühlt, anwenden sollen –, machen sie Aussagen mit den richtigen Worten, die aber nicht das Richtige vermitteln. Ihre alte Enttäuschung sickert in Form von unglücklichem, wütendem, kritischem oder sarkastischem Verhalten durch.

Echte einfühlsame Aussagen werden nicht aus dem Kopf, sondern aus dem Herzen heraus erzeugt! Ab und zu hörten wir Eltern sagen: „Schade für dich!“ – mit einer solchen Gefühllosigkeit, dass im Sommer ein Fluss zufrieren würde. Wenn zum Beispiel Robert bei einem Test durchgefallen ist, weil er sich nicht genügend vorbereitet hat, und seine Mutter, die gerade das Liebe-und-Logik-Prinzip lernt, dass man das Problem eines anderen nicht zu seinem eigenen machen oder es lösen soll, sagt: „Schade für dich, dass du dir nicht mehr Mühe gegeben hast, für diese Prüfung zu lernen“, wird ihr ein Hauch von Kälte von ihrem Sohn entgegenschlagen, der in ihr Herz schneidet wie ein eisiger Wind. Eine andere Mutter, von den gleichen Prinzipien motiviert, legt den Arm um die Schulter ihres Sohnes und sagt: „Schatz, es ist schwer zu lernen, wenn andere Dinge scheinbar wichtiger sind, nicht wahr?“, und die Sonne scheint hinter den Wolken herauszukommen, um den Frost an den Fenstern zu schmelzen.

Die Art, wie man es sagt, und das Herz dahinter können den ganzen Unterschied ausmachen.

Konsequenzen als Drohung benutzen, statt als logische Folge Ihres Tuns

Wird eine Konsequenz als Drohung geäußert, ist das manchmal ziemlich offensichtlich: „Gavin, wenn du nicht stillsitzen kannst, schicke ich dich auf dein Zimmer!“ Vielleicht ist die Drohung immer noch offensichtlich, wenn ein Elternteil sagt: „Wenn du nicht weißt, wie man sich richtig verhält, dann will ich dich auch nicht in meiner Nähe haben.“

Das Kind und die Eltern sind glücklicher, wenn die Erwachsenen Konsequenzen auferlegen, um für sich selber zu sorgen. Das Kind hat immer noch die Wahl: „Philipp, wenn du dich so verhältst, tut es mir wirklich in den Augen und in den Ohren weh. Gibt es nicht einen anderen Ort, an dem du das machen kannst?“

Wahlmöglichkeiten bieten, die keine realistischen oder akzeptablen Alternativen sind

Manche Wahlmöglichkeiten sind einfach keine guten, ehrlichen und echten Wahlmöglichkeiten. Spencer machte Lauren auf dem Rücksitz das Leben schwer, als ihre Mutter, die von Spencer die Nase voll hatte und hinter dem Lenkrad saß, sagte: „Spencer, wenn ich anhalte, soll ich dann Lauren die Erlaubnis geben, dir eine Ohrfeige zu geben, oder soll ich es selbst tun?“

Liebe-und-Logik-Eltern geben ihren Kindern Wahlmöglichkeiten innerhalb akzeptabler Grenzen, die einigen wenigen grundsätzlichen Richtlinien folgen:

1. Vom Kind wird erwartet, dass es sich bereitwillig für eine der Möglichkeiten entscheidet, und dass ihm nicht zwei Wahlmöglichkeiten angeboten werden, die beide unattraktiv sind.
2. Der Elternteil kann mit jeder der Möglichkeiten leben.
3. Wird die Wahl verweigert, kann der Elternteil liebevoll selbst eine durchsetzbare Antwort wählen. (Überstürzen Sie das nicht. Durchsetzbare Antworten erfordern manchmal, dass man Zeit hat, darüber nachzudenken: „Hmmm … Diese Antwort laugt mich aus. Ich werde mich bei dir melden.“)

„Sich um sich selbst zu kümmern" als Ausrede für Egoismus zu benutzen

Egoismus; Selbstlosigkeit; egozentrisch; in sich selbst ruhend. Dies können verwirrende Begriffe mit vielen Nuancen sein. Und wenn die Eltern aus schwierigen Verhältnissen kommen, können die wichtigen Unterschiede verloren gehen. Es wird zum Beispiel als gut angesehen, *selbstlos* zu sein; kein *Selbstbewusstsein* zu haben, ist jedoch schlecht. Es ist gut, *in sich selbst zu ruhen,* aber *egozentrisch* zu sein, ist schlecht.

Dieses Thema ist deshalb so wichtig, weil Liebe und Logik betont, wie wichtig es ist, dass Eltern gut auf sich selbst aufpassen, um ihren Kindern ein Vorbild zu geben. Wenn die Eltern gut auf sich selbst aufpassen, dann haben ihre Kinder gute Chancen, zu Erwachsenen heranzuwachsen, die gut auf sich selbst aufpassen. Wenn Eltern die Kinder immer an die erste Stelle setzen, riskieren sie, sich selbst an die letzte Stelle zu setzen und anspruchsvolle, fordernde Kinder (besser bekannt als verwöhnte Gören) aufzuziehen.

Liebe-und-Logik-Eltern müssen zuerst an sich denken, und zwar auf eine „in sich ruhende" Art und Weise, die nicht egoistisch ist, sondern darauf besteht, dass es eine Win-Win-Beziehung ist. Kleinkinder geben den Eltern nicht automatisch den Vorrang – das sollen sie auch nicht. Deshalb müssen die Eltern den Kindern im zweiten Lebensjahr beibringen: „Ich liebe dich sehr. Zunächst einmal gewinne ich, und dann wirst du sehen, dass es für dich auch gut wird! Wenn ich glücklich bin, bist du auch glücklich."

Während der Adoleszenz versuchen Kinder, die die Win-Win-Botschaft nicht mit zwei Jahren oder danach gelernt haben, oft ausgetüftelte, rebellische Win-Lose-Situationen mit ihren Eltern herbeizuführen. Diese verkommen im Allgemeinen zu Lose-Lose-Situationen, die für alle Beteiligten ärgerlich sind. Deshalb bestehen Liebe-und-Logik-Eltern beim Zusammenleben mit Heranwachsenden auf Respekt. Sie passen gut auf sich selbst auf, auch wenn dies bedeutet, dass ihre anspruchsvollen und rebellischen Nachkommen kurzfristig unglückliche Konsequenzen erleiden könnten.

Die Verwendung von Liebe-und-Logik-Aussagen, um zu manipulieren

Wie das alte Sprichwort sagt: „Kinder kümmert es nicht, wie viel du weißt, bis sie wissen, wie viel du dich um sie kümmerst. Wir bieten Liebe-und-Logik-Methoden an, damit Sie die wichtigsten Machtkämpfe mit Ihren Kindern gewinnen können, mit dem Ziel, dass diese lernen, Verantwortung zu übernehmen, und nicht, dass Sie jeden Aspekt ihres Lebens kontrollieren können. Tatsächlich geht es bei Liebe und Logik in Wirklichkeit eher darum, im Lauf der Jahre allmählich die Kontrolle über Ihre Kinder abzugeben, und nicht darum, sie zu vergrößern. Kinder müssen wissen, dass Sie das tun, weil Sie sie lieben und wollen, dass sie zu großartigen Erwachsenen heranwachsen, und nicht, weil Sie ständig auf einem Macht- oder Kontrolltrip sind.

Die Liebe-und-Logik-Methoden verwenden, anstatt eine Beziehung zu Ihren Kindern aufzubauen

Als wir mit der Erforschung von Liebe und Logik begannen, sahen wir es als selbstverständlich an, dass alle Eltern ihre Kinder lieben und das Beste für sie wollen. Das glauben wir immer noch, auch wenn es für einige Eltern schwieriger ist, dies auszudrücken, als für andere. Manche, die mit unglaublich vielen Tellern jonglieren müssen, haben damit Probleme, weil sie einfach keine Zeit haben. Wieder andere hatten in der Vergangenheit keine guten Vorbilder für den Aufbau von Beziehungen und sind sich nicht sicher, wo sie mit ihren eigenen Kindern anfangen sollen, sodass sie, anstatt sich dem Thema zu stellen, sich in Hobbys, Fernsehen oder andere Formen, ihre Kinder zu meiden, flüchten.

Einer der Hauptvorteile der Anwendung von Liebe und Logik besteht darin, dass viele der Faktoren beseitigt werden, die Kinder traditionell von ihren Eltern trennen – nämlich Wut, Standpauken, Drohungen und Warnungen. Liebe-und-Logik-Werkzeuge sind anwendbar, einfach und machen Spaß. Es ist also leicht, sie über Gebühr einzusetzen. Man könnte versucht sein, zum Beispiel den „Oh-Oh"-Song bei einem Kleinkind zu verwenden, das sich einfach nur altersgemäß verhält. Vielleicht ist es nicht gerade ein Ausbund an Freude, aber man muss es deswegen auch nicht gleich in sein Zimmer schicken. Die übermäßige oder missbräuchliche Verwendung von Werkzeugen, die Spaß machen, ist verständlich, aber nicht entschuldbar.

Ein häufig verwendetes Mittel ist zum Beispiel die Aussage: „Ich liebe dich zu sehr, um mit dir zu streiten." Foster sprach einmal mit einer Mutter, die ihm von einem netten kleinen Kind erzählte, das negativer und wütender zu sein schien, nachdem sie (zu) häufig „Ich liebe dich zu sehr, um mit dir zu streiten" benutzt hatte. Foster fragte sie, worüber sich ihr Sohn am meisten aufregte. Sie antwortete, dass er häufig sagte: „Mama, du hörst mir einfach nicht zu!" Nachdem sie die Situation untersucht hatte, erkannte die Mutter, dass sie „Ich liebe dich zu sehr, um mit dir zu streiten" benutzte, anstatt empathische Antworten zu geben. Sie wiederholte „Ich liebe dich zu sehr, um mit dir zu streiten", anstatt einfach auf die Knie zu gehen und mit Liebe zu sagen: „Schatz, wir können das später besprechen. Ich bin gerade in Eile. Danke." Wichtiger noch: Sie erkannte, dass sie den Satz wirklich benutzte, um nicht zuhören zu müssen.

Liebe und Logik kann das Kind nicht ändern, bevor es die Eltern ändert

Einer der Gründe, warum wir immer wieder betonen, dass sich die Eltern zuerst um sich selbst kümmern müssen, ist, dass, wenn die Erwachsenen gestresst, nervös oder wütend sind oder sich einfach nicht auf gesunde Weise um sich selbst kümmern, Liebe und Logik für sie nicht funktionieren wird. Wenn Eltern, die in der Vergangenheit mit ihren Kindern ständig voller Wut umgegangen sind, sich nicht zuerst damit beschäftigen, diese Wut zu entschärfen, ist es immer noch wahrscheinlich, dass sie jedes Mal, wenn sie ihren Kindern Konsequenzen beibringen wollen, in dieses Muster zurückfallen.

In Liebe und Logik führen die Eltern. Wenn wir wollen, dass unsere Kinder Selbstkontrolle haben, dann müssen wir ihnen das vor ihren Augen vorleben. Wenn wir wollen, dass unsere Kinder verantwortlich sind, dann müssen wir diese Verantwortung im Umgang mit ihnen vorleben. Wenn wir wollen, dass unsere Kinder respektvoll mit uns umgehen, dürfen wir dies nicht nur einfordern, sondern müssen ihnen auch mit Respekt begegnen. Das sind die zwei Schritte der Erziehung mit Liebe und Logik: erst die Eltern, dann das Kind.

Es ist nie zu spät, um anzufangen

Selbst wenn unsere Kinder bereits im Teenageralter sind und noch nie mit der Disziplin von Liebe und Logik in Berührung gekommen sind, können sie – und wir – davon profitieren, wenn wir sie einsetzen. Wichtig ist, dass wir eine Beziehung zu unseren Kindern aufbauen, die ein Leben lang hält – weit über das Ende ihrer Jugendzeit hinaus. Und es ist nie zu spät, daran zu arbeiten.

Unsere Kinder sind unser wertvollstes Gut. Sie kommen mit einer Bitte zu uns: „Bitte bringt uns in unseren kurzen achtzehn Jahren mit euch die Wahrheit über das Leben bei und bereitet uns darauf vor, verantwortungsbewusste Erwachsene zu sein, wenn wir unser Zuhause verlassen und in die reale Welt eintreten." Im Laufe dieser achtzehn Jahre werden wir mit vielen Herausforderungen bei der Erziehung unserer Kinder konfrontiert sein. Unsere Liebe wird jedes Mal auf dem Spiel stehen, wenn sie ein Problem haben. Diese Liebe hat das Potenzial, entweder Verbündeter oder Feind zu sein – entweder unseren Kindern zu helfen, das zu lernen, was sie wissen müssen, oder sie daran zu hindern, zu verantwortungsbewussten Erwachsenen zu werden.

Erfüllen wir doch die Bitte unserer Kinder! Wir wollen sie genug lieben, damit sie die notwendigen und entscheidenden Fähigkeiten erlernen können, nämlich verantwortlich zu denken und zu leben.

TEIL 2

Liebe-und-Logik-Erziehungswerkzeuge

Wie man die Liebe-und-Logik-Perlen anwendet

Die Kenntnis einiger grundlegender Erziehungsprinzipien ist ein guter Anfang; sie bieten eine Basis, auf der man eine Erziehungsmethodik aufbauen kann. Aber die praktische Umsetzung dieser Prinzipien ist eine etwas schwierigere Angelegenheit. Wie gehen wir mit Kindern um, die einen Wutanfall bekommen, wenn sie ihren Willen nicht durchsetzen können? Was ist mit den kleinen Jungs, die selbst unsere freundlichste Frage mit den Worten „Hau ab, du Depp" beantworten? Was ist mit Kindern, die nicht rechtzeitig zu Bett gehen, aufstehen, Hausarbeiten erledigen, Hausaufgaben machen oder die Haustiere füttern wollen? Wir wollen keine Theorie, sondern Antworten! Wie funktionieren Nachdenkworte, Wahlmöglichkeiten und Empathie mit den Konsequenzen in der realen, praktischen, tagtäglichen Erziehung aus?

Die zweite Hälfte dieses Buches besteht aus sechsundvierzig Liebe-und-Logik-Perlen, die sich jeweils mit einem der häufigsten Erziehungsprobleme befassen, denen Eltern in den ersten zwölf Jahren eines Kindes begegnen. In diesen Perlen untersuchen und erörtern wir einzelne Herausforderungen und geben fundierte, praktische Ratschläge, wie man mit ihnen umgehen kann. Viele der Perlen enthalten auch ein Dialogbeispiel, das zeigt, wie man mit dem Kind über das Thema sprechen kann.

Aber Vorsicht: Probieren Sie diese Perlen nicht aus, solange Sie nicht die erste Hälfte des Buches gelesen haben. Versuchen Sie nicht, das Haus zu bauen, bevor Sie das Fundament gelegt haben.

Perle 1

Taschengeld/Geld

Im Leben eines jeden Kindes kommt eine Zeit, in der es mit finanzieller Verantwortung konfrontiert wird. Wir nennen es Taschengeld. Sie beginnt in der Regel, wenn ein Kind fünf oder sechs Jahre alt ist.

Wir geben Kindern Taschengeld, weil wir ihnen den Umgang mit Geld beibringen wollen. Kinder, die lernen müssen, mit Geld umzugehen, werden verantwortungsbewusster – nicht nur was steuerliche Angelegenheiten, sondern auch alle anderen Lebensbereiche angeht.

Einige hilfreiche Regeln zum Taschengeld werden unseren Kindern helfen, dass es zu einer großartigen Lernerfahrung wird:

1. ***Kinder verdienen ihr Taschengeld nicht.*** Das bedeutet, dass wir sie nicht dafür bezahlen, dass sie ihre Hausarbeiten tun. Die Bezahlung von Hausarbeiten beraubt sie der Würde, ihren gerechten Anteil an der Arbeitsbelastung der Familie zu übernehmen. Die einzige Ausnahme, dass wir sie für ihre Arbeit bezahlen, ist, wenn sie *unsere* Arbeit erledigen.
2. ***Teilen Sie das Taschengeld jede Woche zur gleichen Zeit aus.*** Dies kann in einem Umschlag geschehen. Legen Sie das Bargeld sowie eine kleine Rechnung mit der Aufschlüsselung der Mittel (z. B. für ein Kind in der ersten Klasse „1 Euro Taschengeld, 6 Euro Essensgeld") in einen Umschlag mit dem Namen des Kindes. Schreiben Sie auf die Rechnung: „Weil wir dich lieben. Gib es klug aus und sorge dafür, dass es reicht." Was mit dem Umschlag passiert, ist dann Sache des Kindes.
3. ***Bestehen Sie niemals darauf, dass Kinder ihr Taschengeld sparen.*** Kinder können nicht lernen, mit Geld umzugehen, wenn sie ihr Taschengeld in einem Schuhkarton hinten in ihrem Schrank verstauen und es für den Fall aufheben, dass sie groß werden. Kinder müssen ihre eigene „Wirtschaftskrise" durchmachen – Geld

verschwenden und dann keines haben, wenn sie es brauchen – um den Umgang mit Geld zu lernen. Im Allgemeinen lernen die Menschen erst dann zu sparen, wenn sie gelernt haben, wie es ist, wenn man pleite ist.

4. ***Solange sie nicht in illegale Aktivitäten verwickelt sind, dürfen die Kinder das Geld ausgeben, sparen oder verschwenden, wie sie es für richtig halten.*** Sie dürfen damit andere Personen für ihre Hausarbeiten anheuern. Sie dürfen sogar einen Babysitter einstellen, wenn sie nicht mit der Familie irgendwo hingehen wollen. Aber es gibt einen Haken: Wenn es weg ist, ist es weg. Bis zum Umschlag der nächsten Woche gibt es keinen Zuschuss mehr.

Jims Sohn Charlie lernte bereits in der ersten Woche, in der er Taschengeld erhielt, eine wichtige Lektion im Umgang mit Geld. Seine Familie besuchte ein Volksfest, und die Marktschreier nutzten den Jungen aus. Er kam pleite nach Hause.

„Papa, was soll ich Mittag essen?“, sagte Charlie, als ihn am Montagmorgen die Realität traf.

„Geh zu deinem Umschlag und hole dein Essensgeld heraus“, antwortete Jim.

„Aber es ist alles weg“, sagte Charlie.

„Oh, nein, das ist wirklich schade. Was wirst du tun?“, sagte er.

„Ich weiß nicht“, sagte Charlie. „Kann ich etwas Essen aus dem Kühlschrank holen und ein Mittagessen machen?“

„Sicher, wenn du es dir leisten kannst, dafür zu bezahlen“, sagte Jim. „Mama und ich haben schon einmal für das Mittagessen bezahlt, und wir wollen es nicht noch einmal bezahlen.“

Es war eine harte Woche für Charlie. Aber fünf Tage lang mit zwei Mahlzeiten am Tag zu überleben (Jim und Shirley stellten sicher, dass sie gut waren), lehrte ihn eine große Lektion im Umgang mit Geld.

Es wird jedoch Zeiten geben, in denen Kinder hartnäckiger – und psychologisch hinterhältiger – sind als Charlie. Wenn sie ihr Taschengeld frühzeitig verbrauchen und uns um mehr Geld vor der festgesetzten Frist anbetteln, müssen wir so stur wie ein Banker in der Wirtschaftskrise werden. Ja, es wird mehr Geld geben – am nächsten Tag der Taschengeldausgabe.

Selbst wenn unsere Kinder den mächtigen Schuldgefühlsknopf drücken, müssen wir sicherstellen, dass nichts aus unseren Taschen fließt.

Beobachten Sie, wie dieser Vater mit der Krise seiner Tochter Jenna in der Wochenmitte umgeht:

JENNA: Dad, ich brauche mehr Geld.

VATER: Ja, das kenne ich. Ich brauche auch immer mehr Geld, als ich als Gehalt bekomme. Hast du schon eine Idee, was du tun wirst?

JENNA: Ja. Bitte, Papa, könntest du mir mehr Taschengeld geben?

VATER: Ja, ich gebe dir gerne am Samstag dein Taschengeld. Aber vielleicht überlegst du dir erst einmal, ob du dir nicht etwas Geld verdienen kannst, indem du andere im Haus fragst, ob du für Geld ihre Hausarbeiten erledigen kannst.

JENNA: Aber ich brauche es jetzt!

VATER: Ja, das glaube ich dir. Aber mach dir keine Sorgen. Du erhältst ja mehr am Samstag.

JENNA: Das ist nicht fair!

VATER: Das könnte sein, und am Samstag wird es mehr geben.

JENNA: Meine Freunde haben dieses Problem nicht, weil ihre Eltern sie lieben und ihnen mehr Geld geben.

VATER: Da hast du sicherlich auch recht, *und* am Samstag wird es mehr geben.

Wenn Jenna so weitermacht, könnte Papa die Diskussion mit den Worten beenden: „Wenn ich so weitermachen würde, was würde mein Chef dann wohl über meine Arbeit denken? Er hätte wohl eher Lust, mir weniger zu zahlen, oder? Gib also dein Bestes, um dieses Problem zu lösen, Jenna. Wir sehen uns später."

Perle 2

Zorn: Wann er angemessen ist

In der Regel hängt die Entscheidung darüber, ob wir im Umgang mit unseren Kindern Zorn benutzen oder nicht, davon ab, dass wir die Probleme trennen. Den Problemen der Kinder sollten wir immer mit Mitgefühl begegnen. Sie haben sich selbst in den Schlamassel gebracht. Ihr Verantwortungsbewusstsein kann nur steigen, indem wir Mitgefühl zeigen, wenn sie versuchen, die Probleme zu lösen, nicht, indem wir sie anschreien. Wenn die Fehler unserer Kinder nur ihnen und nicht uns wehtun – wenn sie z. B. in eine Schlägerei verwickelt waren und mit einem blauen Auge nach Hause kommen oder in der Schule in einem halben Dutzend Fächern durchfallen –, dann macht unser Zorn das Problem nur noch schlimmer. Wenn unsere Kinder dagegen etwas tun, das uns direkt betrifft – sie verlieren unser Werkzeug, lassen ihre Dreiräder in der Einfahrt stehen oder räumen unsere Sachen nicht auf, nachdem sie sie benutzt haben – dann ist es für uns in Ordnung, dass wir uns ein wenig ärgern. Sie werden dann merken, dass wir uns ärgern, weil ihr Fehlverhalten sich auf uns ausgewirkt hat.

Amanda zerbrach in ihrem Eifer, Papierpuppen auszuschneiden, die Schere ihrer Mutter. Diese erkannte, dass Zorn völlig angebracht war, und sagte: „Amanda, ich bin sehr wütend. Jetzt kann ich nicht einmal mehr meine eigene Schere benutzen. Ich erwarte von dir, dass du etwas tust, um dies in Ordnung zu bringen. Überlege dir bis heute Abend, bevor du zu Bett gehst, was du tun wirst." Beachten Sie, dass die Mutter das Kind nicht mit ihrer Wut erniedrigte; sie sagte Amanda nicht, wie dumm und unverantwortlich sie war. Stattdessen konzentrierte sie sich darauf, wie Amandas Aktion sich auf sie auswirkte und dass es wichtig war, eine Lösung zu finden.

Zorn ist im Allgemeinen auch dann angemessen, wenn wir eine rationale Entscheidung getroffen haben, ihn zu nutzen. Gelegentlich muss man Kindern sechzig Sekunden lang die Leviten verlesen. Es ist wichtig für sie, dass wir ihnen unseren Ärger zeigen. Wir können über diese Optionen nachdenken: „Will ich mein Kind isolieren? Oder will ich mit ihm darüber sprechen und ihm helfen, das Problem zu lösen? Oder denke ich, dass dieses Kind eine sechzigsekündige Tirade und danach eine Umarmung braucht, wobei ich sage: ‚Der Grund, warum ich so zornig bin, Liebes, ist, dass du die Art von Kind bist, die mit der Situation so viel besser hätte umgehen können.'"

Die Entscheidung, Zorn zu benutzen, muss sachlich sein, und darf keine wild herausgebrüllte Anschuldigung sein. Generell sollte Zorn nur dann eingesetzt werden, wenn das Verhalten unserer Kinder uns direkt betrifft, da der häufige Gebrauch oft seine Wirkung vermindert.

PERLE 3

Schlafenszeit

Zeit, ins Bett zu gehen, Schätzchen." Sie sagen es jeden Abend. Und jede Nacht muss man alle möglichen Tricks anwenden, bevor es zu einer Aktion kommt. Es ist immer etwas: „Wenn diese Sendung zu Ende ist." „Kann ich zuerst noch etwas essen?" „Lies mir eine Geschichte vor." „Aber ich bin nicht müde." „Es gibt Monster in meinem Zimmer." Wenn es darum geht, Gründe dafür zu finden, nicht unter die Decke zu kriechen, wird jedes Kind zum Genie. Tatsache ist, dass man Kinder nicht zum Schlafen zwingen kann. Ihre Augen werden sich schließen und die Träume werden auf sie herabkommen, wenn ihre innere Uhr sie dazu auffordert. Alle elterlichen Befehle der Welt können es nicht machen.

Das Traurige bei vielen Eltern ist, dass sie ihre Kinder ins Bett bringen, nur um sie abends los zu sein. Diese Eltern sagen: „Mama und Papa sind müde, also ist es Zeit für euch Kinder, ins Bett zu gehen." Im Idealfall sollte es möglich sein, dass die Kinder gleichzeitig wach sind und ihren Eltern nicht auf die Nerven gehen. Anstatt zu sagen: „Du brauchst du jede Nacht so viel Schlaf", sagen Liebe-und-Logik-Eltern: „Du hast die *Gelegenheit,* genügend Schlaf zu haben, weil du in deinem Zimmer bist." Diese Gelegenheit kann um 19.30 oder 20.30 Uhr oder zu einer anderen Zeit beginnen. Lassen Sie diese Zeit von dem Kind und Ihrem Bedürfnis nach Privatsphäre bestimmen. Das nimmt dem Kampf um die Schlafenszeit die Spitze. Ja, es macht gar keinen Kampf daraus.

Die Schlafenszeit kann, wie viele andere Kontrollprobleme, durch die Aufgabe der Kontrolle entschärft werden. Eltern neigen dazu, das Bedürfnis der Kinder nach ein wenig Kontrolle zu unterschätzen. Wenn sie also sehen, dass ihre Kinder die ganze Kontrolle übernehmen wollen, denken sie, dass es das ist, was die Kinder wirklich wollen. In Wirklichkeit wollen sie nur ein wenig Kontrolle, nicht die ganze.

Also geben Sie es auf. Fragen Sie Ihre Kinder, ob sie ihre Tür lieber offen oder geschlossen, ihr Zimmerlicht an oder aus, ihr Nachtlicht an oder aus, das Radio leise an oder aus haben möchten und so weiter. Fragen Sie Ihre Kinder, ob sie zuerst eine Gutenachtgeschichte hören möchten oder nicht. Bestimmen Sie nicht alles, sondern lassen Sie die Kinder auch Wünsche äußern.

Eine Diskussion mit Ihrem Kind über die Frage der Schlafenszeit könnte so ablaufen:

ELTERNTEIL: Wie viel Schlaf brauchst du deiner Meinung nach nachts?

KIND: Nicht sehr viel. Ich bin gerne nachts auf.

ELTERNTEIL: Stimmt das? Ich kann das verstehen. Aber weißt du, ich bin ein Mensch, der acht Stunden Schlaf und jeden Abend etwa zwei Stunden „allein" braucht. Das sind also zehn Stunden, in denen wir nicht zusammen sein werden.

KIND: Mhm-hm.

ELTERNTEIL: Wäre es dir lieber, wenn meine „Allein"-Zeit um 20.00 oder um 20.30 Uhr beginnen würde? Wenn ich meine „Allein"-Zeit beginne, bedeutet das also, dass du in deinem Zimmer sein musst. Du kannst lesen, wenn du willst, oder du kannst schlafen gehen. Welcher Zeitpunkt wäre dir lieber?

KIND: Ich weiß es nicht.

ELTERNTEIL: Nun, wenn du es nicht weißt, dann suche ich einen Zeitpunkt aus.

KIND: Okay, 20.30 Uhr. Kann ich mein Licht anhaben?

ELTERNTEIL: Sicher.

KIND: Kann ich Musik anmachen?

ELTERNTEIL: Ja, solange ich sie nicht hören kann.

KIND: Muss ich im Bett sein?

ELTERNTEIL: Nein.

KIND: Kann ich auf dem Boden schlafen?

ELTERNTEIL: Kein Problem.

Viele von uns werden diese Art der Kontrolle aus Angst vor den Folgen nicht gewähren. Wir befürchten, dass Vincent bis 1.00 Uhr morgens seine Musik anhat und dabei seine Fußballkarten sortiert und am Morgen ein unausstehlicher kleiner Kerl sein wird. Natürlich haben wir recht, aber das bedeutet nicht, dass Vincent *in unserer Nähe* ein unausstehlicher Kerl sein muss. Es ist die Ungezogenheit, die Konsequenzen hat, nicht die Anzahl der Stunden, die er schläft. Denken Sie nicht: *Jetzt ist er unausstehlich; deshalb muss ich dafür sorgen, dass er mehr schläft.* Denken Sie: *Er ist unausstehlich; deshalb kann ich ihm eine super Lernerfahrung schenken.*

Dann sagen Sie dem Kind: „Du musst mehr Zeit in deinem Zimmer verbringen, weil du schlecht gelaunt bist."

Das Kind wird wahrscheinlich sagen: „Hm, ich habe letzte Nacht nicht genug geschlafen."

Und Ihre Antwort? „Guter Gedanke." Die Lektion wird einschlagen.

Perle 4

Herrschsucht

Ist es ein Wunder, dass herrische Eltern oft herrische Kinder haben? Eltern, die ihre Kinder wie Rekruten aus dem Ausbildungslager herumkommandieren, haben am Ende Kinder, die Feldwebel werden wollen. Das macht durchaus Sinn. Kleine Kinder lieben es, große Leute nachzumachen. Wenn sie sehen, dass die großen Leute in ihrem Leben den Chef spielen, werden sie auch den Chef spielen. Die erste Stelle, an der wir nach Fehlern bei herrischen Kindern suchen, ist also bei uns selbst. Wenn wir unseren Kindern befehlen zu springen und von ihnen erwarten, dass sie sagen: „Wie hoch?“, werden unsere Kinder im Umgang mit ihren Spielkameraden ein Spiegelbild von uns sein.

Es sind jedoch nicht immer die Eltern, die schuld sind. Selbst Mütter und Väter, die nicht herrisch sind, haben manchmal herrische Kinder. Oftmals sind diese Kinder einfach süchtig danach, ihren eigenen Willen durchzusetzen, und andere zu beherrschen ist eine Möglichkeit, dieses Ziel zu erreichen. Gelegentlich werden diese kontrollbewussten Kinder sogar ihre fordernden Stimmen gegen uns richten. *Das* werden wir nicht tolerieren. Eine Möglichkeit, damit umzugehen, ist, einen guten Einzeiler für den sofortigen Einsatz bereitzuhalten.

Wenn das Kind herrisch wird, ist unsere erste Reaktion, dass wir ihm ein echtes, breites Lächeln zeigen. Diese unerwartete Wendung der Ereignisse gibt ihm Zeit zum Nachdenken, zu fragen, was in der Welt vor sich geht. Dann sagen wir so etwas wie „Netter Versuch, Alicia. Netter Versuch. Was passiert deiner Meinung nach in dieser Familie, wenn Leute wirklich herrisch werden? Hilft es oder nicht? Aber beantworte das bitte nicht jetzt. Denk' einfach darüber nach.“ Dann gehen wir weg.

Wir begegnen herrischen Kindern, ohne irgendwelche Emotionen ins Spiel zu bringen. Wir legen uns auch nicht mit ihnen an und sagen: „*Wage* bloß nicht, mich herumzukommandieren!“ Wir gehen rational und direkt mit ihrem Verhalten um. Wenn unsere Kinder jedoch andere Kinder herumkommandieren, werden wir zu Beratern. Schließlich ist es jetzt ihr Problem, nicht unseres.

MOM: Alicia, mir fällt auf, dass du dich gegenüber den anderen Kindern ziemlich herrisch verhältst. Hast du schon einmal darüber nachgedacht, dass sie dich deshalb nicht mögen könnten? Dann wären sie nicht mehr deine Freunde.

ALICIA: Ach, sie wären immer noch meine Freunde.

MOM: Ich frage mich nur, wie das ausgehen wird. Natürlich könntest du zu den seltenen Menschen gehören, die andere herumkommandieren und sie trotzdem zu Freunden machen können. Was meinst du dazu? Hast du schon einen Weg gefunden, wie du sie herumkommandieren und trotzdem als Freunde behalten könntest?

ALICIA: Ich weiß nicht.

MOM: Nun, ich bin gespannt, wie es läuft. Ich hoffe, es geht gut für dich aus.

Die Chancen stehen gut, dass es doch nicht gut ausgehen wird. Die reale Welt wird sie die Lektion lehren: Unhöflichkeit bedeutet, Freunde zu verlieren und sich Feinde zu machen. Andere Kinder schenken herrischen Kindern wie Alicia gerne Lernerfahrungen. Wenn Alicia sich dann mit ihrem Problem wieder an Mama wendet, kann diese die Anteilnahme einer wahren Freundin zum Ausdruck bringen:

MOM: Oh, das hat also wirklich nicht funktioniert, was, Alicia?

ALICIA: Nein.

MOM: Das ist wirklich bedauerlich. Was, denkst du, wirst du tun, um deine Freunde zurückzugewinnen?

ALICIA: Ich weiß nicht.

MOM: Ich hoffe wirklich, dass das klappt. Falls du jemals willst, dass ich dir Ideen gebe, wie man mit anderen Kindern umgeht, damit sie sich nicht herumkommandiert fühlen, lass es mich wissen. Ich werde gerne mit dir darüber sprechen.

Wenn wir unseren Kindern sagen, dass sie nicht so herrisch sein sollen, fühlen sie sich nur von uns beherrscht und sie werden wütend auf uns – und die Herrschsucht wird weitergehen. Aber wenn wir die Last des Problems auf ihre Schultern legen und immer mit einem Ratschlag in der Nähe sind, wenn sie darum bitten, wird das dafür sorgen, dass sie selbst eine Lösung suchen.

Perle 5

Mobbing und Cybermobbing

Seit es Schulen gibt, gibt es Kinder, die andere schikanieren; aber früher brachten die Kinder keine Waffen mit in die Schule, um ihre Streitigkeiten beizulegen. Wenn Kinder brav, verantwortungsbewusst und freundlich sind, führt das, je nach Schule, manchmal leider dazu, dass sie besonders auffallen – vor allem, wenn es ihnen schwerfällt, sich an dem ganzen Unsinn der anderen zu beteiligen. Einige Kinder, die sich gut mit Erwachsenen verstehen und reifer sind, haben einfach Probleme, mit der Unreife ihrer Altersgenossen zurechtzukommen.

Tatsache ist, dass es viele ruhige, höfliche und intelligente Kinder gibt, die von anderen schikaniert werden, insbesondere in dem Zoo, den man Mittelstufe nennt. (Man sollte es besser „Obere Grundschule" nennen, dann hätten alle angemessenere Erwartungen). Viele Kinder in diesem Alter machen sich über fast jeden und alles lustig, was anders ist als sie. Politisch korrekte Reden zum Thema „Feiere die Vielfalt" stoßen eher auf taube Ohren, weil solche banalen Methoden in der Regel keine Verhaltensänderung bewirken. Teenager lernen Freundlichkeit und Liebe gegenüber anderen, wenn sie diese von den Erwachsenen in ihrem Leben erfahren und mitbekommen, wie diese Menschen sie anderen gegenüber zeigen, und sehen, dass es sehr unglückliche Folgen haben kann, wenn man andere schlecht behandelt. Mit anderen Worten: Wir lernen fast alle wichtigen Lektionen des Lebens, indem wir geliebt werden, liebevolle Menschen beobachten und herausfinden, dass schlechte Entscheidungen zu Unannehmlichkeiten führen.

Viele Eltern versuchen, die *Situation* für ihr Kind angenehmer zu gestalten. Das kann funktionieren. Manchmal kann eine Mutter mit einem Kind mit Lernschwierigkeiten einer Klasse mitteilen, wie sehr sie und ihr Kind ihr Verständnis schätzen und wie schwer es für das Kind ist zu verstehen, was sozial angemessen ist. Je eingeschränkter das Kind ist, desto wichtiger ist es zu versuchen, das Umfeld auf diese

Weise zu verändern. Ist das Kind jedoch kompetent und verständig, so ist es vielleicht besser, ihm zu helfen zu lernen, mit der Situation zurechtzukommen. Anstatt *äußerlich* etwas zu verändern, helfen die Eltern dem Kind, mit dem umzugehen, was sie innerlich erleben. Wenn es sich um einen Fall handelt, in dem ein Kind in körperlicher Gefahr ist, muss natürlich das Umfeld selbst geändert werden.

Eltern könnten ihr Kind mit den Worten ermutigen: „Kinder, die jetzt schrecklich sind, wachsen oft zu guten Männern und Frauen heran. Das überrascht dich ziemlich, nicht wahr? Eines Tages werden sie fast so reif sein wie du! Zum Glück ist dies nur eine Phase in ihrem Leben. Ich bin stolz darauf, wie du damit umgehst." Kluge Eltern lassen das Kind wissen, dass Hänseleien nicht bedeuten, dass mit *ihm* etwas nicht stimmt, sondern dass es ein Problem der anderen Kinder ist.

Klar ist: Je mehr die Kinder jetzt lernen, mit solchen Situationen umzugehen – indem sie eine unerschütterliche Überzeugung davon haben, dass sie in Ordnung sind, ungeachtet dessen, was andere ihnen in der Schule unterstellen –, desto stärker werden sie später als Männer und Frauen sein und desto weniger werden sie von negativen Gleichaltrigen beeinflusst werden, wenn sie aufwachsen. Hänseleien in jungen Jahren bieten Kindern die Möglichkeit, sich sowohl Bewältigungsstrategien anzueignen als auch die Fähigkeit zu erlernen, die Probleme anderer nicht zu verinnerlichen. Ein Elternteil könnte sagen: „Liebling, du wirst dein ganzes Leben lang mit ziemlich charakterlosen Menschen zu tun haben. Du hast Glück, dass du jetzt lernst, mit dieser Art von Menschen umzugehen. Manche verstehen erst als Erwachsene wirklich, wie sie damit umgehen sollen! Ich glaube, dass du aus dieser Situation klüger, nachdenklicher und mit mehr Verständnis für andere herausgehen wirst, wenn du dies jetzt lernst."

Die Dinge, die oft nicht funktionieren, sind:

- Der Versuch, das Umfeld akzeptabler zu machen (obwohl die Verantwortlichen der Schule bei einer echten Bedrohung eines Kindes einschreiten und die Täter entfernen müssen).
- Der Versuch, das Kind mit falscher Bestätigung oder falschem Lob „aufzubauen".
- Unaufgefordert Ratschläge und Anregungen zum Verhalten zu geben.
- Zu zeigen, wie sehr Sie mit dem Kind mitleiden und wie frustriert und hilflos Sie sich in der Situation fühlen.

Cybermobbing

Cybermobbing ist ein riesiges Problem – etwa ein Viertel aller Schülerinnen und Schüler haben damit zu tun.[1] Jedes Jahr werden einige Schülerinnen und Schüler angesichts des Cybermobbings so deprimiert und hoffnungslos, dass sie sich das Leben nehmen.

Wie sollen Eltern damit umgehen, wenn sie feststellen, dass ihre Kinder online schikaniert werden? Das Wichtigste, was die Eltern tun können, ist, zuzuhören und zu zeigen, dass es sie bewegt. Da Eltern biologisch programmiert sind, ihre Kinder zu schützen, neigen sie automatisch dazu zu versuchen, sie zu retten oder ihnen einen Rat zu geben, der das Problem löst. Zu einer effektiveren Herangehensweise gehört, dass man mit Einfühlungsvermögen und sehr wenigen Worten zuhört. Kinder müssen sprechen können. Sie brauchen ihre Eltern, um das wichtigste Beziehungsinstrument der Menschheit zu nutzen: das Ohr. Um es ganz offen zu sagen: Weise Eltern versuchen nicht, das Problem zu schnell zu lösen.

Nun, manchmal ist es so, dass das Kind abschaltet, wenn die Eltern ein solches Gespräch beginnen. Das Kind leidet so sehr, dass es nicht darüber sprechen will. Eltern können sich mit ein paar Aussagen oder Fragen an ihr Kind wenden, die helfen können, den Ball ins Rollen zu bringen.

Es folgt ein verkürztes Gespräch zwischen einer Liebe-und-Logik-Mutter und deren Tochter, die Cybermobbing erlebt. Es veranschaulicht, wie wichtig es ist, sich einzufühlen, die Gefühle eines Kindes zu erkennen und mehr Informationen zu erhalten, um das, was es erlebt, besser nachempfinden zu können.

MUTTER: Ich habe gehört, dass einige Leute dich in den sozialen Medien schlecht behandeln. Ich habe keine Vorstellung davon, wie schwer es für dich sein muss, dass diese Dinge über dich gesagt werden. Es tut mir wirklich leid, dass dir das passiert.

TOCHTER: Ja, es tut wirklich weh.

MUTTER: Das glaube ich. Wie lange geht das schon so?

---

[1] Justin Patchin und Sameer Hinduja, „Measuring Cyberbullying: Implications for Research" *Aggression and Violent Behavior* 23, (Juli-August 2015), 69-74, https://www.sciencedirect.com/science/article/pii/S1359178915000750.

TOCHTER: Wahrscheinlich schon seit ein paar Monaten.

MUTTER: Echt! Ich kann mir vorstellen, dass du dich von einigen Leuten wirklich verraten fühlst.

TOCHTER: Sie waren eigentlich nicht wirklich meine Freunde. Ich schätze, dass einige Leute, die ich für meine Freunde hielt, diese Dinge vielleicht verbreiten, aber die Leute, die damit angefangen haben, waren eigentlich nicht meine Freunde.

MUTTER: Und weil sie eigentlich gar nicht deine Freunde waren, scheint es, dass du dich wirklich ärgerst.

TOCHTER: Ja. Nichts von all dem ist wahr!

MUTTER: Ich möchte wirklich helfen. Und wir werden das gemeinsam durchstehen, weil ich dich liebe und nicht will, dass du so leidest.

Es gibt mehrere mögliche Lösungen für dieses Problem des Cybermobbings:

- Erarbeiten Sie mit Ihrem Kind Möglichkeiten, wie es anders mit Menschen umgehen oder kommunizieren kann, um die Wahrscheinlichkeit zu verringern, dass dies so weitergeht. Nehmen Sie dazu auch andere Fachliteratur zu Hilfe.
- Wird Ihr Kind ernsthaft bedroht, gehen Sie zur Polizei. Aber auch in diesem Fall sollte Ihr Kind einbezogen sein.
- Manche Situationen sind so schrecklich, dass Sie sich vielleicht entscheiden, Ihr Kind in eine andere Schule zu verlegen. Ein Schulwechsel ist verständlicherweise die Option, die es wahrscheinlich zuerst vorschlagen wird. Es sollte jedoch eines der letzten Mittel sein, da diese Umstände in einem anderen Kontext nicht unbedingt verschwinden. Vielleicht ist es wichtiger, Ihr Kind bei diesem Kampf zu unterstützen, damit es lernt, damit umzugehen. Nehmen Eltern ihre Kinder zu schnell aus den Schwierigkeiten heraus, bekommen die Kinder vor fast allem Angst. Seien Sie dennoch realistisch. Manchmal hat die Rettung die höhere Priorität.

Perle 6

Autokriege: Schlachten auf dem Rücksitz

Es beginnt harmlos. Cameron dringt in Mollys „Raum“ auf dem Rücksitz des Familienautos ein, und Molly schreit: „Mama, Cameron ist auf meiner Seite.“ Dann schlägt Molly ihn auf den Arm. „Behalte deine dreckigen Pfoten auf deiner Seite, Cameron!“

Cameron zieht seinen Arm auf seine Armlehne zurück, um sich neu zu sammeln, da Molly etwas größer ist als er und stärker zuschlagen kann. Aber der Provokateur in Cameron lässt sich nicht unterkriegen. Vorsichtig bewegt er seine rechte Hand zur Mitte des Sitzes. Zuerst dringt der Zeigefinger, dann die restlichen Finger, dann die ganze Hand in den Raum seiner Schwester ein.

„Mama!“, schreit Molly. „Er soll aufhören!“ Dann greift sie an: Fäuste, Schreie, Haare ziehen. Der Dritte Weltkrieg bricht auf dem Rücksitz aus.

Der Rücksitz eines fahrenden Autos hat etwas, das Kinder reizt. Nennen Sie es Kajütenkoller, nennen Sie es den Moment ergreifen, in dem die Eltern anderweitig beschäftigt sind, aber setze zwei oder mehr Kinder zusammen in ein Auto, und sie verwandeln sich in eine Kreuzung aus Guerillakämpfer und Lockvogel. Sie kämpfen, sie streiten, sie schikanieren sich gegenseitig und sie schikanieren uns. Also sagen wir: „Seid mal still da hinten.“ Dies mag zwar vorübergehend die Situation etwas entspannen, hat aber in der Regel keine dauerhafte Wirkung. Tatsächlich kann es sein, dass wir nach nur wenigen hundert Metern gezwungen sind, etwas noch Stärkeres zu sagen.

Das Rücksitzproblem ist eines, das wir im Keim ersticken sollten und auch können. Wenn wir darauf eingehen, bevor es wirklich ernst ist, wird es nie ernst werden. Aber wir müssen den Zeitpunkt klug wählen: Wenn wir nicht in Eile sind und wenn es keine Rolle spielt, wie lange es dauert, bis unsere Botschaft ankommt, lautet unsere Botschaft schlicht und einfach: „Ich dulde kein Gezänk auf dem Rücksitz, und wenn es weitergeht, wird *etwas* passieren."

Für Kinder, die in der Grundschule sind, sollten Sie Folgendes in Betracht ziehen:

> Lance war eines Morgens für alles gerüstet, was ihm seine Krieger auf dem Rücksitz hätten antun können. Er hatte seinen Text geprobt und erwartete, dass er auf der Fahrt Zeit verschwenden würde, weshalb er sogar ein Taschenbuch mitgebracht hatte.
> Wie immer begannen seine Kinder auf dem Rücksitz aufeinander loszugehen. Lance hielt an, drehte sich ganz ruhig um und sagte: „Wisst ihr, Leute, ich glaube, das Schwierige daran, in einem so kleinen Auto eingesperrt zu sein, ist, dass der Sauerstoffgehalt in eurem Blut sich senkt. Dann werdet ihr gereizt und fangt an zu streiten. Aber wenn ihr aus dem Auto aussteigen und ihn steigern könnt, geht es wieder besser. Also, steigt doch mal aus dem Auto aus und löst euer Problem und füllt gleichzeitig euren Sauerstoffgehalt auf? Ich fahre einfach ein Stück voraus und warte auf euch."
> Zum Schutz seiner Kinder fügte Lance hinzu: „Wenn ihr nicht zu nahe an den Autos auf der Straße geht und auf dem Gehweg bleibt, seid ihr sicher und werdet nicht angefahren."
> Dann fuhr er einige Straßenzüge weiter zu einer Stelle, an der seine Kinder ihn sehen konnten, parkte das Auto und las sein Buch. Er konnte sehen, wie sie unterwegs aufeinander einredeten und sich gegenseitig korrigierten. Aber als sie sich dem Auto näherten, wurde es immer weniger, und als sie zum Auto kamen, waren sie ruhig.
> Als ein Kind nach der Türklinke griff und die Tür öffnen wollte, drängte sich ein anderes vor und der Krieg wurde wieder aufgenommen. Deshalb fuhr Lance wieder ein Stück weiter und parkte dort, um sein Buch zu lesen. Als seine Kinder dort ankamen, waren sie in ziemlich guter Verfassung.
> Jedes Mal, wenn er jetzt fährt und seine Kinder anfangen zu randalieren, sagt er einfach: „Hey, Leute, müsst ihr den Sauerstoffgehalt wieder auffüllen?", und seine Kinder halten sofort die Klappe.

Hier noch eine weitere Idee, wie man mit dem Gezänk auf dem Rücksitz umgehen kann:

Eines Abends rief Stacey ihre beste Freundin an, um ihr Problem zu erklären und um einen Gefallen zu bitten: „Könntest du am Samstagmorgen um halb zwölf meinem Auto folgen und einfach ein bisschen Polizei für mich spielen? Bleibe ein paar Wagenlängen zurück. Wenn wir zur Kreuzung mit der Hauptstraße kommen, werde ich sicher ein paar Kinder aus dem Auto schmeißen. Bisher habe ich mich davor gefürchtet, dies zu tun, weil die Kinder vielleicht entführt werden könnten oder so, aber ich könnte mir vorstellen, es zu tun, wenn du sie beobachten und dafür sorgen würdest, dass sie in Sicherheit sind.

Als Stacey am Samstag in die Hauptstraße einbog, schrien die Kinder wie immer wie kleine Affen in einem zu kleinen Käfig. Stacey sagte: „Leute, bei diesem Lärm kann ich nicht fahren. Das bringt mich ganz durcheinander."

Die Kinder wurden noch lauter. Sie wussten, dass Mama nichts tun würde – das hatte sie noch nie getan –, und sie fühlten sich sicher, egal wie laut sie wurden.

Stacey gab ihnen eine weitere Chance, sich zu benehmen. „Hey, Leute!", brüllte sie über den Aufruhr hinweg. „Bei dem Lärm kann ich nicht fahren." Es war vergeblich.

Also hielt Stacey direkt an der Hauptstraße an, ging auf die andere Seite des Wagens und öffnete die Tür der Kinder. „Wir können nicht nach Hause laufen", sagten sie. „Wir werden entführt werden."

Aber Stacey blieb dabei. Schließlich war dies der Zweck ihrer Probe gewesen. Sie sagte: „Schaut nach unten, dann wird euch wahrscheinlich niemand etwas antun wollen. Wir sehen uns dann zu Hause." Und sie fuhr los.

Später sagte ihre Freundin zu ihr: „Du hättest mich nicht gebraucht. Du hättest sehen sollen, wie diese Kinder nach Hause gingen. Sie sahen so ernst aus. Sie schauten nie nach oben."

Sie können darauf wetten, dass Staceys Kinder jetzt auf sie hören. Wenn wir eine dieser Taktiken anwenden können, wenn wir nicht in Eile sind, irgendwohin zu kommen, dann wird, wenn wir es mal eilig haben, ein kleines Wort, das auf den Rücksitz gerichtet ist, das bewirken, was wir anstreben.

Mit dieser Perle ermutigen wir Eltern nicht, ihre Kinder in gefährliche Situationen zu bringen. In den angeführten Beispielen werden Vorsichtsmaßnahmen, die die Sicherheit der Kinder gewährleisten, ergriffen. Und wenn man ein Kind aus dem Auto nimmt, damit es zu

Fuß nach Hause geht, richtet sich die Länge des Weges natürlich nach dem Alter des Kindes, dem Verkehr in der Gegend, der Gefährlichkeit der Nachbarschaft und so weiter. Wenn ein Elternteil besorgt ist, ein sehr junges oder impulsives Kind ein paar hundert Meter nach Hause laufen zu lassen, ist das verständlich. Aber es ist einfach nur schade, wenn Eltern zu ängstlich sind, ihrem Kind die Möglichkeit zu geben, die Lernerfahrung zu machen, einen kurzen Weg nach Hause zu gehen, wenn die Familie in einem Viertel lebt, in dem eine Entführung äußerst unwahrscheinlich ist.

PERLE 7

Hausarbeiten

Nichts erwärmt das Herz so sehr wie der Anblick unserer Kinder, wenn sie fleißig durch das Haus huschen, um ihre Hausarbeiten zu erledigen. Wir sehen, dass sie einen Sinn für Verantwortung und Zugehörigkeit haben und sind recht stolz darauf. Außerdem werden Arbeiten erledigt, Fortschritte erzielt und unser Eigentum wird gepflegt. Welch glücklicher Tag!

Aber wir leben nicht in Utopia. Häufiger werden Hausarbeiten gefürchtet – sowohl von Eltern als auch von den Kindern. Tatsache ist, dass die Hände nicht vor lauter Aufregung in die Höhe schießen, wenn wir fragen: „Wer will das Geschirr abwaschen?“ Keine Füße wuseln nach dem Besen, wenn wir fragen: „Okay, wer will heute die Garage sauber machen?“ Aber wenn wir es richtig anstellen, *können* wir uns den Ärger ersparen. Und wir fangen damit an, wenn unsere Kinder noch klein sind.

Wenn sie klein sind, machen die Kinder gerne Dinge mit ihren Eltern. Wir sagen „Dinge mitmachen“ statt „helfen“, weil das, was sie tun, keine wirkliche Hilfe ist. Sie machen uns einfach gerne nach. Sie rühren gerne im Wasser um, wenn Mama das Geschirr spült. Sie schieben gerne ihre kleinen Rasenmäher herum, wenn Papa den Rasen mäht. Wenn es schneit, weinen sie Bäche, wenn wir ihnen keine kleinen Plastikschaufeln kaufen, damit sie „mithelfen“ können, die Gehwege freizuschaufeln. (Schade, dass sie das nicht mehr tun, wenn sie zwölf Jahre alt sind!)

Das Geheimnis, um unseren Kindern eine gute Einstellung zu den Hausarbeiten zu vermitteln – Achtung, das mag sich wie eine schlechte Nachricht anhören –, besteht darin, dass *wir* bei der Erledigung dieser Aufgaben Spaß haben müssen. Wenn wir es wie Schufterei aussehen lassen, dann werden unsere Kleinen denken: *„Wenn das so ist, dann ohne mich.“* Sie dann dazu zu bringen, in den nächsten zwölf bis vierzehn Jahren etwas im Haus zu tun, wird Waffenstillstandsverhandlungen gleichen. Deshalb sollten wir während der Kleinkinderjahre den Gedanken vermitteln, dass Arbeit Spaß macht. Weise Eltern sagen Dinge, wie:

- „Ich erledige meine Hausarbeiten gerne. Das macht mir Spaß!"
- „Wow, es macht mir Spaß, Dinge mit dir zu tun!"
- „Wir haben bestimmt Spaß zusammen!"

Wenn die Kinder ein Alter erreichen, in dem man sie zur Verantwortung ziehen kann – Kindergarten oder erste Klasse –, sollten sie einige sehr einfache Aufgaben im Haus übernehmen, wie z. B. ihre Sachen aufräumen, beim Putzen ihrer Zimmer helfen und ihr Bett machen (wenn auch nicht nach Krankenhausstandards). Ab der dritten Klasse und während der gesamten restlichen Grundschulzeit sind sie in der Lage, ab und zu Geschirr zu spülen, das Wohnzimmer zu saugen, die Garage zu fegen, den Müll rauszubringen, den Kühlschrank zu wischen und bei der Reinigung verschmutzter Fenster und des Autos (innen und außen) zu helfen.

Allerdings wird es Störungen geben. Kinder kapieren schnell. Sie werden Ausreden dafür finden, dass sie ihre Aufgaben nicht erledigen, oder sie werden sich darüber streiten, wer was tut, oder sich darüber beschweren, wann sie es tun müssen.

Liebe-und-Logik-Eltern verhandeln mit ihren Kindern über Hausarbeiten. Sie heften eine Liste aller Aufgaben an einen gut sichtbaren Platz in der Küche und bitten dann ihre Kinder, sie zu lesen und zu entscheiden, welche Aufgaben sie am liebsten erledigen würden. Ein oder zwei Tage später setzt sich die ganze Familie zusammen, um sie aufzuteilen. Anstatt dass die Eltern entscheiden, wer was tut, sollten sie den Kindern die Kontrolle überlassen. Werden die Aufgaben, aus welchem Grund auch immer, ungerecht verteilt, wird das „unfair behandelte Kind" schnell einen Betrug wittern und eine Neuverhandlung verlangen.

Die Kinder von Foster haben sich einmal hingesetzt, um die Aufgaben zu verteilen. Zwischen Jerry, fünfzehn Jahre alt, und Melinda, elf Jahre alt, wurde eine scheinbar sehr ungleiche Vereinbarung getroffen. Die Aufgaben waren: den Hund füttern und den Abwasch machen. Das Hundefutter war im Keller, und weil Melinda Angst vor der Dunkelheit hatte, entschied sie sich dafür, jeden Tag abzuwaschen, anstatt sich in die ungewissen Schrecken des Kellers vorzuwagen. Es dauerte jedoch nicht lange, bis Melinda die unfaire Arbeitsteilung erkannte – und ihre Angst vor der Dunkelheit überwand. Es kam zu einer Neuverhandlung der Aufgaben. Die Kinder werden Probleme bei den Aufgaben unter sich lösen, wenn sie etwas Kontrolle erhalten.

Ein größeres Problem ist es, dass die Aufgaben Ihrem Zeitplan entsprechend erledigt werden. Weise Eltern legen einen Zeitrahmen fest mit Sätzen wie „bis zum nächsten Essen“ oder „bis zu dem Zeitpunkt, an dem ich dich zu deinem Fußballspiel fahre.“ Auf diese Weise kennt das Kind immer die Grundregeln.

Eine Art von Eltern, die widerstrebende Kinder heranzieht, sind die „Ach, übrigens“-Eltern. Sehen sie ein Kind, das auf einem Stuhl sitzt und liest, erinnern sie sich plötzlich an all die Arbeiten rund um das Haus, die noch nicht erledigt worden sind – sogar an Arbeiten, die noch nicht einmal verteilt wurden.

„Ach, übrigens“-Eltern sagen Dinge wie „Ach, übrigens, könntest du den Müll im Vorgarten einsammeln?“ oder „Ach, übrigens, könntest du die Chromteile des Autos polieren?“ Fosters Mutter hat ihm das angetan, als er jung war, sodass er sein Lesen schließlich in den Heizungsraum verlegte!

Perle 8

Gottesdienst: Wenn Kinder nicht gehen wollen

Verantwortungsvolle Eltern wollen ihre Kinder mit bewährten geistlichen Werten erziehen. Sie wollen, dass ihre Kinder glauben, die christliche Botschaft verstehen und Gott persönlich kennen. Das bedeutet, dass die Familie sich in einer geistlichen Gemeinschaft engagiert. Leider kommt im Leben unserer Kinder eine Zeit, in der sie nicht mehr in die Kirche gehen wollen. Sie müssen dort sehr lange stillsitzen und verstehen nicht wirklich, wovon der Mann da vorne spricht.

Ein schwerwiegenderer Grund für die Abneigung vieler Kinder gegen die Kirche ist die Rebellion gegen elterliche Werte.[1] Kinder lernen schon früh im Leben, dass ihre Eltern nicht in ihr Gehirn eindringen können. Wir können sie nicht dazu bringen, das zu denken, was wir denken, oder das zu glauben, was wir glauben. Wenn wir es versuchen, öffnen wir die Tür zum Ungehorsam. Die Kinder sehen, dass wir die Kontrolle an uns reißen, und sie wollen etwas davon zurückhaben. Dies ist ein weiterer Bereich der Erziehung, in dem ein gutes Vorbild von entscheidender Bedeutung ist. Wenn wir seit ihrer Kindheit positiv über den Gottesdienstbesuch gesprochen haben – oft untereinander, aber in Hörweite der Kinder –, dann haben wir unsere Kinder ohne Zwang dazu ermutigt, gerne in die Kirche zu gehen. Wir wollen an passender Stelle ehrliche Aussagen machen, wie: „Ich bin froh, dass ich meine Gemeinde habe. Ich bin gerne unter meinen Freunden und bekomme immer die nötige Ermutigung, wenn ich dort bin“, oder: „Ich fühle mich immer viel besser, wenn ich in die Kirche gehe. Es hilft mir wirklich, meine Werte zu bewahren.“ Solche

[1] Siehe auch Perle 45: „Wie wir Werte an unsere Kinder weitergeben“.

Äußerungen können unsere Kinder positiv beeinflussen und ihre Neigung zur Rebellion verringern.

Irgendwann werden sich unsere Kinder jedoch weigern und Widerstand leisten. Es ist oft hilfreich, die Gründe für ihr Missfallen gegenüber der Kirche aufzudecken. Vielleicht mögen sie ihren Sonntagsschullehrer nicht oder sie haben die Geschichte über den kleinen Mose schon zum sechsten Mal gehört und langweilen sich zu Tode, oder es gibt nur wenige Kinder in ihrem Alter. Es kann alles Mögliche sein. Wenn wir mit unseren Kindern darüber reden, kann ihnen das helfen, den Wert der Zeit am Sonntagmorgen mit Gott zu erkennen.

Natürlich gibt es immer Möglichkeiten, unsere Kinder zum Gottesdienstbesuch zu bewegen – Taktiken, von denen wir abraten. Durch diese Taktiken erlauben wir unseren Kindern nicht, dass sie den Kirchgang aus eigenem Antrieb wollen und schätzen. Wir können unsere Macht ausüben und uns in Kontrolle fühlen, oder wir können nach einer kreativen, langfristigen Lösung suchen. Wir dürfen nicht vergessen, dass die Forderungen der Eltern wahrscheinlich Rebellion als Frucht haben werden. Kinder werden gegen Eltern kämpfen, die darauf bestehen: „Du hast zu glauben, was ich glaube."

Aber haben Sie Glauben. Die Abneigung gegen die Kirche ist höchstwahrscheinlich nur eine Phase. Als kleine Kinder lieben sie die Sonntagsschule. Dann kommt die Phase, in der sie nicht mehr gehen wollen. Wenn wir jedoch den Gottesdienstbesuch in den ersten Jahren nicht zu einem Hauptstreitthema werden lassen, sondern stattdessen ein gutes Vorbild sind – werden unsere Kinder höchstwahrscheinlich Wert darauf legen, in die Kirche zu gehen, wenn sie älter sind.

Perle 9

Kreativität

Ein kreatives Kind ist ein Kind, mit dem man gerne zusammen ist. Die Kreativität der Kinder erfüllt uns mit einer seltsamen Mischung aus Überraschung, Freude und Stolz. Wirklich kreative Kinder sind selbstmotivierend. Sie wollen selbstständig etwas erreichen. Um kreativ zu sein, muss man etwas aktiv tun. Niemand kann kreativ sein, während er sich ein Fußballspiel ansieht oder fernsieht. Kreative Kinder jammern nicht: „Was soll ich tun?" oder: „Was kann ich gucken?"

Kreativität ist jedoch am angenehmsten, wenn sie mit Selbstdisziplin kombiniert wird. Wenn Sie ein kreatives Kind haben, das keine Selbstdisziplin hat, dann haben sie sich ein Chaoskind herangezogen. Schließlich ist es ja auch kreativ, auf Tapeten zu malen, den Hund mit Nagellack einzufärben und mit einer Wasserpistole farbige Tinte an die Decke zu schießen. Selbstdisziplin und Kreativität stehen in keinem Zusammenhang und sind unabhängige Größen. Selbstdisziplinierte Kinder können entweder kreativ sein oder nicht. Und kreative Kinder können selbstdiszipliniert sein oder nicht. Die Kinder, die eine wahre Freude sind, sind kreativ und selbstdiszipliniert!

Förderung der Kreativität in der frühen Kindheit

Kreativität steht in engem Zusammenhang mit Neugierde. Die Kleinkindzeit ist die wichtigste Zeit für Eltern, um die Neugier ihrer Kinder zu fördern. In diesen fundamentalen Jahren ist das Gehirn sehr formbar, und sein Wachstum ist vollständig von den Gegebenheiten und Erwartungen der Umwelt abhängig. Erstaunlicherweise wird das Gehirn durch das, was im Säuglings- und Kleinkindalter geschieht, physisch verändert.

Zwischen zwei und sechs Jahren liegt das Alter des Fleißes und der Initiative. Weise Eltern ermutigen ihre Kinder, die Umwelt zu erforschen. Leider sehe ich oft Kleinkinder, die im Wartebereich eines Flughafens oder im Vorraum einer Kirche die Umgebung erkunden und niemanden belästigen, und dann von ihren Eltern entmutigt werden, indem sie sagen: „Komm her“, obwohl das Kind sowieso nirgendwo hingeht. Mir tun dann sowohl das Kind als auch die Eltern leid. Lassen Sie das Kind doch gehen. Lassen Sie es erforschen. Solange es jemand nicht zu nahe kommt oder ihn stört, entspannen Sie sich!

In der Kleinkindzeit begeistern weise Eltern ihre Kinder, indem sie Freude am Erforschen und Verstehen der Welt zeigen. Ein Elternteil könnte auf ein Mobile blasen: „Weshalb dreht sich das?“ oder Butter auf Toast streichen: „Wow, wenn der Toast heiß ist, schau mal, wie er die Butter schmilzt.“ Kleinkinder lieben es, die Bedienung der Tasten des DVD-Players und des Fernsehers zu erlernen. Sie wollen wissen, wie hoch sie die Klötzchen stapeln können und wie sich die Sahne mit dem Kaffee vermischt, wenn er gerührt wird. Neugierde und Kreativität ergänzen sich. Kluge Eltern sagen immer wieder: „Wow, schau dir das an! Wie funktioniert das eigentlich?“

Disziplin ist, wie wir eingangs sagten, ein wesentliches Glückselement für das neugierige Kind. Nur Disziplin führt zu einer positiven Erkundung der Umgebung, die sowohl den Eltern als auch dem Kind Spaß macht. Es macht nur dann Spaß, dass ein Kleinkind das Wartezimmer oder den Kirchenvorraum erkundet, wenn es herkommt, sobald man es ruft; und es macht nur dann Spaß, wenn ein Kind zuschaut, wie sich Kaffee mit Sahne vermischt, wenn es den Wunsch des Erwachsenen respektiert, die Tasse stehen zu lassen. Kürzlich war ich (Foster) bei einer Familie, in der die Kinder auf dem gesamten Küchenboden einen Stausee entwarfen. Ich fragte die Mutter nach dem Wasser-Schlamassel, das die Kinder vor dem Kühlschrank und dem Herd verursachten, und sie lachte und sagte: „Nun, der Küchenboden ist dafür gemacht, nass zu sein. Und es funktioniert, weil sie es aufwischen, sobald ich sie darum bitte!“

Förderung der Kreativität in der frühen Kindheit

Der einfachste Weg, um die Kreativität in der frühen Kindheit zu fördern, ist, den Fernseher abzuschaffen. Allerdings ist das für junge Eltern, die in ihren prägenden Jahren selbst mit dem Fernsehen aufgewachsen sind, fast unmöglich. Aber es reicht wohl aus zu sagen, dass alle Kinder zu Hause mehr Zeit damit verbringen sollten, etwas zu tun, als auf etwas zu schauen. Das Folgende ist eine unvollständige Liste, wie Eltern die Kreativität in der frühen Kindheit gefördert haben:

- Benutzen Sie einen Gebrauchtwarenladen als Ihr Spielzeuggeschäft und kaufen Sie Uhren und allerlei mechanische Dinge zum Auseinandernehmen, Kleidung zum Verkleiden und alte Schmuckkästchen zum Aufbewahren und Sammeln wichtiger Dinge. Starten Sie die Sammlung Ihres Kindes mit allem, was Spaß macht – alte Postkarten, Salz- und Pfefferstreuer oder Vorhängeschlösser.
- Stellen Sie sicher, dass Sie eine weiße Wand mit einer Kunststoffbeschichtung für Zeichnungen mit abwischbaren Trockenmarkern haben.
- Für jede Familie wäre es besser, eine eingebaute Bühne zu haben als eine eingebaute Mediathek.
- Lesen Sie Ihren Kindern nicht nur Geschichten vor, sondern erfinden Sie auch Geschichten, die sie reihum weiterspinnen.
- Stellen Sie sicher, dass jede Arbeit ein Element des Spaßes hat.

Förderung der Kreativität in der Kindheit

Die Kindheit ist die Zeit, in der die Unternehmer und Erfinder der Zukunft wirklich aufzublühen beginnen. Die Eltern fördern dies, indem sie sich für die Stärken ihres Kindes begeistern. Dies sind die Jahre, in denen man den Wundern der Welt ausgesetzt ist – in Museen, Kunstausstellungen, Theaterstücken und Dinnertheatern. Was auch immer das Kind erlebt, ist am effektivsten, wenn auch die Eltern von der Erfahrung begeistert sind. Alle Aktivitäten, welchen den Eltern zusammen mit ihren Kindern Spaß machen, nehmen die Kinder gerne auf und vertiefen sich nach einiger Zeit meist ohne elterliche Mitwirkung darin. Meine eigene Mutter interessierte meinen Bruder und mich für Dunkelkammern, Guppyzucht, Schmetterlingssammeln und Schreiben, indem sie eine kurze Zeitlang für all diese Aktivitäten schwärmte und uns dann die Dunkelkammer, Aquarien, Schmetterlingsnetze und Schreibmaschinen überließ. Ihr Motto war: „Probiert es aus – es wird euch wahrscheinlich gefallen!“ Und ihre Liebe, gepaart mit ihrer großen Neugier auf die Welt, hat uns ein Dreivierteljahrhundert begleitet.

Zusammenfassend lässt sich sagen: Begeistern Sie sich dafür, wie die Dinge funktionieren, tun Sie etwas mit Ihren Kindern, und begeistern Sie sich für das, was sie miteinander entdecken, dann werden Sie wahrscheinlich eigenmotivierte, neugierige und kreative Kinder aufziehen.

Perle 10

Krisensituationen

Drogenkonsum. Kinder, die von zu Hause weglaufen. Teenagerschwangerschaft. Beeinträchtigende Verletzungen. Selbstmord. Ein Todesfall in der Familie. Eine schwere Krankheit. Scheidung … Wenn wir oder unsere Kinder in eine Krise geraten, kann sie uns ins Wanken bringen. Schuldgefühle, Sorgen, Ängste, Wut und untröstliche Trauer sind einige der Emotionen, die uns erschüttern können.

Einer der abträglichsten Gedanken, die wir in einer Krisensituation haben können, ist, dass sofort etwas getan werden müsse. Das trifft selten zu. Das Zeichen, das in der chinesischen Sprache eine Krise ausdrückt, ist eine Kombination aus den Symbolen für Gefahr und Chance. Wir sehen die Gefahr nur zu gut, verpassen aber oft die Chance.

Die folgenden vier Gedanken können uns bei der Bewältigung einer Krise helfen:

1. ***Krisen sind naturgemäß im Allgemeinen zeitlich begrenzt.***
   Meistens liegen bessere Zeiten vor uns. Wenn wir das wissen, können wir uns vor Übereifer schützen.
2. ***Fast keine Krise muss sofort bewältigt werden.***
   Normalerweise haben wir Zeit, um zu beten, nachzudenken und rational zu handeln und bei anderen um Rat zu suchen, die schon eine ähnliche Erfahrung gemacht haben oder professionell damit umgehen können.
   Außerdem ist vieles von dem, was wir als Krise wahrnehmen, gar keine Krise. Das Problem kann schon seit Monaten oder sogar Jahren bestehen und wird erst dann zu einer Krise, wenn wir davon erfahren. Wir brauchen also die richtige Sicht der Dinge. Wenn uns plötzlich auffällt, dass unser Kind Drogen genommen hat, ist das eine ernste Sache, das stimmt, aber es ist nicht unbedingt eine Krise.

Wir haben Zeit, uns angemessen darum zu kümmern. (Könnte die letzte Drogeneinnahme zum Tod, zu einer schweren Krankheit oder eines Hirnschadens führen, wenn nicht sofort medizinische Unterstützung geleistet wird, ist das natürlich eine Krise).
Vielleicht sollten wir sogar erwägen, nichts gegen die Krise zu unternehmen. Das ist in vielen Fällen sicherlich keine gute Lösung, aber wir sollten diese Option trotzdem in Betracht ziehen. Nur *irgendetwas* zu tun, ist nicht die Lösung, sondern, das *Richtige* zu tun.
Haben wir alle Optionen aufgeschrieben – von der stärksten bis zur geringsten Reaktion –, sollten wir sie mit jemandem besprechen, den wir respektieren. Eine klare Perspektive ist der Schlüssel.

3. ***Wir müssen uns zur Bewältigung der Krise immer fragen, was die schlimmstmögliche Folge der Krise wäre.***
   Oft stellen wir fest, dass wir in der Lage sind, damit umzugehen. Manchmal ist die schlimmstmögliche Folge der Tod, und selbst *dem* müssen sich *alle* Menschen irgendwann stellen. Natürlich fühlt es sich gut an, das ein wenig hinauszuschieben. Aber wenn eine Person plötzlich und ohne Vorwarnung stirbt, ist es keine Krise für diese Person. Und selbst die Lieben, die übrig geblieben sind, haben die Wahl, die Situation entweder als „Krise“ zu betrachten, die sofort gelöst werden muss, oder als „schreckliches und schmerzhaftes Ereignis“, das durchdacht (und „durchfühlt“) werden muss.
4. ***Schließlich müssen wir dafür sorgen, dass wir dem für das Problem Verantwortlichen nicht die Verantwortung abnehmen.***
   Manchmal ist das schwierig. Wenn unser Kind zum Beispiel Drogen nimmt, kann das für die Eltern ein Problem sein, falls es das Familienauto zu Schrott fährt oder der Familie Geld stiehlt, um die Sucht zu bezahlen. Dennoch tun einige Eltern selbst unter solchen Umständen so, als sei das Ganze ihr Problem, während andere es trotzdem noch schaffen, ihr Kind anzuschauen und zu sagen: „Schatz, *du* hast ein großes Problem!“, und dann damit fortfahren, das zu tun, was sie tun müssen, um für sich selbst zu sorgen.

Zusammenfassend lässt sich sagen, dass wir beim Ausbruch einer Krise Folgendes tun sollten: einen Moment Zeit nehmen, beten, tief durchatmen, uns entspannen; alle möglichen Optionen aufschreiben und sie mit einer Person besprechen, die wir respektieren; über unsere

Fähigkeit nachdenken, mit der schlimmstmöglichen Folge fertig zu werden, und den Glauben bewahren. Schließlich ist der Glaube unsere beste Waffe.

Perle 11

Grundkurs Disziplin

Der Schlüssel zu effektiver Disziplin ist, nur das zu kontrollieren, was wir auch kontrollieren können. Wir können ein Kind nie dazu zwingen, mit dem Weinen aufzuhören, uns nicht mehr zu nerven, nicht mehr am Daumen zu nuckeln und nicht mehr zu jammern. Was wir jedoch kontrollieren können und sollten, ist, *wo* es alle diese Dinge tut. Ignorieren unsere Kinder einmal unser festes „Bitte, hör auf!" – und zwar ohne unser Flehen und Betteln –, dann sollten sie die Möglichkeit erhalten, sich irgendwo anders unausstehlich zu verhalten, und dieser Ort ist ihr Zimmer. Aber vergessen Sie nicht: Wir schicken sie nicht dorthin, um sie zu bestrafen, sondern wir geben ihnen lediglich die Möglichkeit, sich zusammenzureißen. Sind sie immer noch wütend und unausstehlich, wenn sie wieder herauskommen, schicken wir sie zurück, um für jedes Jahr ihres Alters fünf Minuten länger zu bleiben.

Wir sollten *nie* vergessen, unseren Kindern Liebe zu erweisen. Wenn ihre gute Laune zurückkehrt, müssen sie umarmt und gedrückt werden, weil sie die Dinge richtig gemacht haben. Denken Sie auch an diese drei häufigen Fehler, die während der Disziplinierungszeiten auftauchen:

1. ***Wir können zu hart sein.*** Kleine Kinder machen manchmal keinen Spaß. Trifft das nicht auf uns alle zu? Denken Sie daran, dass jeder das Recht hat, ab und zu mal schlecht drauf und launisch zu sein – selbst unsere Kinder. Wenn wir zum Beispiel unser kleines Kind weit über die normale Schlafenszeit hinaus wachgehalten haben und es am nächsten Tag total mürrisch ist, ist es dann fair, dass wir das Kind zu „Einzelhaft" verurteilen? Verständnis und gesunder Menschenverstand sind in Eltern-Kind-Beziehungen von großer Bedeutung.

2. ***Wir können zu nachsichtig sein und zu viel in Kauf nehmen, bevor wir den „Geh"-Befehl erteilen.*** Wenn sie zu viel Quatsch machen, bringt uns das an die Grenzen unserer Toleranz, und wenn wir unserem Kind schließlich „Tschüss" sagen, sind wir vielleicht eher wütend als effektiv.
3. ***Wir können Zorn mit Entschlossenheit verwechseln.*** Entschlossene Menschen mögen laut sein oder sogar ein wenig physischen Druck ausüben, aber entschlossene „Ich-meine-es-ernst"-Leute schreien und brüllen nicht und zeigen nur selten Frustration.

Hier folgen neun Regeln, die insbesondere für die Kontrolle eines außer Kontrolle geratenen Kindergartenkindes oder Erstklässlers gelten:

1. Vermeiden Sie alle körperlichen Auseinandersetzungen. So sollten Mütter von kleiner Statur beispielsweise nicht versuchen, große Kinder in ihre Zimmer zu manövrieren.
2. Gehen Sie sparsam mit Befehlen um. Geben Sie einem Kind niemals einen Befehl, den Sie nicht durchsetzen können.
3. Sagen Sie Ihrem Kind, was Sie sich von ihm wünschen, anstatt einen Befehl zu erteilen.
4. Geben Sie eine vollständige „Ich-Botschaft" ab: „Ich würde es begrüßen, wenn du jetzt auf dein Zimmer gehst, damit es mir mit dir und mir besser geht." („Ich-Botschaften" sagen, warum Sie so fühlen.)
5. Manchmal ist es ratsam, dem Kind im Voraus zu danken, wenn eine Bitte ausgesprochen wird, in der Erwartung, dass es der Bitte entspricht.
6. Wenn das Kind gut gelaunt ist, besprechen Sie die Dinge, erkunden Sie seine Gefühle und legen Sie fest, was Sie in Zukunft erwarten.
7. Benutzen Sie bei Verhaltensproblemen Isolation oder einen Ortswechsel, anstatt dass Sie versuchen, das Verhalten zu stoppen.
8. Wenn die Dinge richtig gemacht werden, seien Sie emotional. Wenn die Dinge schlecht gemacht werden, sollten sie emotionslos, sachlich und konsequent sein.
9. Wenn Sie nicht sofort allein mit der Situation fertig werden, schieben Sie die Konsequenzen hinaus und holen Sie Ideen und Verstärkung von anderen. Dann nutzen Sie Ihre Zeit, um eine Lösung

zu finden, die sowohl effektiv ist als auch dem Verhaltensproblem gerecht wird. Manche Menschen machen sich zu Unrecht Gedanken darüber, dass das Kind vergessen könnte, was es getan hat. Dies ist normalerweise kein Problem. Die Konsequenzen hinauszuschieben, soll hauptsächlich den Eltern dienen, nicht dem Kind. Sie gibt den Eltern Zeit zum Nachdenken und Planen.

So nutzt Lisa diese Regeln, um ihren fünfjährigen Sohn Simon in sein Zimmer zu schicken:

SIMON: Mama, komm sofort her!

LISA: Hey, Kleiner, ich mag es nicht, wenn du so mit mir redest. Ich möchte, dass du auf dein Zimmer gehst und darüber nachdenkst.

SIMON: Nein! Ich gehe nicht!

LISA: Simon, ich möchte, dass du auf dein Zimmer gehst.

SIMON: Nein!

LISA: Simon, ich glaube, du triffst eine schlechte Entscheidung.

SIMON: Du kannst mich nicht zwingen zu gehen.

LISA: Ich will dich nicht dazu zwingen. Du triffst eine schlechte Entscheidung. Es wäre klug, wenn du jetzt auf dein Zimmer gehen würdest.

SIMON: Nein!

LISA: OK, ich bin enttäuscht. Ich wünschte, du hättest dir das gründlicher überlegt. Ich werde noch etwas anderes tun müssen, aber nicht jetzt. Ich werde darauf zurückkommen. Versuch', dir keine Sorgen zu machen.

Lisa hat versagt, oder? Falsch. Sie hat nur das getan, was sie tun konnte. Sie hat auf eine Tracht Prügel verzichtet. Sie hat den Jungen nicht auf sein Zimmer getragen, da er zu groß war. Sie hat auch keinen Befehl gegeben, die sie nicht durchsetzen konnte. Alle ihre Kommentare waren „Ich-Botschaften" – Dinge, die sie tun konnte, ohne dem Kind zu sagen, was es tun sollte. Korrektes Vorgehen. Aber sie war damit nicht erfolgreich. Später holte sie sich die Unterstützung ihres Mannes Eric. Lisa besprach die Situation mit ihm, als er von der Arbeit nach Hause kam, und dann verwickelten sie Simon am Tisch in folgende Diskussion:

ERIC: Wie ist der Tag verlaufen, Schatz?

LISA: Oh, ziemlich gut. Aber Simon hatte Schwierigkeiten, in sein Zimmer zu gehen.

ERIC: Soll das ein Witz sein?

LISA: Ja, so war es, Liebling.

ERIC: Denkst du, er braucht ein bisschen Übung, Schatz?

SIMON: Ich brauche keine Übung. Ich weiß, wie man das macht.

ERIC: Du weißt, wenn deine Mutter sagt, dass du in dein Zimmer gehen sollst, dann sollst du das tun.

SIMON: Schon gut, schon gut.

ERIC: Wie viel Übung braucht er, Schatz? Hundert Mal?

LISA: Nein, ich denke, dass wahrscheinlich zwanzig von hier bis zu seinem Zimmer reichen werden. Wir wollen ihn nicht mehr üben lassen, als er braucht. Simon ist ein ziemlich kluges Kind.

ERIC: Okay, Simon, du kannst dein Abendessen beenden, wenn du zwanzig Mal auf dein Zimmer gegangen bist. Beginne jetzt! Schnell!

SIMON: Aber …

ERIC: Wie sollst du gehen?

SIMON: Schnell.

ERIC: Wie sollst du gehen?

SIMON: Schnell!

ERIC: Danke. Dann gehe jetzt.

SIMON: Ok, ich gehe. Ich gehe.

Beachten Sie, dass Lisa, als sie mit Simon zu tun hatte, ihre Würde behielt. Sie sagte nicht: „Warte, bis dein Vater nach Hause kommt.“ Im Gegenteil, sie hatte die ganze Zeit die Sache im Griff. Später war sie sogar freundlich und verkürzte die Übungen.

Was Eric betraf, so war er extrem fest, ohne seine Selbstkontrolle zu verlieren. Er sagte, was er meinte, und er meinte, was er sagte. Am wichtigsten war, dass er seine Frau kompromisslos unterstützte. Er erlaubte es Simon nicht, einen Keil zwischen Lisa und ihn zu treiben.

Perle 12

Disziplin in der Öffentlichkeit

Kinder werden intelligent geboren. Noch bevor sie verständlich sprechen können, wissen sie, wo wir unsere Schwachpunkte haben. Meistens feiern sie ihre größten Triumphe in einem Geschäft, einem Einkaufszentrum, einem Restaurant und an anderen öffentlichen Orten.

Sie kennen das. Kaum setzen Sie die kleine Clara in Ihren Einkaufswagen, fängt sie an, ein Feuerwehrauto zu imitieren. Sie lassen in der Kirche den kleinen Anthony eine Sekunde lang aus den Augen, und ehe Sie sich versehen, kaut er drei Reihen weiter an den Strümpfen von Frau Schneider. Wenn man sie zurechtweist, machen sie ein Geschrei, das Mick Jagger wie ein Mitglied der Wiener Sängerknaben aussehen lässt.

Wie eine Mutter es ausdrückte: „Julia benimmt sich wunderbar, wenn wir zufällig irgendwo hingehen, wo sie hinwill, aber will ich einfach mal einkaufen gehen, wird das Kind wild. Es scheint immer an einem öffentlichen Ort zu passieren, wo ich die Situation einfach nicht unter Kontrolle bringen kann. Alle starren uns an, und es ist mir so peinlich, dass ich sterben könnte."

Kinder denken, ihre Eltern trauen sich nicht, ihnen etwas anzutun, weil sie in der Öffentlichkeit sind. Eltern denken, sie könnten es sich nicht leisten, ihre Kinder die Konsequenzen spüren zu lassen, wenn so viele Leute zuschauen. Die Beobachtenden fragen sich jedoch, warum in aller Welt diese Eltern nichts gegen dieses unausstehliche Kind unternehmen!

Wenn man das alles zusammennimmt, kann es ziemlich haarig werden. Aber ein öffentlicher Ort unterscheidet sich nicht vom Wohnzimmer. Es stimmt, dass er sich nicht für ein vernünftiges Eltern-Kind-Gespräch eignet, aber das bedeutet nicht, dass wir die Liebe-und-Logik-Prinzipien einfach vergessen. Kinder, die sich an einem öffentlichen Ort schlecht benehmen, müssen gezügelt werden;

andernfalls ist jeder Besuch in einem Laden für eine Katastrophe vorprogrammiert.

Eine Methode, um diese schlechte Gewohnheit zu brechen, heißt „Strategische Übungseinheit“. Sie ist etwas aufwändig, muss geplant werden und erfordert die Zusammenarbeit mit Freunden oder Familienmitgliedern. Einmal erledigt, ist die Lektion gelernt, und öffentliche Angriffe von Kindern gehören der Vergangenheit an.

Johanna probierte es mit ihrer siebenjährigen Tochter Lena aus. Eines Abends rief sie ihre beste Freundin an und sagte: „Ich habe Probleme mit Lena, wenn ich einkaufen gehe, und brauche deine Hilfe. Könntest du dich morgen früh um 10.30 Uhr vor dem Einkaufszentrum postieren? Ich glaube, du wirst einen Anruf erhalten.“ Johanna informierte dann ihre Freundin über den Plan.

Am nächsten Tag gingen Johanna und Lena einkaufen, und wie immer mutierte Lena zu ihrem unausstehlichen Selbst, noch bevor sich die automatischen Türen des Geschäfts hinter ihnen schlossen. Mit leiser Stimme sagte Johanna: „Lena, würdest du dich lieber benehmen oder dich in dein Zimmer setzen?

Lena schaute ihre Mutter verdutzt an, als wolle sie sagen: „Sei realistisch, Mama. Du würdest mich nach Hause bringen, nachdem du den ganzen Weg zum Einkaufen hierhergefahren bist?“ Dann fuhr sie ihren Angriff eine Stufe höher. Das Nächste, was Lena mitbekam, war, dass Johanna eine Nummer auf ihrem Handy wählte und sagte: „Einkaufen macht heute keinen Spaß. Bitte komm.“ Dreißig Sekunden später wurden Lenas Augen so groß wie Kuchenplatten, als die Freundin ihrer Mutter durch die Tür schlenderte, Lenas Hand nahm und sagte: „Lass uns in dein Zimmer gehen. Dort kannst du auf deine Mutter warten.“

Lena wurde nach Hause eskortiert und auf ihr Zimmer geschickt, und Johanna konnte dann in ungetrübter Freude ihre Runden drehen. Lena durfte ihr Zimmer verlassen, als Johanna zurückkam. Sie freute sich sehr, ihre Mutter wiederzusehen, während Johanna freundlich und ausgeglichen war, weil sie sich beim Einkaufen gut amüsiert hatte. Johanna hat ihrem kleinen Mädchen beigebracht, dass unausstehliches Verhalten Konsequenzen hat.

Strategische Übungseinheiten können mit dem Ehepartner oder sogar mit einem älteren Geschwisterkind vereinbart werden. Es ist nicht notwendig, das sich schlecht benehmende Kind mit nach Hause zu nehmen – zum Auto reicht es auch. Es gibt absolut keinen Grund für unsere Kinder, mit höllischem Verhalten in der Öffentlichkeit durchzukommen. Ein oder höchstens zwei strategische Übungseinheiten können dieses Problem beheben.

Perle 13

Scheidung und Besuchsrecht

Lassen Eltern sich scheiden, umfasst die Liste der Betroffenen mehr als nur den Ehemann und die Ehefrau. Auch Kinder leiden darunter. Bei ihnen können Stimmungsschwankungen, eine Abwehrhaltung gegenüber Berührungen, Ausscheidungsprobleme (jüngere Kinder), Hyperaktivität (Grundschulkinder), freche Antworten (Teenager) auftreten sowie allgemeine Probleme mit Schulaufgaben, mangelndem Interesse und Faulheit. Ein solches Verhalten ist oft Teil eines normalen Trauerprozesses und kann durch die Befolgung der folgenden zehn Richtlinien für geschiedene oder sich in Scheidung befindliche Eltern gemildert werden. (Vergessen Sie nicht, dass es keine Möglichkeit gibt, es für die Kinder gut zu machen. In ihren Augen ist die Scheidung eine Katastrophe. Diese Richtlinien werden als eine Möglichkeit angeboten, eine schlechte Situation ein wenig zu verbessern).

1. ***Erwarten Sie, dass die Kinder mit der Scheidung etwa genauso gut umgehen wie die Erwachsenen.*** Wenn die Eltern verbittert, wütend und unkommunikativ sind, werden sich die Kinder wahrscheinlich ähnlich verhalten.
2. ***Lassen Sie die Kinder wissen, dass die Scheidung nicht ihre Schuld ist.*** Als Erwachsene wissen wir, dass Kinder nur selten Scheidungen verursachen. Dennoch denken manche Kinder vielleicht: *Wäre ich ein besseres Kind gewesen, würden meine Eltern sich nicht scheiden lassen.* Ein Elternteil kann sagen: „Max, du weißt, dass manche Kinder Freunde sind und dann zu dem Schluss kommen, dass sie nicht miteinander auskommen können. So ungefähr ist es mit Papa und mir passiert. Aber wir beide lieben dich immer noch."
3. ***Seien Sie ehrlich in Bezug auf Gefühle und Beobachtungen.*** Eltern müssen ihren Kindern ohne Details sagen, was sie über den

Ex-Ehepartner denken und warum. Es ist auch hilfreich, den Standpunkt des anderen Elternteils zu erläutern. Aber der Versuch, den Ex-Ehepartner mieszumachen, geht nach hinten los.

4. ***Das Fehlverhalten der Kinder verstehen, ohne es zu entschuldigen.*** Ermutigen Sie Ihre Kinder dazu, ihre Gefühle auszudrücken, aber ziehen Sie weiterhin Konsequenzen für Fehlverhalten. Eltern dürfen niemals Respektlosigkeit tolerieren.
5. ***Finden Sie für die Kinder eine Unterstützung(sgruppe).*** Kinder brauchen jemanden außerhalb der Familie, mit dem sie sich unterhalten können – Schulberater, Lehrer, Gleichaltrige oder Freunde der Familie.
6. ***Eine Beratung für Eltern und Kinder nach der Scheidung kann helfen.*** Wenn die Kommunikation schlecht ist und Misstrauen zwischen den Erwachsenen grassiert, ist eine Beratung fast immer hilfreich, vor allem wenn beide Erwachsene wirklich wollen, dass sich die Dinge verbessern.
7. ***Benutzen Sie Ihre Kinder nicht, um Informationen zu erhalten.*** Ganz gleich, wie sehr Sie versucht sind, Ihre Kinder über Ihren Ex-Ehepartner zu befragen, ist es im Allgemeinen am besten, davon abzusehen. Kinder geben ihren Eltern manchmal die Antworten, die sie hören wollen. Sie können herausfinden, was die Eltern suchen. Sucht ein Elternteil nach Beweisen dafür, dass der andere ein Idiot ist, werden die Kinder dieses Verlangen stillen.
8. ***Erledigen Sie Besuchsprobleme direkt mit dem Ex-Ehepartner.*** Es ist nie klug, über die Kinder Botschaften an den Ex-Partner zu schicken. Wenn Sie möchten, dass diese Person etwas weiß, setzen Sie sich direkt mit ihr in Verbindung.
9. ***Kinder brauchen „Mütter" und „Väter".*** Im Falle einer Wiederverheiratung ist es am besten, die Kinder zu ermutigen, die Stiefeltern „Mama" bzw. „Papa" zu nennen. Die Kinder werden nicht vergessen, wer der „richtige" Elternteil ist. Es ist wichtig, den Kindern diese Möglichkeit zu bieten, aber das Thema nicht zu erzwingen. Foster erinnert sich an eine Situation in der Therapie, als das Kind sagte: „Ich wollte Susan immer ‚Mama' nennen, aber ich war mir nie wirklich sicher, ob sie das wollte." Wie die Autoritätsfiguren zu nennen sind, sollte zumindest besprochen werden.

10. Im Falle einer Wiederverheiratung muss der leibliche Elternteil den Stiefelternteil in punkto Disziplin vollständig unterstützen. Der Elternteil muss das Kind wissen lassen, dass sein neuer Ehepartner ein Lebenspartner ist.

Scheidung kommt heute in etwas mehr als der Hälfte unserer Familien vor. Das ist zwar bedauerlich, aber wir sollten uns ehrlich damit auseinandersetzen und es als eine Gelegenheit nutzen, um zu lernen, wie wir unseren Kindern helfen können, ihre Fähigkeiten, damit umzugehen, zu entwickeln. Manchmal machen sich Eltern Sorgen, *wann* sie ihren Kindern von einer bevorstehenden Scheidung erzählen sollen, aber das *Wann* ist nicht annähernd so wichtig wie das *Wie*.

Eine übertriebene Entschuldigung deutet auf Schuld hin. Es überrascht nicht, dass viele Kinder schuldbeladene Erwachsene ausnutzen. Ein schuldig klingendes Elternteil könnte unwissentlich vermitteln: „Wenn meine Probleme nicht wären, würdest du dich nicht so verhalten, also hast du allen Grund, dich zu beschweren, mich respektlos zu behandeln und dich unangemessen zu verhalten. Stattdessen entschuldigen sich Liebe-und-Logik-Eltern nicht übermäßig.

Wenn wir mit unseren Kindern über Scheidung sprechen, können wir dem Beispiel folgen, wie diese Mutter ihre Tochter Courtney beraten hat:

MUTTER: Also, Courtney, denkst du, dass sich die Scheidung auf dich auswirken wird, oder nicht?

COURTNEY: Ich denke, es ist ziemlich schlimm.

MUTTER: Wieso?

COURTNEY: Ich will nicht, dass du dich von Papa scheiden lässt.

MUTTER: Aber du weißt doch, dass wir ständig streiten.

COURTNEY: Ja, aber ich versuche, lieb zu sein, damit ihr nicht streitet.

MUTTER: Glaubst du, dass wir deswegen streiten, weil du nicht lieb bist, oder streiten wir über andere Dinge?

COURTNEY: Ich weiß es nicht.

MUTTER: Nun, ich möchte, dass du weißt, dass dein Vater und ich viel streiten, aber, offen gesagt, meist nicht wegen dir. Wir würden uns auch scheiden lassen, wenn wir nie Kinder gehabt hätten. Du weißt, dass mir diese Scheidung sehr zusetzt.

COURTNEY: Ich möchte nicht, dass du traurig bist.

MUTTER: Nun, das bin ich aber, Schatz. Ich dachte, ich wäre lebenslang mit deinem Vater verheiratet. Aber wir werden dafür sorgen, dass du ihn noch oft siehst, damit du nicht traurig sein musst, nur weil ich traurig bin. Du kannst selbst entscheiden, wie du dich fühlen willst.

Die Botschaft, die geschiedene Eltern ihren Kindern senden sollten, lautet: „Das wird dein Leben nicht zerstören. Ich weiß, dass du damit umgehen kannst. Es mag hart sein, aber wir werden alle damit klarkommen." Die Kinder werden es viel leichter haben, wenn die Eltern positiv sind.

Liebe und Logik zwischen zwei Familien nutzen

Wenn Kinder wegen einer Scheidung zwei Familien haben, kommt es leider allzu oft zu Diskussionen wie den folgenden:

JENNY: Dan, wie konntest du mich wieder so im Stich lassen? Ich glaube, du tust diese Dinge nur, um das zu untergraben, was ich mit unserer Tochter zu tun versuche! Du weißt genau, warum ich ihr sagen musste, dass sie einen Monat lang nicht fahren kann. Nicole hat ohne Erlaubnis mein Auto genommen und ist die ganze Nacht weggeblieben. Ich war krank vor Sorge! Du hast gesagt, du würdest mich unterstützen, indem du sie nicht fahren lässt, und dann hast du ihr einfach deinen Zweitwagen zum Fahren gegeben. Wie sollen wir sie zur Verantwortung ziehen, wenn du jede unserer Entscheidungen rückgängig machst?

DAN: Du brauchst dich nicht so aufregen, Jenny. Ich wollte dich anrufen und dir sagen, dass ich glaube, dass du in dieser Sache überreagierst. Sie ist doch noch ein Kind, um Himmels willen! Was sie tut, ist nur typischer Teenager-Kram. Du musst mit ihr ein wenig nachsichtig sein. Vielleicht wärt ihr beide viel glücklicher, wenn du dich ein wenig entspannen würdest.

JENNY: Moment mal, Dan! Diese Art von Verhalten mag für einige Teenager typisch sein, aber nicht für alle Teenager. Sie hat in letzter Zeit das Limit überschritten, und es wird immer schlimmer.

> Sie hat das Gefühl, dass sie überhaupt keine Grenzen hat, und ich weiß, warum. Jedes Mal, wenn sie sich schlecht benimmt, bist du da, um es zu entschuldigen und mich zum Bösewicht zu machen, weil ich versuche, sie für ihre Taten zur Rechenschaft zu ziehen.

Hier sehen wir zwei geschiedene Eltern, die in einen klassischen Kampf verwickelt sind. Es könnte ein Wettstreit um Nicoles Liebe auf Seiten von Dan sein, aber es geht um mehr als das. Dan ist ein mitfühlender Mann, der keine Konflikte mag. Ihm geht es darum, dass seine Tochter immer glücklich ist. Die Rolle des Guten zu spielen, fällt ihm leicht. Es passt genau in sein lebenslanges Muster der Konfliktvermeidung. Es hilft ihm auch, mit seiner Angst umzugehen, Nicole an ihre Mutter zu verlieren.

Jenny hingegen bleibt es überlassen, ihrer Tochter zu helfen, zu einer reifen, verantwortungsvollen Person heranzuwachsen. Sie weiß, dass dies nur geschehen kann, wenn sie Grenzen setzt und Nicole für ihr Tun zur Rechenschaft zieht, aber das fällt ihr schwer, da sie dadurch oft in die Rolle des Bösewichts gerät. Trotz dieses Dilemmas versucht sie, mit Nicole auch angesichts unbeabsichtigter, aber sehr schädlicher Sabotageakte ihres Ex-Mannes eine gute Beziehung zu wahren.

Sowohl Jenny als auch Dan machen mehrere Fehler, die alle Beteiligten weiterhin in einen Teufelskreis einschließen: Nicole benimmt sich daneben, Jenny bestraft, und Dan revidiert die Strafe.

Dans Fehler: Dan ist bereit, Nicoles langfristiges Glück und ihre Lebensqualität für ihr kurzfristiges Glück zu opfern. Er befürchtet den Verlust von Nicoles Liebe und Leben mit der irrigen Vorstellung, sie würde ihn in der Rolle als ihren Beschützer schätzen und respektieren. Dass er ihre Disziplinarmaßnahmen kippt, gibt ihm auch die Gelegenheit, seine Ex-Frau schlecht aussehen zu lassen. Ihm ist nicht klar, dass Nicole ihn vielleicht irgendwann verachtet, weil er ihre Beziehung zur Mutter sabotiert.

Jennys Fehler: Jenny hält an der Fantasie fest, dass sie und Dan ein Team sind. Wenn sie ihn nicht zur Zusammenarbeit bewegen konnte, als sie verheiratet waren, wie hoch ist dann die Chance, dass dies geschieht, nachdem sie den Schmerz der Scheidung erlebt haben? Obwohl es unwahrscheinlich ist, dass Dan plötzlich seine Meinung ändert und beginnt, Jennys Erziehungsmaßnahmen zu unterstützen, hält sie an der Hoffnung fest, dass er es tun wird.

Auf Grundlage dieser falschen Vorstellungen will Jenny Konsequenzen auferlegen, die eingehalten werden müssen, wenn ihre Tochter in Dans Haus ist. Dies gibt Dan die Möglichkeit und die Macht, die Strafe aufzuheben und sich in die Rolle von Nicoles Held zu begeben.

Jennys Hauptfehler ist der Glaube, sie könne es fertigbringen, dass beide Familiensituationen gleich gut funktionieren. Dies ist eine der Tragödien einer Scheidung. Die ganze Energie, die sie dafür einsetzt, ist Energie, die sie für Dinge nutzen könnte, die sie tatsächlich kontrollieren kann. Ein weiterer Fehler ist der Versuch, mit Dan über dieses Problem zu reden. Ihre Gespräche mit Dan geben ihm nur eine weitere Gelegenheit, ihre Erziehungsversuche anzugreifen, und so wird das Problem noch schlimmer.

Jennys Lösung: Sobald Jenny erkennt, dass Dan ihre Regeln und Konsequenzen für Nicole nicht unterstützen wird, kann sie aufhören, ihn um etwas zu bitten, das er nicht geben kann oder will. Das bedeutet, dass sie anfangen wird, Konsequenzen aufzuerlegen, die nur während der Zeit, in der Nicole bei ihr zu Hause ist, umgesetzt werden. Dies gibt ihr wieder die Kontrolle und verringert einen Teil ihrer Enttäuschung und der daraus resultierenden Wut darüber, dass sie nicht unterstützt wird. Sie muss sich darin üben, die folgende Aussage zu kommunizieren, und sie oft verwenden:

> Dan, in der Vergangenheit habe ich den Fehler gemacht, dass ich versucht habe, deine Familiensituation so zu gestalten wie meine. Ich verspreche, das nicht mehr zu tun. Ich werde dir nicht mehr sagen, wie du mit Nicole umgehen sollst, wenn sie bei dir ist. Wenn ich sehe, dass sie Disziplin braucht, wenn sie bei mir ist, werde ich mich hier darum kümmern, ohne dich zu bitten, dich darum zu kümmern, wenn sie bei dir ist. Und du kannst gerne dasselbe tun.

Jennys nächster Schritt ist, Nicole ihre Liebe und ihre Gedanken zu vermitteln. Da ihre Beziehung angespannt ist, ist es unwahrscheinlich, dass sie all ihre Gedanken aussprechen kann, ohne einen Gegenangriff zu riskieren. Teenager diskutieren gerne über jeden einzelnen Punkt, sodass das, was als Gespräch beginnt, schnell zu einem Streit wird.

Die Lösung ist, dass Jenny ihre Gedanken schriftlich festhält. Beachten Sie, dass ihr Brief mit einer wunderbaren Strategie beginnt, die Aufmerksamkeit zu erhalten.

Liebe Nicole,

Ich muss mich bei dir entschuldigen. Ich tue es schriftlich, für den Fall, dass du meine Gedanken in Zukunft wieder aufgreifen willst. Bitte fühle dich nicht verpflichtet, sofort zu antworten. Ich möchte nur, dass du eine Weile darüber nachdenkst.
Ich habe einen großen Fehler gemacht, als ich nicht offen mit dir darüber sprach, dass dein Vater und ich oft unterschiedlicher Meinung darüber sind, wie Eltern sein sollen. Ich habe viel zu viel Zeit damit verbracht zu versuchen, ihn dazu zu bringen, so zu werden wie ich. Das ist weder dir noch ihm gegenüber fair. Wir beide lieben dich sehr, aber wir haben unterschiedliche Wege, dies auszudrücken. Dadurch, dass ich versucht habe, ihn dazu zu bringen, die Dinge auf meine Art zu tun, steckst du mitten in unserem Unglück fest. Dies geschieht häufig in Ehen und besonders bei Scheidungen.
Meine Art, dir meine Liebe zu zeigen, besteht darin, hart daran zu arbeiten, dir zu helfen, ein guter Mensch zu werden. Dazu muss ich dich für deine Handlungen zur Rechenschaft ziehen. Das bedeutet, dass ich auch darauf vorbereitet sein muss, dass du mal eine Zeit lang zornig auf mich bist.
Der Fehler, den ich gemacht habe, ist, deinen Vater zu bitten, dich wegen der Dinge, die in meinem Haus geschehen, zu disziplinieren. Das werde ich nicht mehr tun. Du und ich werden uns um diese Dinge kümmern, ohne Papa einzubeziehen. Er kann sich mit allen Problemen, die in seinem Haus auftreten, ohne meine Einmischung befassen. Ich hoffe, das wird für dich weniger verwirrend sein.
Du wächst mit zwei verschiedenen Arten von Eltern auf. Im Laufe der Zeit wirst du viele verschiedene Gedanken und Gefühle über jeden von uns haben. Bitte vergiss nicht, dass wir beide dich sehr lieben. Ich hoffe, dir ist klar, dass die Scheidung nicht deine Schuld war. Ich hoffe, du weißt, dass es in Ordnung ist, Papa und mich gleichzeitig zu lieben.

In Liebe,

Mama

Es war schwierig für Jenny, diesen Brief zu schreiben. Es gab viele Dinge, die sie noch gerne erwähnt hätte, aber sie wusste, dass es so besser war. Sie hätte gerne ihre Gefühle der Wut und Verletzung gegenüber Dan mitgeteilt. Sie verspürte den Wunsch, Nicole zu sagen, für wie unverantwortlich sie Dan hält. Sie wollte schreien: „Dein Vater bringt dein Leben durcheinander! Sieh mich an! Ich bin diejenige, die sich *wirklich* kümmert!“

Stattdessen ging Jenny den viel gesünderen und edleren Weg. Warum? Weil ihr klar ist, dass sie Nicole jedes Mal, wenn sie Dan kritisiert, weiter wegtreibt. Auch wenn Papa Nicole vor ihren schlechten Entscheidungen rettet und entschuldigt, ist er ein wichtiger Teil ihres Lebens. Wenn Mama ihn schlecht machen würde, würde das viel mehr Schaden anrichten als sein rettendes Verhalten. Nicole wird von Papa einige positive Dinge lernen, und von Mama wird sie lernen, sich gut um sich selbst zu kümmern und verantwortungsbewusst zu sein. Wenn sich Jenny aus dem Schuldzuweisungsspiel heraushält, kann Nicole sich zurücklehnen, ihre Eltern beobachten und von jedem das Gute behalten. Ist es nicht das, was wir uns alle für unsere Kinder wünschen?

Wenn die Mutter dem Kind beispielsweise mehr Regeln auferlegt oder höhere Erwartungen an das Kind stellt, wird das Kind natürlich oft sagen: „Mir gefällt es bei Papa besser.“ Die menschliche Natur sehnt sich nach Freiheit – sogar nach der Freiheit, selbstzerstörerisch zu sein. Ein liebevoller Elternteil muss sein Kind beruhigen, indem er die Gefühle erkennt, die Situation erklärt und mit hohen Erwartungen auf seinem Standpunkt beharrt, vielleicht indem er etwa Folgendes sagt:

> Schatz, ich bin sicher, dass Papas Zuhause in gewisser Weise mehr Spaß macht, und es muss nervig sein, dass ich von dir erwarte, hier alle diese Hausarbeiten zu erledigen. Das kann ich verstehen. Das Wunderbare ist, dass ich tief in meinem Innern weiß, dass dir klar ist, dass es dir hilft, zu einem hilfsbereiten und verantwortungsbewussten Erwachsenen zu werden, wenn du all die Dinge tust, um die ich dich bitte. Vielen Dank für dein Verständnis.

Sie sollten auch verstehen, dass ein strukturierter Elternteil seinem Kind manchmal nicht die Freiheit gibt, Dinge zu erkunden. Das Kind wird Möglichkeiten haben zu wählen und aus den Fehlern zu lernen, die in der anderen Familiensituation passieren. Wichtig ist, dass die Kinder lernen zu erkennen, dass man „in Rom tut, was die Römer tun“: An verschiedenen Orten gibt es unterschiedliche Erwartungen. So ist das Leben eben.

Perle 14

Essen und Tischmanieren

Rachel, eine liebevolle Mutter, hatte den größten Teil ihres Nachmittags mit Kochen verbracht. Mit *Pollo Cacciatore* (Huhn nach Jägerart), einem Gericht, das es vorher noch nie gegeben hatte, zauberte sie einen Festschmaus auf den Tisch – Schweiß vermischt mit Gewürzen, Arbeit mit Liebe.

Alle Augen waren auf die stolze Köchin gerichtet, als sie ihre zugedeckte Kreation an den Tisch trug. Sie hob den Deckel an, genoss das aufsteigende Aroma und wartete dann auf das anerkennende Raunen ihrer netten Kinder. Doch was musste sie stattdessen vernehmen? Ein Refrain von „Oh, igitt! Das Zeug ist ja eklig!"

„Igitt" kann die Freude am Tisch verderben, und wenn es Probleme am Tisch gibt – entweder aus Unzufriedenheit mit dem Essen oder wegen schlechter Tischmanieren – wird der Tisch weniger zu einer Liebes- als zu einer Kampfarena. Aber keine Sorge. Rachel ist ein Liebe-und-Logik-Elternteil. Sie war enttäuscht, ja, aber sie nahm die Kritik gelassen hin. „Kein Problem", sagte sie, als sie die Teller ihrer Kinder nahm und in den Abfalleimer entleerte, wodurch das Problem mit einer Handbewegung gelöst wurde.

Dann sagte sie mit leiser Stimme: „Lauft los, Kinder. Macht das, was Kinder nach dem Abendessen tun. Wir sehen uns beim Frühstück."

Später an diesem Abend plünderten die Kinder den Kühlschrank. Rachel schaute neugierig zu, und als ihre Kinder mit dem Essen fertig waren, sagte sie: „Ihr habt gerade Essen im Wert von 5,95 Dollar gegessen. Wie wollt ihr mich bezahlen: bar oder vom Taschengeld? Ihr habt die Wahl." Die Logik hinter ihren Worten war, dass sie das Essen für das Abendessen bereits gekauft hatte, und Kinder, die dieses Essen ablehnten und ihr eigenes zubereiteten, dafür bezahlen müssen.

Wie bei so vielen Dingen können Probleme beim Essen durch Vorbildsein und Wahlmöglichkeiten beseitigt werden. Es ist hilfreich, Nachdenkworte zu verwenden, anstatt mit Worten zu streiten. Anstatt zu sagen: „Du isst das, und zwar alles“ oder „Ich will, dass der Teller leer ist, bevor du diesen Tisch verlässt“, sagen die Liebe-und-Logik-Eltern: „Hast du genug, dass es dir bis zur nächsten Mahlzeit reicht? Ich hoffe es, aber du entscheidest.“

Die Kinder *sollten* entscheiden, wie viel sie essen. Wenn sie älter werden, werden wir nicht mehr in der Lage sein, zu kontrollieren, was sie in ihren Mund nehmen. Deshalb bereiten weise Eltern sie auf die reale Welt vor, indem sie ihnen erlauben, frühzeitig Entscheidungen zu treffen.

Um neue Gerichte einzuführen, sollten wir uns vielleicht ein Beispiel an Gina nehmen. Gina hatte nie Probleme damit, ihre Kinder dazu zu bringen, das zu essen, was sie ihnen zu essen geben wollte. Ihr Erfolgsrezept: Immer wenn sie etwas Neues und anderes kochte, machte sie nur genug für zwei: für sich und ihren Mann. Die Kinder bekamen Hot Dogs. Dann ließen sich die beiden Erwachsenen das neue Gericht schmecken, als wäre es das Größte, was je gekocht wurde. „Das schmeckt ja super!“, rief ihr Mann. „Ich hoffe, du kochst das öfter.“

Am Ende des Essens sagten die Kinder dann: „Wo ist unser Essen?“ Gina sagte dann: „Das ist Essen für Erwachsene. Ich weiß nicht, ob euch das schmecken würde.“ Und sie gab ihnen nichts. Am nächsten Abend servierte sie das gleiche Gericht, und sie und ihr Mann verschlangen es, während sie noch lauter darüber schwärmten, wie absolut fantastisch es schmeckte. Wiederum fragten die Kinder: „Wo sind unsere Portionen?“ Aber Gina behielt die Kontrolle über die Pfanne. „Es könnte zu würzig für euch sein“, sagte sie. „Ich glaube, dass die Geschmacksnerven von Kindern mit solchen Dingen einfach nicht umgehen können. Ihr seid wahrscheinlich nicht alt genug.“

Am dritten Abend waren die Kinder verärgert. „Wir haben Rechte!“, forderten sie. „Wir wollen auch was davon haben!“ Dann gab Gina nach. „Na gut“, sagte sie und gab winzige Portionen auf ihre Teller. „Aber esst nicht zu viel.“ Ginas Methode ermutigte ihre Kinder, das zu mögen, was sie zum Abendessen vorbereitet hatte.

Umgang mit schlechten Tischmanieren

Was die Tischmanieren betrifft, greifen wir auf das Liebe-und-Logik-Axiom zurück: *Wenn Sie das Verhalten nicht ändern können, ändern Sie den Ort.* Schon bei den jüngsten Kindern können wir schlechte Tischmanieren im Keim ersticken. Ein Einjähriger, der Möhren ausspuckt, bekommt die Wahl: „Iss die Möhren schön auf deinem Stuhl oder spiele auf dem Boden." Denken Sie daran, dass es uns nicht darum geht, Kinder zu bestrafen oder ihnen ein schlechtes Gewissen zu machen. Es geht darum, das Kind mit Liebe wissen zu lassen, dass das Essen vorbei ist, wenn sein Verhalten einen bestimmten Punkt erreicht hat (und das wird bei unterschiedlichen elterlichen Erwartungen unterschiedlich sein). Wenn sich das Kind darüber ärgert, dass es die Mahlzeit beenden soll, ist das völlig in Ordnung. Wenn das Kleinkind denkt: *Gott sei Dank – ich hätte es keine Minute mehr auf dem Hochstuhl ausgehalten,* ist das auch völlig in Ordnung!

Bei älteren Kindern können wir die Methode variieren und ihnen erlauben, woanders zu essen – am besten an einem unattraktiven Ort –, wo sie uns mit ihren Manieren nicht ekeln können. Als Fosters Frau Hermie einmal mit schlechten Tischmanieren konfrontiert wurde, schickte sie den Übeltäter mit einem Satz weg: „Nimm es mit zum Trockner." Dadurch ekelten ihre Kinder niemanden, außer sich selbst, wenn sie allein mit ihren Tellern im Hauswirtschaftsraum standen.

Perle 15

Anspruchsdenken

BERATERIN: Also, Danielle, was passiert in deinem Leben, das dich zur Beratung zu mir führt?

DANIELLE: Es geht um meine Eltern. Die sind so was von rückständig! Das Einzige, was sie tun, ist über meine Kreditkarten und Telefonrechnungen zu jammern. Sie leben so sehr in der Vergangenheit. Sie checken es nicht. Es gibt viel wichtigere Dinge als Noten. Und sie haben keine Ahnung, was Kinder brauchen. Mein Vater hat mir dieses blöde viertürige Auto gekauft. Er weiß, dass ich ein Cabriolet wollte. Niemand fährt mit so einer Karre zur Schule.

BERATERIN: Als Ihr Vater anrief, um diese Termine zu organisieren, sagte er mir, er habe zur Zeit wirklich wenig Geld und müsse, wenn sich nicht bald etwas ändere, eine Insolvenz in Betracht ziehen. Fühlst du dich angesichts dessen schuldig, wie viel Geld du ausgibst?

DANIELLE: Natürlich nicht! Ich habe nicht darum gebeten, in diese blöde Familie hineingeboren zu werden. Außerdem sollen Eltern tolle Sachen für ihre Kinder kaufen.

Wir fragen uns, wen wir in solchen Situationen mehr bedauern sollen: Danielle, ihre Eltern oder die Zukunft unseres Landes. So ungeheuerlich Danielle auch scheint – wir alle kennen Kinder wie sie. Danielle tut uns eigentlich etwas leid. Als sie anfing zu glauben, es sei ihr Geburtsrecht, alles zu haben, was sie will, sobald sie es will, war sie verloren. Sie wird nie genug haben, um zufrieden zu sein. Ihr Glück wird nicht davon abhängen, was sie durch eigene Arbeit erreichen kann, sondern davon, dass andere ihr dienen und für sie sorgen. Sie wird in die Welt der Erwachsenen eintreten und viel zu viel von anderen und viel zu wenig von sich selbst erwarten.

Danielles Eltern haben sich schon früh in ihrem Leben von ihrer Verantwortung als Eltern verabschiedet. Da sie sie wie einen Ehrengast im Haus behandelten, wurden sie zu Produkt- und Dienstleistungsanbietern statt zu Eltern. Im Laufe der Jahre nahmen sie ihr die Notwendigkeit, verantwortungsvoll zu handeln. Wie man sieht, ist sie immer abhängiger von ihren Eltern geworden, während sie immer weniger schätzt, was diese ihr bieten.

Wenn Danielle in die Welt der Erwachsenen eintritt, wird das, was ihr ihre Eltern einst gegeben haben, zur Verantwortung der Gesellschaft. Und wie Sie sich denken können, wird das niemals ausreichen, um sie zu befriedigen. Menschen mit Anspruchsdenken empfinden sich als Opfer. Sobald das einmal eintritt, ist jede Unzufriedenheit und Enttäuschung die Schuld anderer. In ihrem Bemühen, ihrem Kind ein perfektes Leben zu schaffen, versäumten es Danielles Eltern, ihr beizubringen, dass das Leben in einer Demokratie eine Selbstbeschränkung hinsichtlich des eigenen Verhaltens erfordert. Ihr Gespräch mit der Beraterin deutet darauf hin, dass sie nicht in der Lage ist, zu erkennen, wie ihr persönliches Verhalten sich auf andere auswirkt, sowohl in ihrer Familie als auch in der Gesellschaft.

Viele Kinder kommen mit einem Wohlstand ins College, den sie sich nicht verdient haben. Sie haben keine Ahnung, wie sie ihren Lebensstil erreichen oder aufrechterhalten können, außer ihn von ihren Eltern zu fordern. Sie haben viel Geld, dass sie ausgeben können, aber keine Ahnung, wie sie es verdienen können. Mit anderen Worten: Sie haben keine Ahnung, dass das Geld, das sie ausgeben, der harten Arbeit, der Hingabe und der Verantwortung eines anderen entstammt. Sie haben die Taschen voller Kreditkarten, ohne zu wissen, wie sie damit verantwortungsvoll umgehen sollen.

Wir sind sehr besorgt über die rapide Zunahme der Ansprüche unserer jungen Menschen und ihre Bedrohung für den westlichen Lebensstil. Bei der Untersuchung dieses Problems, wurden wir uns der Überzeugungen bewusst, die Menschen mit Anspruchsdenken haben. Wir nennen diese Überzeugungen gerne „Die Höhen und Tiefen des Anspruchsdenkens." Beim Lesen werden Sie sehen, dass es sich dabei um Überzeugungen handelt, die Menschen schwächen:

HOCH: Hoher Bedarf an Waren und Dienstleistungen.

NIEDRIG: Geringer Druck, um erfolgreich zu sein oder den Arbeitsplatz zu erhalten.

HOCH: Viel Zeit zum Feiern.

NIEDRIG: Wenig Zeit, um Dinge zu erreichen.

HOCH: Hohe Erwartungen an andere.

NIEDRIG: Geringer Eifer.

HOCH: Hoher Groll gegen diejenigen, die von ihnen fordern, dass sie durch Lernen und Anstrengung etwas erreichen.

NIEDRIG: Geringe Wertschätzung einer Ausbildungsmöglichkeit.

HOCH: Hoher Bedarf an Unterhaltung und Spannung.

NIEDRIG: Geringes Bewusstsein für die von den Eltern erbrachten Opfer.

HOCH: Hohe Bereitschaft, sich über die traditionellen Regeln und Werte der Gesellschaft hinwegzusetzen.

NIEDRIG: Geringer Respekt für Erwachsene und Führungskräfte.

HOCH: Hohe Tendenz, „Ersatz-Hochs“ wie Alkohol und Drogen zu finden.

NIEDRIG: Geringer Respekt vor den traditionellen Regeln der Gesellschaft.

Diese Probleme und Überzeugungen beginnen nicht erst, wenn die Kinder die Schule verlassen. Die Grundlage für diese Überzeugungen wird schon früh im Leben geschaffen. Eigentlich wird dieses Problem nicht von den Kindern, sondern von den Eltern verursacht, die es versäumen, vernünftige Grenzen für ihr Verhalten festzulegen. Es ist normal, dass Kinder das haben wollen, was sie in der Werbung sehen. Viele Eltern sind jedoch nicht gut darin, ihren Kindern zu helfen, zwischen einem Wunsch und dem echten Bedarf zu unterscheiden. Kleine Kinder setzen sich nicht von sich aus Grenzen; das ist die Aufgabe der Eltern.

Oft hören wir Eltern sagen: „Ich weiß nicht, was mit den Kindern los ist. Sie wollen dieses ganze Zeug.“ Diese Eltern tun so, als hätten sie kein Mitspracherecht in der Sache. Das ist nicht anders als bei Eltern, die nicht verstehen können, dass ihre Kinder zu viel fernsehen, weil sie es erlauben. Dies sind die Eltern, die sozusagen ihre Elternlizenz zerrissen haben. Das muss Ihnen nicht passieren. Kluge Eltern tun drei Dinge:

1. Sie halten an ihrer Überzeugung fest, dass Kinder lernen müssen, wie sie durch persönliche Arbeit und Mühe das erreichen können, was sie wollen. Schließlich baut es ein positives Selbstwertgefühl auf, wenn solche Bemühungen zum Erfolg führen.
2. Sie entwickeln Fähigkeiten, Grenzen und Beschränkungen festzulegen und durchzusetzen.
3. Sie umgeben sich mit gleichgesinnten Freunden, damit sie nicht auf die falschen Überzeugungen derer hören müssen, die damit beschäftigt sind, Kinder mit Anspruchsdenken heranzuziehen.

Ihre Kinder können die Glücklichen sein

Es ist klar, dass eine Kultur, in der man auf nichts verzichten will, schwer zu überwinden sein wird, solange Universitäten, Hochschulen, Politiker und vor allem Eltern nicht zusammenarbeiten, um eine Kultur zu schaffen, die die Fähigkeiten zur Bewältigung von Problemen fördert, indem sie den Kindern die Möglichkeit gibt, die Früchte ihrer guten bzw. schlechten Entscheidungen zu erfahren. Glücklicherweise haben wir jedoch viele Eltern erlebt, die ihren Kindern erfolgreich dabei helfen, die Plage des Anspruchsdenkens zu vermeiden. Eltern, die Liebe-und-Logik-Erziehungsmethoden erlernen und anwenden, erhöhen die Chancen, Kinder großzuziehen, die keine Anspruchssymptome zeigen.

Wirklich glücklich sind die Kinder, deren Eltern bereit sind, dass sie sich die von ihnen gewünschten Güter und Dienstleistungen erarbeiten und sich verdienen.

Wirklich glücklich sind die Kinder, deren Eltern den „Matching Funds“-Ansatz[1] praktizieren. Diese Eltern unterstützen ihre Kinder

[1] Unter Matching-Fund […] versteht man eine Form der komplementären Finanzierung für kulturelle Institutionen bzw. Non-Profit-Organisationen. Gemeint ist damit, dass die Auslobung öffentlicher Mittel untrennbar mit dem Einwerben privater Mittel in einer bestimmten Höhe verbunden ist (Wikipedia, Zugriff 23.03.2020).

beim Kauf von Waren und Dienstleistungen, wenn die Kinder sich einen Teil der Kosten verdient und gespart haben.

Wirklich glücklich sind die Kinder, deren Eltern von ihnen erwarten, dass sie ihren gerechten Anteil an der Arbeit leisten, die für den Unterhalt eines Haushalts erforderlich ist.

Wirklich glücklich sind die Kinder, deren Eltern liebevolle Grenzen setzen und ihnen vernünftige Wahlmöglichkeiten geben und dann zulassen, dass die Folgen ihrer Entscheidungen sie auf die Welt der Erwachsenen vorbereiten.[2]

[2] Weitere Informationen und Ratschläge zu diesem Thema finden Sie (in Englisch) unter *From Innocence to Entitlement* vom *Love and Logic Institute.* Verfügbar unter www.loveandlogic.com. Das Buch bietet spezifische und praktische Methoden für Eltern zur Bekämpfung des Anspruchsdenkens der Kinder.

Perle 16

Ängste und Monster

Manchmal sind sie unter dem Bett. Manchmal direkt vor dem Fenster. Manchmal lauern sie unter Teppichen oder in Schränken und sind bereit, sich in blutrünstigem Schrecken zu erheben, sobald Mama geht und den letzten Lichtstrahl im Flur auslöscht. Wenn sie nicht an den Yeti glauben, werden Sie zustimmen, dass Monster in den Köpfen der Kinder lauern, und zwar dort allein. Jedes Kind, das seine Fantasie mit voller Kraft ausleben kann, weiß, dass die Nachtwesen nicht wie ein normaler freundlicher Welpe aussehen.

Ein siebenjähriges Mädchen stellte sich nach der Adoption vor, dass ihre neuen Eltern nur wie Menschen aussähen, dass sich aber nachts ihre Haut abschälte, um ihr wahres Selbst als Eidechsen zu enthüllen. So dumm uns als Erwachsene solche Ängste auch erscheinen, für unsere Kinder sind sie sehr real und lassen manche vielleicht zögern, unter den Laken hervorzuspähen. Aber wenn wir einmal die lebhafte Vorstellungskraft beiseitelassen, sollten „Monster" Kinder nicht davon abhalten, ins Bett zu gehen.

Wir müssen die negativen Emotionen der Kinder (und ihre Ängste vor dem Schlafengehen) auf sachliche und verständnisvolle Weise untersuchen, ohne emotional beteiligt zu sein. Die einfache, ruhige Bestätigung, dass das Kind in der Lage ist, mit seinem eigenen Problem umzugehen, hilft, die Sorgen des Kindes zu entschärfen. Die Situation wird nicht verbessert, wenn wir auf die Knie gehen und persönlich unter dem Bett nach Monstern suchen. Kinder haben dann wahrscheinlich noch mehr Angst und denken: *Wow! Vielleicht gibt es Monster. Warum hat sie sonst unter das Bett geschaut?*

Wir können uns magisches Denken aber auch zunutze machen. Kleine Kinder glauben wirklich an Magie. Daher ist es für den kleinen Benjamin sehr beruhigend, einen einfachen „monsterjagenden" Bären in seinem Regal zu haben. Manchmal hilft Naomi nur ein

Molekül von Mamas magischem Parfüm in der linken oberen Ecke des Bettlakens beim Schlafen. Solche Methoden müssen natürlich auf eine unbeschwerte, liebevolle Art und Weise eingesetzt werden, die sich die natürliche Denkweise der Kinder zunutze macht. Darüber hinaus sollten wir solche Praktiken nicht zu einem großen Ding machen. Wenn wir uns bei solchen Maschen nicht übermäßig engagieren, werden sie mit zunehmender Reife des Kindes ganz natürlich abgelegt.

Es ist ein paar Cent mehr an Elektrizität wert, um ein Nachtlicht im Flur oder im Badezimmer einzurichten. Wir können in diesem Punkt nachgeben, dürfen aber *nicht nachgeben,* dem Kind zu erlauben, in unser Schlafzimmer zu kommen, um uns zu wecken, weil es Angst hat. Eltern aus diesem Grund aufzuwecken, ist strikt verboten.

Ein Gespräch zur Entschärfung des Monsterproblems könnte so ablaufen:

KIND: Ich will nicht ins Bett gehen, Mama. Ich habe Angst, dass ich heute Nacht sterben könnte.

MAMA: Zum Glück wird heute Nacht nur eines von zehn Millionen Kindern im Schlaf sterben, Schatz.

KIND: Aber ich habe Angst.

MAMA: Wovor hast du Angst?

KIND: Vor Monstern.

MAMA: Oh, darüber würde ich mir keine Sorgen machen. Du hast den Teddy bei dir.

KIND: Könntest du etwas Zauberparfüm auf meine Decken sprühen?

MAMA: Klar.

Eltern, die das Monsterproblem entschärfen, indem sie keine große Sache daraus machen und die Phantasie ihrer Kinder nicht fördern, werden schließlich Kinder haben, die klaglos ins Bett gehen, wenn sie schläfrig werden.

Perle 17

Streit

Es scheint immer das Gleiche zu sein. Wir können unseren Söhnen genug Spielzeuglastwagen kaufen, damit sie ihre eigene Spedition gründen könnten, aber wenn es hart auf hart kommt, kann ein bestimmter Lkw zum Herzenswunsch für beide Jungen werden. Sie zerren und schieben und schreien. Sie geben nicht nach, egal was passiert. Es ist ein ärgerliches Phänomen.

Normale Eltern, die normale Kinder haben, haben Kinder, die streiten. Das ist eines der Dinge, die Kinder tun. Das gehört zum Erwachsenwerden. Leider sagen sich viele von uns, wir seien keine guten Eltern, wenn unsere Kinder streiten. Wenn dies jedoch das Maß für gute Erziehung wäre, gäbe es auf der Welt keinen einzigen guten Elternteil.

Bei der Auseinandersetzung mit den Streitereien unserer Kinder ist es wichtig, sich aus ihnen herauszuhalten. Erwarten Sie, dass sie ihre Streitigkeiten selbst austragen. Dies ist vielleicht das härteste Erziehungsprinzip, das wir befolgen müssen, weil die Kinder unbedingt wollen, dass wir eingreifen. Tatsächlich macht unsere Intervention es für sie zu einer sicheren Sache, wenn sie streiten. Sie wissen, dass wir einschreiten, bevor jemand verletzt wird, also haben sie keine Skrupel, ihre Fäuste hochzunehmen.

Unsere Reaktion auf diese Auseinandersetzungen sollte unter anderem sicherstellen, dass sie irgendwo weit weg von uns stattfinden. Sobald das Gezänk in unsere Ohren dringt, sind unsere Kinder mit einem einfachen „Hey, Leute, tragt eure Kämpfe draußen aus“ aus unserem Bereich verschwunden.

Natürlich müssen wir eingreifen, wenn Leib und Leben in Gefahr sind. Wenn ein großes Kind ständig ein kleines Kind terrorisiert – indem es ihm unerbittlichen Zorn entgegenbringt – dann müssen wir das beenden. Meistens müssen wir jedoch daran denken, dass es zwei braucht, um sich zu streiten. Selbst das kleinste und schwächste Kind hat Wege, den großen Bruder oder die große Schwester zu ärgern. Sie werden sich stundenlanger Bestrafung unterwerfen, nur um zwei Minuten zuzusehen, wie der große Bruder oder die große Schwester es von Mama oder Papa „kriegt".

Wenn die Zungen ruhig und die Fäuste entspannt sind, dann und nur dann sprechen wir mit unseren Kindern über das Streiten. Der Versuch, mit Kindern, die emotional aufgewühlt sind, vernünftig zu reden, ist reine Zeitverschwendung. Um unseren Kindern bei der Lösung ihrer Schwierigkeiten zu helfen, müssen sie ihre Gefühle erkennen. Haben sie sich wütend, traurig, frustriert, übergangen oder sonst irgendwie gefühlt? Warum haben sie zornige Worte benutzt, anstatt nett zu spielen? Erstens müssen sie ihre Gefühle erkennen, und zweitens müssen sie verschiedene Möglichkeiten des Umgangs mit ihnen erkennen.

Wir können an dieser Stelle Beispiele verwenden: „Würde ich meinen Chef, Herrn Schneider, immer dann schlagen, wenn ich mich frustriert fühle, wäre ich wahrscheinlich nicht so glücklich, wie wenn ich meine Frustration auf eine andere Art und Weise verarbeiten würde." Der Punkt ist, dass wir uns mit den Gefühlen des Kindes identifizieren und ihm dann helfen müssen, eine neue Vorgehensweise zu finden. Bei wirklich ekelhaften Kindern – die sich damit rühmen, Gleichaltrige zu verprügeln – kann es jedoch notwendig sein, ihnen eine signifikante Lerngelegenheit (SLG) zu bieten.

Foster beriet einmal einen kleinen Jungen namens Kurt, der ein Experte darin war, andere kleine Kinder zu terrorisieren. Kurts Vorgehensweise war einfach, aber effektiv: Er nahm sie sich einfach auf dem Spielplatz zum Ziel und walzte sie dann nieder.

Zwei Wochen nachdem Foster Kurt in eine seiner besten Pflegefamilien gebracht hatte, kamen Kurt und seine Pflegemutter zu einem Termin. Der kleine Löwe war zu einem Lamm geworden. Er hielt ganz zärtlich die Hand seiner Pflegemutter. Die Liebe zwischen ihnen war offensichtlich. Foster fragte: „Kurt, was machen die Streitereien zur Zeit?" „Oh, ich streite nicht mehr viel", sagte Kurt.

„Ja? Warum nicht?", fragte er. „Das war doch deine Stärke."

Kurt schaute zu seiner Mutter hoch und sagte: „Oh, weil ich es hasse, all die Hausarbeiten zu machen."

Foster warf dem Jungen einen verwunderten Blick zu. Kurts rüpelhaftes Verhalten und das Erledigen von Hausarbeiten schienen keinen Zusammenhang zu haben. Als Kurt seinen verdutzten Blick sah, erklärte er: „Dr. Cline, wenn ich streite, sagt meine Mutter, dass es der Familie Energie entzieht. Aber wenn ich hinter dem Kühlschrank mit einem Handfeger putze, bringt das wieder Energie in die Familie."

Das erklärte es. In einer untrainierten Familie hätten die Eltern Kurt befohlen, sein Verhalten zu unterbinden. Sie hätten gesagt: „Kurt, schlag nicht auf das andere Kind ein, sonst wirst du es bereuen", und Kurt hätte das andere Kind fertig gemacht, bevor sie den Satz beendet hätten.

Aber die Pflegemutter hatte Kurts Verhalten mit einer Konsequenz verbunden. Wenn sich Kurts Verhalten verschlechterte, konnte sie ihn ansehen und sagen: „Kurt, Schatz, ich spüre einen Energieverlust", und Kurt dachte dann: *Oh nein, bloß das nicht!,* und es gab keinen Streit.

PERLE 18

Freunde

Ab dem Zeitpunkt, an dem unsere Kinder nicht mehr auf den Knien herumrutschen, sondern laufen können, werden sie mit anderen Kindern zusammen sein und mit Puppen oder Bällen spielen, Karten tauschen oder in der Nachbarschaft herumrennen. Unsere Kinder werden Freunde finden. Das ist die gute Nachricht. Wie wir wissen, sind Freunde großartig, wenn man Kinder hat. Die schlechte Nachricht ist, dass wir die Freunde, die sie sich aussuchen, oft nicht mögen.

Einer der größten Fehler, den wir Eltern machen, ist, mit unseren Kindern in einen Kontrollstreit darüber zu geraten, wer ihre Freunde sind. Den werden wir jedes Mal verlieren. Deshalb sollten wir den Mund halten und einen anderen Weg einschlagen. Wir sollten uns auf die Bereiche konzentrieren, die wir kontrollieren können.

Wir können unseren Kindern eine Wahl bieten: Suche dir Freunde aus, die wir gutheißen, und spiele dann mit diesen Freunden bei uns zu Hause, oder suche dir Freunde aus, die wir nicht gutheißen, und dann darfst du sie nicht mitbringen. Oder wir können sagen: „Hättest du gerne Freunde, die deine Entscheidungs- und Denkfähigkeiten auf die Probe stellen, oder hättest du lieber welche, die nicht so herausfordernd sind?

Wenn wir versuchen, die Beziehungen unserer Kinder zu verändern, kann dies unserer eigenen Beziehung zu unseren Kindern schaden. Unsere Kinder rebellieren dann gegen unsere Forderungen und Befehle. Wenn wir unseren Kindern verbieten, mit bestimmten Freunden zu spielen, sagt ihnen das, dass wir Angst haben, dass die Einstellungen, Überzeugungen oder Gewohnheiten der Freunde auf sie abfärben könnten. Es sagt unseren Kindern auch, dass sie nicht selbst denken können. Die Folge ist in der Regel, dass die Freunde interessanter und begehrenswerter werden. Aber wir können ihnen sagen, was wir denken. Kinder können nicht gegen Gedanken und

Meinungen rebellieren. Wenn unsere Beziehung zu unseren Kindern kommunikativ bleibt, werden sich unsere Kinder auf lange Sicht im Allgemeinen Freunde aussuchen, die uns gefallen.

Tori ist dabei, das Haus zu verlassen, um Zeit mit Freunden zu verbringen, die ihr Vater nicht billigt.

TORI: Tschüss, Dad. Ich gehe jetzt.

DAD: Gehst du mit Amber und Melissa aus?

TORI: Ja, und?

DAD: Und … gut! Ich hoffe nur, meine Liebe, dass einiges von dir auf sie abfärbt.

TORI: Oh, Dad.

DAD: Schätzchen, ich meine es ernst. Manchmal denke ich einfach, dass diese Kinder dich in ihrer Nähe brauchen. Vielleicht hast du einen guten Einfluss auf sie oder so.

TORI: Magst du sie nicht?

DAD: Es geht nicht darum, sie nicht zu mögen, Tori. Ich mache mir nur manchmal Sorgen, dass das Leben für diese Kinder vielleicht nicht so glatt verläuft wie ich hoffe, dass es bei dir ist. Viel Vergnügen.

Wir mögen angenehm überrascht sein, wenn wir die Freunde unserer Kinder kennenlernen. Unsere Kinder sehen oft etwas Gutes in anderen, das wir einfach nicht sehen. Wenn wir die Freunde unserer Kinder kennenlernen, erfahren wir vielleicht auch mehr über unsere Kinder; wir verstehen dann vielleicht, warum sie sich zu bestimmten Menschen hingezogen fühlen.

Perle 19

Vorbereitung auf die Schule

„Wie oft muss ich dich noch rufen?" – „Setz dich endlich in Bewegung!" – „Du kommst zu spät zur Schule, wenn du nicht Gas gibst!"

Wie oft passiert es, dass wir morgens diese Befehle brüllen? Und das aus gutem Grund, finden wir. Unser morgendlicher Zeitplan ist eng, das Ritual komplex. Leider bewegen sich unsere Kinder bei ihren Schulvorbereitungen oft nicht schneller als die Kontinentalverschiebung. Die erste Stunde des Tages ist jedoch die allerbeste Zeit, um Kindern Verantwortung beizubringen. Wir tun dies, indem wir ihnen die Chance geben, den größten Teil des Denkens und die meisten Aufgaben, die wir normalerweise für sie erledigen, zu übernehmen. Diese vier allgemeinen Regeln machen den Morgen zu einer angenehmeren Zeit für alle:

1. ***Legen Sie fest, was Aufgabe der Eltern und was Aufgabe der Kinder ist.*** Ein Gespräch mit den Kindern wird ihnen helfen zu erkennen, dass das Stellen des Weckers, das Aufwachen mit dem Wecker, die Auswahl der Kleidung, das Anziehen, das Abwaschen, das Im-Auge-Behalten der Uhr, das Denken an das Essensgeld und die Schulsachen und sogar die Entscheidung, wie viel sie essen wollen, wirklich ihre Verantwortung sind. Die Einzigen, die darunter leiden, wenn diese Dinge vernachlässigt werden, sind die Kinder. Unsere Verantwortung ist es, die Schule zu unterstützen, was die Konsequenzen für Verspätungen angeht.
2. ***Halten Sie sich aus dem „Erinnerungsgeschäft" heraus.*** Erinnerungen berauben die Kinder der Möglichkeit, die Fehler zu machen, die sie zum Lernen brauchen.
3. ***Nicht retten!*** Kinder zu retten, beraubt sie der Möglichkeit, in emotionalen Zeiten, in denen die Lektionen am besten in Erinnerung bleiben, diese zu lernen. Mit anderen Worten: Wenn die Kinder

zum Beispiel zu Fuß zur Schule gehen, fahren wir sie nicht mit dem Auto, nur damit sie nicht zu spät kommen. Und keine Entschuldigungen für ihre Verspätungen schreiben!

4. ***Ersetzen Sie den Ärger durch Empathie, wenn sie Fehler machen.*** Weise Eltern, die sehen, dass ihre Kinder zu spät kommen werden, sagen: „Oh, Schatz, es tut mir leid, dass du ein Problem mit deinem Lehrer haben wirst. Ich hoffe, du kommt damit zurecht."

Folgender Dialog zeigt, wie man mit den Kindern darüber reden kann, dass sie rechtzeitig aufstehen:

PAPA: Um wie viel Uhr kommt der Schulbus morgens, Zach?

ZACH: 8.20 Uhr.

PAPA: Wann willst du also aufstehen?

ZACH: Oh, um acht.

PAPA: Gut. Wie wirst du das machen?

ZACH: Du wirst kommen und mich wecken.

PAPA: Ja, das habe ich bisher immer gemacht. Aber jetzt bist du acht Jahre alt, und die meisten Kinder in deinem Alter wecken sich selbst auf. Wie willst du dich also aufwecken?

ZACH: Mit meinem Wecker.

PAPA: Gute Idee. Du kannst den Alarm einstellen und um acht Uhr aufstehen.

ZACH: Was, wenn ich durchschlafe?

PAPA: Dann wirst du wahrscheinlich zu spät kommen.

ZACH: Oh.

PAPA: Wie willst du deinem Lehrer dein Fehlen erklären?

ZACH: Das ist einfach: Du kannst eine Entschuldigung für mich schreiben.

PAPA: Ich schreibe gerne die Wahrheit – dass es dir schwer fällt, rechtzeitig zur Schule zu kommen und dass ich die Schule bei ihren Disziplinarmaßnahmen unterstützen werde.

ZACH: Aber wenn ich ständig zu spät komme, könnten sie mich sitzen bleiben lassen!

PAPA: Ja, das könnten sie wahrscheinlich. Das wäre schade für dich.

Die Chancen stehen gut, dass Zach aufstehen und auf den Schulbus warten wird, wenn dieser am nächsten Morgen vorbeikommt. Kinder mit Eltern, die sich weniger um ihr Sitzenbleiben kümmern als darum, ihren Kindern die Möglichkeit zu geben, über das Sitzenbleiben nachzudenken, ziehen Kinder heran, die denken und selten durchfallen. Ihre Eltern werden sich darüber keine Sorgen machen, also sollten sie es besser selber tun.

Wenn ihre Langsamkeit andere beeinträchtigt

Manchmal wirkt sich die morgendliche Verspätung unserer Kinder auch auf andere aus, z. B. wenn wir sie auf dem Weg zur Arbeit in der Schule oder im Kindergarten absetzen müssen. Um mit diesem Dilemma umzugehen, braucht es ein wenig Erfindungsreichtum.

Der fünfjährige Jack ließ seine Mutter regelmäßig zu spät zur Arbeit kommen. Sie versuchte alle bekannten Taktiken, damit er rechtzeitig fertig war: den Hintern versohlen, Dinge wegnehmen, Fernsehprivilegien verweigern. Nichts funktionierte. Dann beschloss sie, Jack etwas Kontrolle zu geben. Sie sagte: „Jack, ich bin ganz begeistert. Ab morgen werde ich nie wieder zu spät zur Arbeit kommen, denn mein Auto wird jeden Morgen um 7.30 Uhr abfahren, und es gibt zwei Möglichkeiten, wie du mit mir mitkommen kannst. Möchtest du sie hören?“

Jack sagte: „Ich denke schon.“

„Nun“, sagte Mama, „angezogen ist die eine Möglichkeit und nicht angezogen ist die andere.“

Am Morgen setzte Jack (der nicht bereit war, sein Verhalten so einfach zu ändern) seine Bummelstreik-Routine fort. Um 7.30 Uhr war er noch nicht fertig. Mama kam in sein Zimmer und sagte: „Du bist nicht angezogen, aber das ist kein Problem. Du hattest wahrscheinlich keine Lust, dich anzuziehen. Deshalb habe ich diese nette kleine Tasche. Wir legen deine Kleidung einfach hier rein. Du kannst dich anziehen, wann immer du willst.“

Sie nahm Jack an die eine Hand und die Tasche in die andere und ging mit ihm zum Auto. Als sie rückwärts aus der Einfahrt fuhr, sagte sie: „Ich bin froh, dass ich heute pünktlich zur Arbeit komme.“

Nun, die Buben dieser Welt werden das nicht einfach so hinnehmen. Sie haben Mumm. Jack gab sein Bestes – mit direktem Angriff auf Mamas „Halsschlagader". „Du liebst mich nicht", klagte er. „Du hast mich im Pyjama auf den Rücksitz des Autos gesetzt." Dann enthüllte Jack den Rest seines Arsenals. Er trat gegen die Rückenlehne, wand sich umher und schrie. Bald winkte er vorbeifahrenden Autofahrern zu, als wäre er entführt worden. Schließlich konnte man eine traurige leise Stimme auf dem Rücksitz hören: „In Zukunft muss ich wohl einfach pünktlich angezogen sein."

Bei dieser Vorgehensweise kann es notwendig sein, sich vorher mit dem Lehrer oder dem Betreuer des Kindes in Verbindung zu setzen. Weisen Sie diese Person an, das Kind erst in den Raum zu lassen, um mitzumachen, wenn es seine Kleidung anhat.

PERLE 20

Geschenke

Was kann erfüllender sein, als unseren Kindern Geschenke zu machen? Ein Geschenk zu machen, bietet jedoch viel mehr Möglichkeiten als nur die Tatsache, dass ein neues Spielzeug unseren Kindern Freude bereitet. Die meisten von uns betonen, wie wichtig es ist, unseren Kindern die *wahre* Bedeutung von Weihnachten zu vermitteln und dass die Dekoration und die Geschenke eigentlich nicht das sind, was Weihnachten ausmacht. Aber die kleinen Gehirne unserer Kinder schreien immer noch oft: „Was hast du mir gekauft? oder „Was hast du mir gebracht?“, zusammen mit: „Seins ist größer als meines!“ oder „Du hast ihm mehr gegeben!“ Und die Eltern fragen sich oft: *Kann ich Milan einen geben, ohne dass auch Max einen bekommt?* Oder ein Elternteil sagt zum anderen: „Schatz, meinst du nicht, dass wir den Kindern genug gekauft haben?

Viele Eltern überschütten ihre Kinder mit Geschenken. In zu vielen Familien ist das Öffnen von Geschenken eine zügellose Party, bei der das Kind das Papier von einem Geschenk abreißt, das Geschenk kurz anschaut und dann auf einen Jagdausflug geht, um ein weiteres Geschenk aufzureißen.

Es gibt ein paar Liebe-und-Logik-Richtlinien für das Schenken, an die sich weise Eltern halten:

1. ***Wenn Ihr Kind Geschenke wenig schätzt, geben Sie weniger.***
   Wenn Ihr Kind sich langweilt, nicht dankbar ist oder nicht gut auf ein Geschenk reagiert, ist es ziemlich wahrscheinlich, dass Sie eine anspruchsvolle Göre aufziehen. Ihr Kind bekommt und erwartet einfach zu viel.
   Ein altes Weihnachtslied warnte die Kinder von einst: „Besser nicht schmollen, besser nicht weinen“, da der Weihnachtsmann seine Liste zweimal darauf überprüfte, welche Kinder „unartig oder

brav" waren. Viele der heutigen Kinder glauben, dass Schmollen und „unartig oder brav" zu sein absolut nichts mit dem Stapel an Geschenken zu tun haben, auf den sie ein Anrecht haben. Sie haben das Gefühl, dass man ihnen Geschenke schuldig ist. Wenn ein aufrichtiges Dankeschön fehlt, ziehen Sie ein Kind mit Anspruchsdenken auf. Dies kann man leicht ignorieren, wenn die Kinder jünger sind, wird aber oft zu einem vorwurfsvollen und feindseligen Verhalten, wenn sie Teenager sind.

2. ***Alle Kinder sollten gleich geliebt und gleich behandelt werden. Das bedeutet jedoch nicht immer gleiche Geschenke.***
Die glücklichsten Eltern wissen (und kluge Kinder lernen): „Jedem Tierchen sein Pläsierchen." So funktioniert die Welt eben. Manchmal braucht das eine Kind etwas Teures und das andere Kind nicht. Eltern, die ihre Kinder lieben und im Allgemeinen gleich behandeln, helfen ihren Kindern zu lernen, das Stillen ihrer Wünsche hinauszuzögern, Wertschätzung zu zeigen, Fähigkeiten zum Umgang mit Problemen zu entwickeln, mit Eifersucht umzugehen und die Bedürfnisse anderer zu verstehen, wenn sie sich nicht so verhalten, als brauche jedes Kind jedes Mal ein Geschenk, wenn ein anderes ein Geschenk erhält. Eltern, die ihre Kinder gleichermaßen lieben und insgesamt gleichgroßzügig sind, müssen nicht das Gefühl haben, dass sie jedes Mal gleichwertige Geschenke machen müssen.

3. ***Lassen Sie sich nicht auf den Marketinghype ein.***
Wenn die Feiertage anstehen, werden Ihre Kinder mit Werbespots bombardiert. Sie wollen eine bestimmte Puppe oder ein bestimmtes Spiel. Nichts anderes wird es tun. Es ist in Ordnung, solche Launen zu befriedigen, wenn das Kind die wahren Gründe kennt, aus denen der beworbene Artikel attraktiv ist. Aber kluge Eltern helfen ihren Kindern, nicht auf einen Trick hereinzufallen: „Mensch, sie lassen diese Plastikrakete doppelt so groß aussehen, wie sie ist, und tun so, als hätten die Kinder zehnmal mehr Spaß damit, als es in Wirklichkeit ist. Ich glaube, das hast du schon gemerkt, oder?"
Es ist völlig in Ordnung, zu einem Kind zu sagen: „Schatz, solche Dinge zu kaufen, passt einfach nicht zu meinem Wertesystem. So

etwas tue ich einfach nicht. Aber ich kann verstehen, dass du es willst. Du kannst es kaufen, wenn du willst!“

4. ***Seien Sie beim Öffnen von Geschenken kreativ.***
   Es ist nicht unbedingt notwendig, alle zwanzig Geschenke nacheinander zu öffnen. Eine Familie empfand es als viel sinnvoller für die Kinder, wenn die Geschenke über die „zwölf Weihnachtstage“ hinweg geöffnet wurden. Lassen Sie die Kinder auswählen, welches Geschenk sie an welchem Tag öffnen möchten. Dann werden sie sich auf jedes Geschenk freuen.

5. ***Bringen Sie Ihrem Kind die Freude am Geben bei.***
   Die Freude am Geben übertrifft die Freude des Empfangens. Bringen Sie dies Ihren Kindern bei. Einige von ihnen kommen vielleicht nicht von selbst darauf. Wenn Sie Ihre Begeisterung zeigen, wenn Sie anderen etwas geben, wird das ansteckend sein: „Ich wette, wenn wir diesen Truthahn zur Heilsarmee bringen, werden sie sehr glücklich sein. Das wird sie sehr freuen!“ oder: „Ich weiß, es ist sehr schwer, Dinge für deinen Bruder auszusuchen, aber du scheinst ihn mit dem, was du auswählst, immer zu beglücken. Ich kann kaum erwarten, die Überraschung zu erleben, was du dieses Jahr ausgewählt hast.“
   Der Wert des Schenkens ist nur dann bedeutend, wenn die Kinder ihr eigenes Geld ausgeben. Dies führt dazu, dass die meisten Kinder sehr kreativ mit dem umgehen, was sie als Geschenk machen oder kaufen. Oft ist ein Geschenk, das ein Kind selbst herstellt, aufregender und erfreulicher als etwas Gekauftes.

Perle 21

Noten, schlechte Leistungen und Zeugnisse

„Nele ist in Mathe nicht besonders gut. Wir sind irgendwie besorgt. Wir haben mit ihrem Lehrer gesprochen. Wir verbringen jeden Abend Stunden mit den Problemen, aber wir bekommen immer noch Dreien und sogar Vieren. Und auf unserem ersten Zeugnis hatten wir eine Vier minus. Ich weiß nicht, wie wir die zweite Klasse überstehen sollen."

Spricht hier Neles Zwillingsschwester? Raten Sie noch einmal. Es ist Neles *Mutter.*

Dies ist die Generalregel für Noten und Zeugnisse: Eltern bekommen keine Zeugnisse, Kinder schon. Die Kinder sitzen im Klassenzimmer, die Kinder erhalten den Unterricht, die Kinder machen die Schularbeiten, und die Kinder bekommen die Note. Damit die Eltern das Problem mit dem Zeugnis effektiv angehen können, dürfen sie den Kindern die Verantwortung nicht abnehmen. Es ist wichtig, dass die Kinder wissen, dass das Zeugnis ihre Sache ist. Als Eltern kümmern wir uns. Das kann sogar in Besorgnis übergehen. Aber das Problem zu lösen? Das ist Sache unserer Kinder.

Foster erinnert sich lebhaft daran, dass sein weiser Vater immer dafür sorgte, dass die Sache mit dem Zeugnis Fosters Verantwortung blieb. In der Grundschule hatte Foster einen sehr schwierigen Start. Einmal kam er mit lauter Vieren nach Hause. Sein Vater sah sich das Zeugnis an, holte seinen dicken schwarzen Füllfederhalter heraus und hielt inne. „Und Foster, bist du stolz darauf?", fragte er.

Foster antwortete: „Nein."

„Das ist gut." Dann unterschrieb sein Vater das Zeugnis. Dieses Ritual wiederholte sich immer wieder. Gott sei Dank, sagte Foster nie, er sei stolz auf das Zeugnis. Er hätte sonst Nachhilfeunterricht und weiß der Himmel, was sonst noch bekommen.

Das folgende Schaubild hilft uns zu klären, wann wir uns um die Leistung unserer Kinder kümmern sollten:

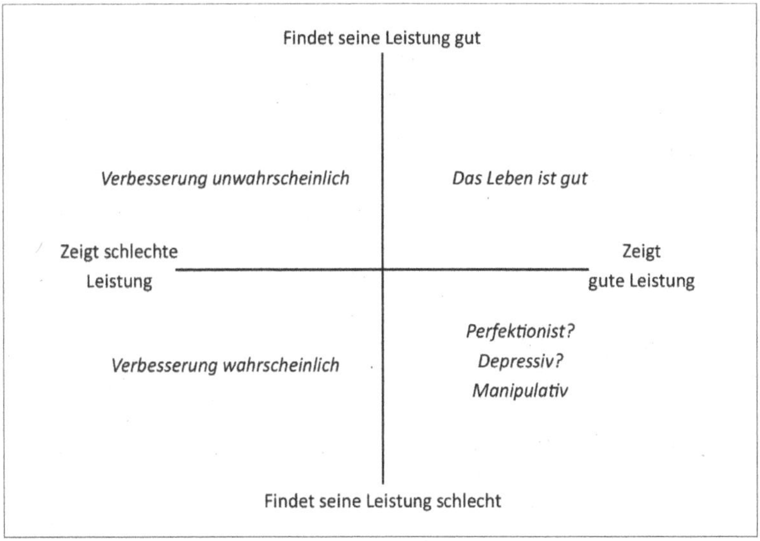

Zusammenfassend lässt sich sagen: Wenn Kinder sich wie Truthähne verhalten, aber Adler werden wollen, fliegen sie schließlich wie Profis. Aber wenn sie sich wie ein Truthahn verhalten und sich wie ein Adler fühlen, kommen sie nie vom Boden hoch.

Wie bei vielen anderen Themen wollen Kinder auch bei den Zeugnissen, dass Eltern Gefühle zeigen. Auf unbewusster Basis spielt es keine Rolle, ob die elterliche Emotion positiv oder negativ ist – sie werden darauf aus sein, egal wie. Wenn die Kinder von der Schule zurückkehren und ein Zeugnis von gemischter Qualität vorlegen, sollten die Eltern daher über das Positive schwärmen und auf das Negative ohne Emotionen eingehen. Ein Gespräch könnte so verlaufen:

PAPA: Hey, eine Eins in Kunst! Das ist super! Du hast Kunst schon immer gemocht, nicht wahr?

KIND: Ja, Kunst macht Spaß.

PAPA: Und eine Zwei im Sportunterricht! Natürlich, du bist ja immer wie der Wind gerannt. Und noch eine Zwei in Musik. Das ist wirklich gut! Hmm, eine Vier in Mathe. Das könnte wahrscheinlich besser sein. Toll, eine Zwei in Gemeinschaftskunde! Es ist wichtig, sich in Geschichte und Geografie auszukennen. Was wirst du mit Mathe machen?

Wir sollten uns immer in den Bereichen engagieren, in denen unsere Kinder sich auszeichnen. Wenn Charlotte gut in Biologie abschneidet, verbringen wir einige Zeit zusammen am Teich und schauen uns die Viecher durch das Mikroskop an. Wenn Jakob Geschichte begeistert, schauen wir uns zusammen Bücher an, die sie auf eine farbenfrohe und interessante Weise präsentieren.

Wenn über schlechte Noten gesprochen wird, sollte das in einer nicht-emotionalen, aber fürsorglichen Weise geschehen:

- „Hast du einen Plan für Geschichte?“
- „Was denkst du über die Mathe-Note?“
- „Denkst du, dass die Note in Biologie mit der Zeit besser wird, oder wird es eher weiter bergabgehen?

Es ist wichtig, dass die Fragen nicht wie in einem Verhör gestellt werden.

In Wirklichkeit sind nicht die schlechten Noten, sondern die *Ursache* dafür das Problem. Kinder erhalten schlechte Noten, weil sie ein schlechtes Selbstbild haben oder weil sie gegen das Wertesystem ihrer Eltern rebellieren oder aufgrund von Angst, Depressionen, Lernproblemen und einer Reihe anderer Gründe. Manchmal gibt es ein Problem mit ihrer Einstellung. Jeder dieser Gründe erfordert möglicherweise eine andere Reaktion. Es kann von Vorteil sein, wenn jemand von außerhalb die Situation des Kindes betrachtet und den Eltern hilft, eine angemessene Reaktion zu finden.

Eine andere Möglichkeit, mit Kindern damit umzugehen, ist, es schriftlich zu tun, insbesondere wenn ein Gespräch mit ihnen zwangsläufig explosiv wird. Im Folgenden finden Sie ein Beispiel für einen Brief, den ein Elternteil an das Kind schreiben könnte, um effektiv auf diese Art von Problem zu reagieren. Der Vorteil der schriftlichen Form liegt darin, dass das Kind die vollständigen Gedanken der Eltern erfahren kann, bevor es die Möglichkeit hat, zu argumentieren oder sich zu verteidigen. Am besten funktioniert es, wenn man am Ende des Briefes den Vorschlag macht, dass das Kind eine Weile darüber nachdenkt, bevor es antwortet.

Lieber Tim,

warum möchte ich wissen, wo du bist und wann du wieder zu Hause bist?
Warum erwarte ich von dir, dass du mich so respektierst, wie ich dich respektiere?
Warum habe ich Erwartungen an deine schulischen Leistungen?
Warum erwarte ich von dir, dass du deinen Teil der Hausarbeiten erledigst?
Warum erwarte ich, dass du zu den Mahlzeiten der Familie kommst?
Warum setze ich dir Grenzen?

Ich tue diese Dinge, weil es der beste Weg ist, um dir zu beweisen, dass du mir wichtig bist und dass ich dich liebe.
Es ist nicht leicht, Erwartungen an dich zu stellen. Es macht mir viel zusätzliche Arbeit, dich zur Verantwortung zu ziehen. Du stellst mich oft auf die Probe, um zu sehen, ob ich dich wirklich liebe und an dich glaube.

Du kamst spät nach Hause, um zu sehen, wie ich reagieren würde, und du hast festgestellt, dass ich deinen Ausgang für eine Weile eingeschränkt habe. Du hast mir frech geantwortet, um zu sehen, ob ich dich wirklich liebe, und musstest am Ende lange über deine frechen Worte nachdenken, während du einige meiner Aufgaben erledigt hast, um den Energieverlust auszugleichen, den du mir verursacht hast. Du hast „vergessen", deine Hausarbeiten zu erledigen, und warst sehr überrascht, als ich dich in dieser Nacht aus einem tiefen Schlaf weckte, damit du die Arbeiten zu Ende brachtest. Du hast mich auf die Probe gestellt, indem du dich langsam für die Schule fertig gemacht und den Bus verpasst hast. Was für ein langer Weg zur Schule das an diesem Tag war! Du hattest einen Wutanfall im Einkaufszentrum und musstest für einen Babysitter bezahlen, als der Rest von uns das nächste Mal ging.

Jedes Mal, wenn ich einige Konsequenzen für dich festgelegt habe, brach es mir das Herz. Ich glaube wirklich, dass es mich genauso verletzt hat wie dich. Und es war nicht leicht, dir zuzuhören, als du mir sagtest, ich hätte das getan, weil ich gemein sei. Oh, wie viel einfacher wäre es gewesen, dich einfach anzuschreien, dir den Hintern zu versohlen oder dein Verhalten in irgendeiner Weise zu entschuldigen. Allein meine Liebe zu dir und mein Glaube an das, was aus dir werden könnte, gaben mir die Kraft, das zu tun, was ich tun musste.

Ich weiß, dass viele Erwachsene, die ein glückliches Leben führen, einst Kinder waren, die die Grenzen ihrer Eltern ausgetestet haben, es aber nicht geschafft haben, ihre Eltern dazu zu bringen, unter dem Druck nachzugeben. Das führte dazu, dass sie später zu gebildeten und verantwortungsbewussten Menschen wurden und daher mit dem ausgestattet waren, was sie brauchten, um die Freiheit zu haben, ihre Träume zu verwirklichen. Ich weiß auch, dass die Welt voller Menschen ist, die als Kinder keine Grenzen hatten. Du hast diese Leute selbst erlebt. Das einzige Leben, das sie je führen werden, ist voller Enttäuschungen.

Gestern hast du ein Zeugnis mit Noten weit unter deinem Leistungsniveau mit nach Hause gebracht. Bitte verstehe, dass es für mich viel einfacher wäre, Ausreden für dein Verhalten zu finden, als dich zur Verantwortung zu ziehen. Vielleicht ginge es mir sogar besser, wenn ich deine schlechten Noten auf dein Alter, deine Freunde oder sogar deine Lehrer schieben könnte. Aber ich liebe dich zu sehr, um dich auf diese Weise im Stich zu lassen.

Bitte denke ernsthaft über deine schulischen Leistungen nach und teile uns dann deine Pläne zur Lösung dieses Problems mit und wie du deine schulischen Leistungen wieder auf Vordermann bringen willst. Dein Vater und ich stehen am Freitagabend für ein Gespräch mit dir zur Verfügung. Wir möchten, dass du vorbereitet bist, uns mitzuteilen, was du vorhast, und uns auch zu erklären, welche Art von Unterstützung oder Hilfe du von uns benötigst.

Ich verstehe, dass du am Freitagabend gerne ausgegangen wärst. Dein Vater und ich wollten das ebenfalls tun. Wir sind jedoch bereit, für diese Sache zu Hause zu bleiben, weil du für uns so wichtig bist und es uns nicht egal ist, welche Art von Mensch aus dir wird.

Unterdessen haben wir Verständnis dafür, dass du wahrscheinlich sehr unter deinem Zeugnis leidest. Es muss eine große Enttäuschung sein. Bitte sage deinen Lehrern, dass wir dich lieben und unterstützen.

Deine Mama

Es hat mehrere Vorteile, das Problem auf diese Weise anzugehen. Zunächst einmal gibt es sowohl den Eltern als auch dem Kind Zeit, sich zu beruhigen und die richtige Sicht der Situation zu bekommen. Sie gibt den Eltern Zeit, sich mit Lehrern und Beratern zu besprechen. Dieser Ansatz gibt den Eltern auch Zeit, um durchspielen, wie sie dem Kind begegnen wollen, wenn sie sich zu dem Thema treffen, und er reduziert die Emotionen und auch die Wahrscheinlichkeit eines Machtkampfs, was das Problem angeht, erheblich. Geht man auf diese Weise mit einem Problem um, hat das den wesentlichen Vorteil, dass dem Kind kommuniziert wird: Das Wichtigste ist mir, dich zu lieben und zu unterstützen.

Perle 22

Großeltern

Sommerzeit. Familientreffen. Opa, Oma, Mama, Papa und die Kinder. Seltene und wunderbare Momente ereignen sich oft zwischen Großeltern und Enkelkindern während dieser Familienzusammenkünfte – und auch zwischen den erwachsenen Kindern und ihren Eltern. Manchmal kümmern sich die Großeltern auch um ihre Enkelkinder, während die Eltern arbeiten.

Leider wird die Eltern-Kind-Beziehung oft durch das Verhalten unserer Kinder strapaziert, wenn sie gleichzeitig in unserer Nähe und in der Nähe unserer Eltern sind. Normalerweise machen Kinder keine Probleme, wenn sie mit den einen oder anderen alleine sind, aber wenn man die drei Generationen zusammenlegt, kann es große Probleme geben. Uneinigkeit entsteht, wenn wir unsere Kinder anders erziehen, als wir erzogen wurden, insbesondere wenn wir mit anderen Methoden als der Liebe-und-Logik-Erziehung aufgewachsen sind.

Die Großeltern verstehen vielleicht nicht, was zwischen uns und unseren Kindern vor sich geht. Wir reagieren auf die Fehler unserer Kinder eher mit Empathie als mit Zorn; wir zeigen eher Gewogenheit als Bewahrung; wir kümmern uns, sind aber nicht besorgt. Im Allgemeinen geben wir unseren Kindern Verantwortung, in dem Wissen, dass sie scheitern können, dass der Preis für das Scheitern tragbar ist, und die Kinder aus ihren Erfahrungen große Lehren ziehen werden.

In den meisten Fällen sind unsere Eltern ganz anders mit uns umgegangen. Großeltern, die diese Methoden nicht verstehen, können kritisch und vorwurfsvoll werden: „Wie konntest du es zulassen, dass das mit Philipp passiert?“, fragen sie, und es entstehen Spannungen innerhalb der Beziehung.

Bevor wir uns mit Methoden zur Vermeidung dieser Spannungen befassen, sollten wir uns bewusst machen, dass unsere Kinder dem Beispiel, das wir ihnen im Umgang mit unseren eigenen Eltern geben, später im Erwachsenenalter folgen werden. So, wie wir unsere Eltern behandeln, werden wir auch von unseren Kindern behandelt werden. (Lief Ihnen gerade ein Schauer über den Rücken?)

Denken Sie auch daran, dass in einigen unglücklichen Fällen Eltern und Kinder eine geradezu giftige Beziehung hatten und noch haben. Erwachsene Kinder fühlen sich manchmal zu ihren Eltern hingezogen wie Motten zur Flamme – für immer verbrannt, aber immer wieder zurückkehrend, in der Hoffnung auf eine enge Beziehung, die nie eintreten wird. Die Auseinandersetzungen um die Erziehung der Enkel sind nur Symptome tieferer, langfristigerer Probleme.

Einige von uns werden durch das Leben gehen, ohne jemals vollständig von unseren Eltern akzeptiert oder bedingungslos geliebt zu werden, und all die Energie, die wir dafür aufwenden, wird nur zu noch mehr Frustration führen. Dies ist wichtig, wenn wir nun die vier Grundregeln für die Interaktion zwischen Eltern und Großeltern erörtern.

1. ***Wenn wir mit unseren Eltern zusammen sind, muss entschieden werden, wer die Kinder kontrollieren soll.***
   In der Regel sollten das die Eltern sein. Wenn Großeltern das Bedürfnis verspüren, über das Verhalten unserer Kinder zu reden, sollten wir sie darum bitten, dies zu tun, wenn das Kind sich gerade nicht schlecht benimmt oder nicht anwesend ist. Eine gute Möglichkeit, wie Oma oder Opa ihre Gedanken darlegen können, ist: „Meine Beziehung zu euch ist mir wirklich wichtig, und ich möchte nichts tun, was sie belastet. Mir sind einige Dinge über die Enkel aufgefallen. Möchtet ihr sie hören?“ Nur wenn wir ja sagen, sollten die Großeltern fortfahren.
2. ***Wir sollten zu unseren Wünschen stehen.***
   Anstatt auf das zu reagieren, was die Großeltern sagen, ist es am besten, wenn wir uns aktiv mit dem Prozess befassen, wie die Dinge gehandhabt werden könnten. Wir könnten zum Beispiel zu unseren Eltern sagen: „Mama, bevor du einen Kommentar abgibst oder mit mir darüber sprichst, wie ich die Kinder erziehe, hoffe ich, dass du dich zuerst liebevoll danach erkundigst und mich fragst, warum ich die Dinge so handhabe, wie ich sie handhabe. Hört sich das für dich vernünftig an?“

3. ***Lassen Sie die Großeltern wissen, warum wir bei ihnen sind.*** Ist es aufgrund eines Schuldgefühls oder weil wir uns verpflichtet fühlen? Oder besuchen wir sie, weil wir Spaß haben wollen? Manchmal müssen wir unseren Eltern sagen: „Mama und Papa, die Menschen treffen sich in den Ferien entweder aus Pflicht- und Schuldgefühlen oder um gemeinsam Spaß zu haben. Ich frage mich, ob ihr unsere gemeinsame Zeit genießt. Wenn nicht, dann findet eine Lösung dafür, denn ich bin nicht bereit, dass wir uns nur aus Pflicht- oder Schuldgefühlen treffen."
4. ***Klären Sie die grundsätzlichen Erwartungen.*** Es ist wichtig, dass zwischen beiden Parteien einige Dinge geklärt werden. Eine Bitte, die wir an unsere Eltern richten müssen, ist, dass sie unsere Erziehungsmethoden vor unseren Kindern nicht negativ kommentieren. Eine Bitte ist, dass sie die Kinder nicht ohne unsere Erlaubnis disziplinieren. Manchmal könnte es notwendig sein, die Möglichkeit zu diskutieren, die Kinder zu Hause zu lassen, damit die Großeltern nicht in Versuchung kommen, sich einzumischen.
   Ebenso haben die Großeltern Rechte. Wenn sich die Kinder wie Teufelsbraten benehmen, haben die Großeltern das Recht, entweder uns zu bitten, uns darum zu kümmern, oder die gesamte Familie zu bitten, zu gehen.
   Unterscheiden sich unsere Erziehungsmethoden deutlich von denen unserer Eltern, könnte es klug sein, vor unserem Besuch die Prinzipien der Liebe-und-Logik-Erziehung zu erklären.

Zusammenfassend lässt sich sagen, dass die Richtlinien für den Umgang mit Großeltern denen für den Umgang mit Kindern ähneln: Behaupten Sie sich, kümmern Sie sich auf gesunde Weise um sich selbst, konzentrieren Sie sich auf die Lösung von Problemen statt auf Frustration und Ärger und ziehen Sie gegebenenfalls Konsequenzen.

PERLE 23

Hausaufgaben

Die Hausaufgaben unserer Kinder sind ihr Problem. Es sind ihre Stifte, die sich bewegen müssen, ihr Verstand, der gedehnt werden muss, und ihre Zeugnisse, die nach Hause gebracht werden müssen. Viel zu viele Eltern lassen sich in die Falle locken, die Schularbeiten ihrer Kinder seien irgendwie das Problem der Eltern. Sie stellen ihren Kindern ein Ultimatum. Sie lassen sie erst spielen oder fernsehen, wenn die Hausaufgaben gemacht sind. Sie entziehen, bedrohen, schreien und brüllen. Und wenn die Hausaufgaben nicht gemacht werden und die Noten nicht gut sind, gebieten sie Einhalt.

Unsere elterliche Verantwortung besteht darin, unseren Kindern die *Gelegenheit* zu geben, ihre Hausaufgaben zu machen. Ob für eine halbe Stunde oder eine Stunde oder sogar zwei Stunden, unsere Kinder müssen sich an einen Tisch oder Schreibtisch setzen und dabei ihre Schulbücher vor sich liegen haben. Das ist die Gelegenheit. Die Kinder können den Ort (Esszimmer, Küche oder ihr Zimmer) und die Zeit wählen. Wir lassen ihnen sogar die Wahl, *ob* sie lernen wollen oder nicht. Schließlich gibt es zwei Wege, um zu lernen: Sie können tatsächlich ihre Hausaufgaben *machen* oder sie können über ihre Hausaufgaben *nachdenken.* So oder so werden sie lernen – auch wenn die Lektionen anders sein werden. Ihre Lehrer, die die Konsequenzen bestimmen, akzeptieren die zweite Art des Lernens möglicherweise nicht.

Gabi hat das Hausaufgabenproblem mit ihrem Sohn Tom auf folgende Weise effektiv gelöst:

GABI: Also, Tom, es ist Zeit für die Hausaufgabenstunde. Wir haben diese Stunde für dich reserviert, damit du deine Hausaufgaben machen kannst. Bist du bereit?

TOM: Ach, Mama, muss ich das tun?

GABI: Nun, du hast zwei Möglichkeiten, etwas zu lernen: entweder durch das Erledigen deiner Hausaufgaben oder durch das Nachdenken über deine Hausaufgaben. Was willst du heute Abend tun?

TOM: Ich werde einfach über meine Hausaufgaben nachdenken.

GABI: Du kannst es so machen, wenn du willst, Tom. Ich hoffe, dass dein Lehrer damit einverstanden ist. Glaubst du, dass er diese Methode, die Hausaufgaben zu erledigen, akzeptieren wird?

TOM: Ich weiß es nicht.

GABI: Nun, warum denkst du nicht darüber nach, bevor du heute Abend über deine Hausaufgaben nachdenkst. Es gibt also einiges, worüber du in der Stunde nachzudenken hast. Wir sehen uns, wenn du fertig bist.

Es ist nichts dagegen einzuwenden, wenn Eltern ihren Kindern bei den Hausaufgaben helfen. Viele Kinder wollen Hilfe, und wir sollten ihnen den nötigen Hinweis oder die nötige Erklärung geben – aber nur, wenn unsere Kinder darum bitten, und nur solange es hilfreich ist. Wenn wir anfangen, uns zu ärgern, ist das ein Zeichen, dass wir genug geholfen haben. Auf diese Weise geben wir unseren Kindern ein positives Vorbild, weil wir nicht zulassen, dass *ihr* Problem mit den Hausaufgaben auf ungesunde Weise zu *unserem* Problem wird. Aber unser positives Beispiel sollte damit nicht aufhören. Wir zeigen unseren Kindern den richtigen Umgang mit den Hausaufgaben, wenn wir mit ihnen darüber sprechen, wie wichtig es ist, dass wir unsere eigenen Haus- oder Büroarbeiten machen. Dinge zu sagen, wie „Ich muss meine Hausarbeiten machen“ direkt nach dem Abendessen oder „Ich fühle mich nicht gut, wenn ich nicht zuerst meine Arbeit erledigt habe“, und sie dann durchzuziehen, gibt unseren Kindern ein Beispiel, das sie nachahmen können.

Die mangelnde Bereitschaft, Hausaufgaben zu machen, ist ein kompliziertes Thema. Faulheit ist nur eine Ursache. Es gibt eine Unzahl anderer Ursachen, die den Kern des Problems darstellen können. Das Kind könnte eine Lernstörung, eine Aufmerksamkeitsdefizitstörung, ein neurologisches Problem oder ein Haltungsproblem haben. In diesen Fällen bringt die Behandlung der Symptome überhaupt nichts. Wenn Sie feststellen, dass solche schwerwiegenderen Ursachen vorliegen könnten, dann nehmen Sie professionelle Beratung in Anspruch.

Perle 24

Die „Mir ist langweilig"-Nummer

Es ist ein paar Stunden nach dem Verteilen der Weihnachtsgeschenke. Es ist Ruhe eingekehrt und hat die herumfliegenden Papiere und den fröhlichen Lärm ersetzt. Spielzeug, Spielzeug und noch mehr Spielzeug liegt auf dem Boden herum – genug, um damit drei Kindergärten über Jahre hinweg zu versorgen. Plötzlich taucht ein trauriges kleines Gesicht aus den Trümmern auf und man hört eine klagende Stimme: „Mama, mir ist langweilig." Unsere unvermeidliche Antwort ist: „Was? Langweilig? Du hast mehr Spielzeug als alle Kinder in der Dritten Welt zusammen bekommen, und dir ist langweilig? Nein! Das kann nicht sein!"

Gelangweilte Kinder bringen uns manchmal schon am ersten Tag der Sommerferien auf die Palme. Ständige Rufe „Papa, was kann ich tun?" sorgen dafür, dass wir uns auf den Tag freuen, an dem die Schulbusse wieder ihre täglichen Runden drehen.

Ungeachtet dessen, was unsere Kinder sagen, langweilen sie sich wahrscheinlich nicht. Wenn Kinder sagen, dass sie sich langweilen, bedeutet das normalerweise: „Ich möchte, dass du mehr Zeit mit mir verbringst." Mit unseren Kindern zu spielen, ist eine der großen Freuden der Erziehung. Aber wenn wir uns darauf einigen, sollten wir ihnen klarmachen, dass ihre Langeweile ihr Problem ist. In der folgenden Diskussion ging der Elternteil gut mit dem Problem um:

KIND: Ich langweile mich. Hier ist nichts los.

ELTERNTEIL: Langweilst du dich wirklich? Das ist aber schade. Was hast du vor?

KIND: Nun, was kann ich tun?

ELTERNTEIL: Das ist eine wirklich gute Frage. Was für Dinge sind in deinem Zimmer?

KIND: Ach, da ist nichts drin, was mir gefällt. Es langweilt mich alles.

ELTERNTEIL: Hm, gibt es Dinge irgendwo anders im Haus, die du magst?

KIND: Das glaube ich nicht.

ELTERNTEIL: Viele Leute beschäftigen sich mit Dingen, die sie mögen, damit sie sich nicht langweilen. Wenn du sagst, dass du dich langweilst, heißt das, es gibt nichts, was du wirklich magst?

KIND: Richtig.

ELTERNTEIL: Dann sieht es für mich so aus, als gäbe es vielleicht keine andere Möglichkeit, als sich zu langweilen. Wäre das auch eine Möglichkeit?

KIND: Ich glaube, ich könnte mit meinem Videospiel spielen.

ELTERNTEIL: Möchtest du, dass ich ein Spiel mit dir spiele?

KIND: Ja!

PARENT: Ich denke, ich könnte *ein* Spiel mit dir spielen. Aber wenn ich das tue, glaubst du, dass du danach „Danke" sagen wirst, oder wirst du eher jammern und sagen: „Bitte, spiel noch eins mit mir?" Wie gehst du damit um, wenn ich nur eine Partie mit dir spiele?

KIND: Ich verspreche, nicht um ein weiteres Spiel zu bitten.

Wir wollen, dass unsere Kinder die Fähigkeit entwickeln, sich zu motivieren, sich zu interessieren und sich zu unterhalten. Erlauben Sie ihnen, aus ihrem selbstauferlegten Schneckenhaus der Langeweile herauszukommen, anstatt ihnen einen Unterhaltungsservice zu bieten.

Perle 25

Lügen und Unehrlichkeit

Die meisten Kinder durchlaufen zwischen Kindergarten und etwa der zweiten Klasse eine Phase, in der sie lügen. Sie können sehr ungeschickt im Schwindeln sein oder sehr clever, aber sie lügen trotzdem.

Unehrlichkeit kann Eltern vor Frustration die Zornesröte ins Gesicht treiben, denn wer will schon Kinder mit Integritätsproblemen aufziehen? Aber wir sind oft deutlich im Nachteil, weil wir, offen gesagt, nicht wissen, ob sie die Wahrheit sagen oder nicht! Wenn wir sie auf frischer Tat ertappen, ist das eine Sache. Aber wenn wir nur den Verdacht haben, dass sie schwindeln, können all unsere Ermittlungen, die wir durchführen, obwohl unsere Kinder vielleicht die Wahrheit sagen, eine sich selbst erfüllende Prophetie zur Folge haben. Man sagt, dass, wenn wir unsere Kinder zu Unrecht zweimal für dieselbe Sache beschuldigen, sie sich vornehmen, uns recht zu geben. Man kann sie fast seufzend sagen hören: „Du denkst ja, ich mache das sowieso, also kann ich es auch machen." Das heißt aber nicht, dass wir nicht mit unseren Kindern über das Thema Lügen diskutieren können. Einige gesunde Zweifel sind in Ordnung.

Wenn Sie mit Ihren Kindern über eine vermutete Lüge sprechen, sorgen Sie dafür, dass diese das Denken übernehmen. Eine effektive Methode geht so: „Glaubst du, dass ich dir jetzt glaube, oder glaubst du, dass ich dir nicht glaube?" Wenn unsere Kinder mit „Aber ich sage die Wahrheit" antworten, sollten wir uns vor einem anklagenden Ton hüten. Kinder als Lügner zu bezeichnen, ist, als würde man eine Handgranate auf eine Gruppe von Soldaten werfen. Kinder werden sich wehren – und darauf bestehen, dass sie die Wahrheit sagen –, einfach nur, um sich selbst zu schützen.

Wenn wir glauben, dass ein Kind lügt, ist es besser zu sagen: „Wenn es die Wahrheit ist und ich dir nicht glaube, dann ist das für uns beide traurig. Aber wenn es eine Lüge ist und ich dir nicht glaube, dann ist es doppelt traurig für dich.“ Erstens erzählt das Kind eine Lüge, und zweitens ist es von Menschen umgeben, die ihm nicht glauben.

Viele Eltern haben Angst davor, ihren Kindern zu sagen: „Ich glaube dir nicht.“ Sie befürchten, diese Aussage würde irgendwie ihr gegenseitiges Vertrauen zerstören. Aber der Satz ist nützlich. Kinder haben keine Antwort darauf – sie können nur ihre Ehrlichkeit verteidigen. Wir nennen sie nicht Lügner, wir sagen nur, dass wir ihnen nicht glauben. Das überlässt ihnen das Denken.

Wenn wir jedoch wissen, dass unser Kind lügt – weil wir es auf frischer Tat ertappt haben –, dann ist das Spiel vorbei. Wir sagen: „Tim, du *hast* Leo ins Gesicht geschlagen. Egal, was du sagst, ich habe dich dabei gesehen. Wie willst du das jetzt wiedergutmachen?“ Die Tat ist geschehen; das Kind ist schuldig. Die einzige Frage ist, was das Kind dagegen tun wird.

Im Allgemeinen wird unseren Kindern Ehrlichkeit durch unser Tun vermittelt, nicht durch unsere Befehle. Wir müssen einen Schritt zurücktreten und das Beispiel, das wir unseren Kindern geben, analysieren. Haben wir unsere Kinder schon einmal gebeten, für uns zu lügen? Haben wir unseren Kindern jemals zugeflüstert: „Ich bin nicht zu Hause“, als jemand, mit dem wir nicht reden wollen, anrief? Haben unsere Kinder schon einmal erlebt, dass ein Elternteil den anderen krankmeldet, nur weil Papa oder Mama an diesem Tag nicht zur Arbeit gehen wollten? Haben wir lahme Ausreden (d. h. Lügen) erfunden, um uns aus sozialen oder kirchlichen Verpflichtungen zu befreien? Ja, das sind vielleicht kleine Dinge, aber sie beeinflussen unsere Kinder mehr als alle Vorträge über Ehrlichkeit, die wir jemals halten könnten.

Wenn Kinder die Wahrheit sagen, reagieren Liebe-und-Logik-Eltern mit Unterstützung. Wir müssen sagen: „Danke, dass du ehrlich bist. Ich bin mir sicher, dass es dir schwergefallen ist, mir das zu sagen. Ich wette, es war schwer für dich, es einzusehen, dass du diesen Fehler gemacht hast. Ich finde das alles bedauerlich.“ Dann lassen wir das Thema fallen.

Zu viele Eltern sagen ihren Kindern: „Es ist besser für dich, wenn du die Wahrheit sagst“, und dann bestrafen sie ihre Kinder für das, was sie falsch gemacht haben. Eine solche Aussage mag auf lange Sicht zwar wahr sein, aber die meisten Kinder sehen das Leben eher kurzfristig. Wenn sie als Strafe für ein „Verbrechen“ einen Monat Hausarrest erhalten, ist es für sie eindeutig *nicht* besser, beim nächsten Mal die Wahrheit zu sagen.

Es ist am besten für unsere Kinder, wenn wir ihr Verhalten eher bedauern, als wütend zu werden. Die Konsequenzen werden die Lektion erteilen, nicht irgendeine nicht damit zusammenhängende Strafe, die wir verhängen könnten.

Perle 26

Böse Blicke und negative Körpersprache

„Jedes Mal, wenn ich Kate um etwas bitte, oder sogar manchmal, wenn ich nur mit ihr reden möchte, passiert es", sagte eine Mutter. „Sie lässt die Schultern hängen und neigt den Kopf ein wenig. Dann wirft sie mir einen vernichtenden Blick zu, der sagt: *Werde realistisch, Mutter!* Es bringt mich wirklich in Wallung, und ich weiß nicht, was ich dagegen tun soll."

Negative Körpersprache: diese irritierenden kleinen Zeichen des Missfallens, die uns unsere Kinder entgegenbringen, wenn wir sie bitten, etwas zu tun, was sie nicht tun wollen, oder über etwas zu sprechen, über das sie nicht sprechen wollen. Das Rollen der Augen, der Blick der Abscheu, das Davonstampfen, das Zuschlagen von Türen – diese nonverbalen Botschaften sagen *etwas* aus, so viel wissen wir. Unsere Frage als Eltern ist: *Was?*

Die meisten Eltern glauben, dass ihre Kinder ihnen gegenüber eine Haltung einnehmen – eine schlechte Haltung –, aber was meint Kate wirklich, wenn sie diesen eisigen Blick auf ihre Mutter abschießt? Ist sie enttäuscht oder wütend auf sich selbst, oder versucht sie zu sagen, dass Mama unfair ist, oder sagt sie, dass sie sich verletzt oder enttäuscht oder kritisiert fühlt? Kates Mutter weiß es nicht sicher, und oft wissen wir es auch nicht.

Die beste Antwort ist, das zu sagen, was wir zu sagen haben, und dann wegzugehen. Negative Körpersprache ist für uns kein Problem, wenn wir sie nicht anerkennen. Aber wenn es andauert, wollen wir uns vielleicht damit befassen, und das bedeutet, dass wir über unser eigenes Verhalten nachdenken müssen. Was haben wir getan oder gesagt, kurz bevor unser Kind die Augen rollte? Haben wir unser Kind kritisiert? Reagiert es lediglich auf diese Kritik? Kinder sind wie Erwachsene, wenn es darum geht, Kritik anzunehmen: Sie reagieren darauf, und oft in negativer Weise. Wenn sich die Emotionen abgekühlt haben und wir und unsere Kinder einigermaßen glücklich sind, können wir versuchen, das Problem an der Wurzel zu packen.

MUTTER: Hey, Kate, ist das ein guter Zeitpunkt, um zu reden?

KATE: Ja, ich denke schon.

MUTTER: Mir ist aufgefallen, dass du mich manchmal, wenn ich etwas zu dir sage, mit einem gewissen Blick anschaust, und ich weiß nicht so recht, was das wirklich bedeutet. Weißt du, manche Kinder tun das, weil sie sich nicht sicher fühlen, zu sagen, dass sie verletzt oder enttäuscht sind. Manche Kinder tun das, weil sie unglücklich sind. Andere Kinder tun es, weil sie ihre Mutter hassen und sich wünschen, dass sie den Mund hält. Was meinst du dazu?

KATE: Ich weiß nicht.

MUTTER: Dann denk' doch mal darüber nach? Eine Sache, die ich denke, ist, dass ich vielleicht etwas tue, wodurch du dich schlecht oder kritisiert fühlst oder so etwas. Wenn du Lust hast, mir etwas darüber zu erzählen, würde ich gerne zuhören.

Dann sollte Mama das Thema fallen lassen und warten, was passiert.

Schmollen ist ein weiteres nonverbales Zeichen von Missfallen. Kinder benutzen es, um ihre Eltern zu bitten, mit ihnen zu sprechen. Sobald wir den Köder geschluckt haben, indem wir entweder fragen, was los ist, oder ihnen sagen, sie sollen diesen Blick lassen, sind wir verloren. Die Kinder haben uns jetzt als unfreiwilliges Publikum. Es ist oft effektiv zu sagen: „Nun, es sieht so aus, als ob es im Moment nicht gut für dich läuft. Sobald du deine Gedanken in Worte fassen kannst, komm her und rede mit mir. Ich höre dir gerne zu." Dann brechen Sie den Blickkontakt ab und beenden das Gespräch.

Wenn die negative Körpersprache so konstant auftritt, dass wir erfolgreich vorhersagen können, wann es passiert, könnten wir unsere Bemerkungen an unser Kind mit einer Bemerkung einleiten, wie: „Hey, Kate, ich möchte dir etwas mitteilen. Vielleicht willst du mich ja, wenn ich fertig bin, mit diesem Laser-Look, den du so gut beherrscht, zum Schmelzen bringen, also bereite ihn schon mal vor." Es ist schwer für Kinder, etwas zu tun, wozu wir ihnen die Erlaubnis erteilt haben; sie haben dann nicht das Gefühl, die Kontrolle zu haben.

Wenn wir die Bandbreite der Möglichkeiten bedenken, die unsere Kinder haben, wenn sie mit uns unzufrieden sind – von uns ignorieren bis dahin, dass sie uns sagen, wohin wir gehen sollen –, sind die rollenden Augen oder der stählerne Blick gar nicht so schlecht. Das gibt unseren Kindern die Chance, ihr Gesicht zu wahren und ein wenig die Kontrolle zu behalten. Wir alle brauchen diese Gelegenheit, wenn wir in eine Situation geraten, die uns nicht gefällt.

PERLE 27

Schnuller

In unserem Leben haben wir schon viele Ideen kommen und gehen sehen: Zigarettenrauchen an öffentlichen Orten, Tamagotchis oder die Modeerscheinung, Kinder in einer Badewanne mit warmem Wasser zu gebären. Was haben all diese Punkte gemeinsam? Im Laufe der Geschichte haben sich viele normale Menschen nicht auf sie eingelassen, weil sie einfach keine „normalen“ Verhaltensweisen der Menschheit sind. Die Verwendung eines Schnullers im Kleinkindalter fällt ebenfalls in diese Kategorie.

Liefen Kinder in früheren Zeiten mit einem Schnuller im Mund herum? Nicht öfter, als Erwachsene mit angezündetem Unkraut im Mund und aus der Nase kommendem Rauch herumliefen! In den frühen, entscheidenden Zeiten der Gehirnentwicklung legen Schnuller neuronale Verbindungen fest, die einem Kind im Wesentlichen sagen: „Wenn du frustriert, gelangweilt oder aufgeregt bist, dann begegne dem, indem du etwas in den Mund nimmst.“

Im Laufe der Geschichte hatten Babys vielleicht die meiste Zeit einen Schnuller im Mund. Aber *Kleinkinder?* Nein. Früher hat keine Mutter ihrem Kind einen Schnuller oder etwas anderes gegeben, das es in den Mund stecken und damit herumlaufen konnte. Das Kind musste zumindest so kreativ sein, selbst zu entscheiden, woran es lutschen wollte.

Schnuller haben die Tendenz, Kinder im Kleinkindalter zu isolieren. Sogar die Mütter, die ihre Kinder zunächst zum Schnullersaugen ermutigt haben, verspüren ein gewisses Unbehagen, wenn ihr Kind später mit einem Schnuller im Mund herumläuft. Und Fremde halten ein Kleinkind, das mit einem Schnuller herumläuft, fast nie für „niedlich“.

Wenn sich ein Kind erst einmal an einen Schnuller gewöhnt hat, wird es fast zu einer Sucht. Das Kind will diesen Schnuller wie ein

Alkoholiker die Flasche – und auf neurobiologischer Ebene sind beide Reaktionen vielleicht miteinander verwandt.

Wenn Kinder es brauchen, können sie in der Regel etwas zum Lutschen finden. Eine von Fosters Töchtern trug ein Lieblingskaninchen mit sich herum und lutschte an seinen Ohren. Das Problem wurde gelöst, indem die modrigen Ohren des Kaninchens immer kürzer und kürzer geschnitten wurden. Alle waren aufgeregt! „Sieh dir das an, Schatz, alles weg! Das Kaninchen hat die Ohren abgeworfen!"

Vielen Eltern fällt es schwer, ihr Kind zu ermutigen, den Schnuller ganz *aufzugeben,* aber fast alle Eltern können erfolgreich sein, wenn sie sich darauf konzentrieren, *wo* das Saugen stattfindet. Das ist viel effektiver: „Liebling, du lutschst gerade am Schnuller. Bestimmt fühlt sich das super für dich an, aber mich stört es. Also wäre ich dankbar, wenn du es in deinem Zimmer tun würdest. Kommst du wieder zu uns, wenn du ihn nicht mehr brauchst?"

Kleinkinder lernen schnell, dass sie, wenn sie sich in einer Weise verhalten, die andere belästigt, höflich, rücksichtsvoll und *ohne* elterliche Frustration aufgefordert werden, für eine bestimmte Zeit woanders hinzugehen.

Perle 28

Gruppenzwang

Das Problem mit dem Gruppenzwang beginnt, wenn unsere Kinder zwei oder drei Jahre alt sind. Das bedeutet nicht, dass unser Windelkind morgen mit einer lila Irokesenfrisur und einer nagelbesetzten Motorradjacke durch die Tür kommt. Die Kinder werden schneller erwachsen als je zuvor, aber nicht *so* schnell. Es bedeutet aber, dass der Kampf der dominanten Stimmen im Kopf eines jeden Kindes bereits im Kleinkindalter beginnt. Geht es nicht genau darum beim Gruppenzwang – Kinder hören auf die Stimmen ihrer Altersgenossen, statt selbst zu denken?

Viele von uns trainieren unsere Kinder unwissentlich, auf ihre Altersgenossen zu hören, indem wir ihnen schon in jungen Jahren beibringen, auf eine sehr starke Stimme außerhalb ihres eigenen Kopfes zu hören: *unsere.* Wir sagen: „Tu, was ich dir sage, tu es jetzt und tue es so, wie ich will!“ Wenn diese Kinder in die Adoleszenz kommen, kommt es zu einer sehr tiefgreifenden Veränderung in ihrem Denken. Sie sagen sich: *Ich kann jetzt selbstständig denken. Ich muss nicht auf diese starke Stimme außerhalb meines Kopfes hören.* Deshalb fangen sie an, selbstständig zu denken, nicht wahr? Falsch. Bedenken Sie ihr Dilemma. Sie sind seit etwa elf Jahren darauf konditioniert worden, auf unsere Stimme zu hören. Sie werden nicht mehr auf uns hören (das haben sie beschlossen), aber eine eigene Stimme können sie in ihrem Kopf auch nicht hören (es gibt nämlich keine, da wir ihr ganzes Denken bis zu diesem Punkt in ihrem Leben übernommen haben). Die einzige Stimme, die sie hören, ist also die ihrer Altersgenossen – eine weitere Stimme, die von außerhalb ihres Kopfes kommt.

Viele von uns werfen frustriert die Arme in die Luft, wenn unsere Kinder elf oder zwölf Jahre alt werden. Wir sagen vielleicht: „Früher haben meine Kinder auf mich gehört, aber jetzt nicht mehr. Junge, haben die sich verändert.“ Wieder falsch. Sie haben sich nicht ein Jota verändert. Sie hören immer noch auf eine Stimme außerhalb ihrer Köpfe – es ist nur nicht mehr unsere.

Der erste Schritt zur Vorbereitung unserer Kinder auf den Gruppendruck, dem sie auf jeden Fall ausgesetzt sein werden, besteht darin, dass sie früh damit beginnen, auf diese kleine Stimme in ihrem eigenen Kopf zu hören. Lassen Sie ihnen die Wahl bei kleinen Dingen: Kakao oder nur Milch? Der blaue oder der rote Mantel? Sollen die Handschuhe in der Tasche stecken oder angezogen werden? Sie müssen sich entscheiden, und die kleine Stimme in ihrem Kopf übernimmt das Sprechen.

Je mehr Entscheidungen die Kinder treffen, desto öfter stellen wir ihnen Fragen, anstatt ihnen zu sagen, was sie tun sollen, und je mehr wir Dinge mit Nachdenkworten diskutieren, desto geringer ist die Wahrscheinlichkeit, dass sie später von Gleichaltrigen negativ beeinflusst werden.

Wir sollten uns aber nicht selbst etwas vormachen. Der Gruppenzwang wird weiterhin stark sein. In diesen frühen präadoleszenten und jugendlichen Jahren versuchen unsere Kinder sehr, soziale Fähigkeiten aufzubauen, und Freundschaften werden entscheidend sein. Aber mit einer guten Vorbereitung wird ihre eigene innere Stimme eine Chance haben.

Zweitens: Wollen wir unsere Kinder mit elf oder zwölf Jahren auf den Gruppenzwang vorbereiten, ist es unerlässlich, dass wir von Zeit zu Zeit mit ihnen kleine Gespräche über die Zwänge der Adoleszenz führen. Zum Beispiel:

PAPA: Miranda, ich weiß, wie schwer es ist, dass du bald Teenager bist, und wie wichtig dir deine Freundschaften sind. Mama und ich möchten dich in deinen Freundschaften und bei allem, was dich sonst noch so beschäftigt, unterstützen. Ich möchte heute nur ein kleines Gespräch mit dir führen, um zu sehen, wie es dir dabei geht und ob du in der Nähe deiner Freunde denken kannst oder nicht. Okay?

MIRANDA: Äh, okay, ich denke schon.

PAPA: Ich dachte, wir könnten vielleicht darüber sprechen, wie du sicherstellen kannst, dass du du selbst sein kannst, denn ich weiß, dass du sehr hart daran arbeitest, nicht deine Eltern zu sein. Die nächste Aufgabe besteht also darin, zu lernen, auch nicht deine Freunde zu sein, sondern du selbst zu werden.

Ein weiteres fruchtbares Diskussionsfeld ist das Konzept des Nein-Sagens. Werden unsere Kinder in der Lage sein, nein zu ihren Freunden zu sagen? Wenn wir zugelassen haben, dass die Stimme in ihrem Kopf im Laufe der Jahre an Lautstärke und Qualität zugenommen hat, werden sie es auch tun. Aber wir sollten unseren Kindern beibringen, Nein zu ihren Altersgenossen zu sagen, so wie wir selbst Nein zu unseren Kindern sagen, nämlich, indem wir zu etwas anderem Ja sagen. Wenn Freunde wollen, dass sie Drogen ausprobieren (das kann übrigens schon passieren, bevor sie Teenager sind), ist es einfacher für sie, das Angebot abzulehnen, indem sie sagen: „Hey, ich würde gerne Skaten gehen oder ins Einkaufszentrum oder in den Joghurtladen. Ich möchte gerne etwas mit dir unternehmen, aber es sollte etwas anderes als Drogen sein.“ Kinder fühlen sich viel stärker, wenn sie wissen, wie sie zu etwas anderem Ja sagen können, anstatt einfach nur Nein zu sagen und sich abgehängt und allein zu fühlen.

Es hilft auch, wenn wir uns als Sündenbock anbieten. Wir sollten unseren Kindern sagen: „Wenn du zu einem Gleichaltrigen nein sagen musst und uns als die Bösen benutzen willst, dann sage ruhig: ‚Nein, meine Eltern würden mich umbringen, wenn ich das tun würde!‘“ Dies ist ein zusätzliches Werkzeug, das wir unseren Kindern geben können.

Perle 29

Haustierpflege

Unsere Haustiere sind da, wenn wir sie brauchen; sie bieten uns Gesellschaft und Liebe. Und sie sind beständig – sie scheinen immer gut drauf zu sein (außer Katzen – wer kann sie durchschauen?).

Haustiere bieten unseren Kindern eine wunderbare Gelegenheit, Verantwortung zu lernen. Die meisten von uns sind damit einverstanden, dass Haustiere in ihre Familie kommen, unter der Voraussetzung, dass sie in der Verantwortung unserer Kinder liegen. Unsere Kinder müssen sie füttern, ihren Dreck beseitigen und sich um ihre Häuser, Käfige oder Becken kümmern. Aber allzu oft laufen wir mit dem Hundekotbeutel hinter *Fifi* her oder stecken *Goldie* und *Hawn* in eine große Schüssel, damit wir die Steine in ihrem Fischbecken sauber machen können.

Das muss nicht sein. Wir können die Verantwortung für die Pflege von Haustieren unseren Kindern überlassen, aber dazu bedarf es echter elterlicher *Chuzpe.*

Eine Mutter von zwei Mädchen lebte nach dem Essensmotto „Ich füttere nur vier Münder." Wenn ihre Töchter nicht bis 17 Uhr die Katze und den Hund der Familie gefüttert hatten, dann waren die vier Mäuler Mama, Papa, Katze und Hund. „Ihr esst heute nicht zu Abend", erklärte Mama ihren Töchtern, „weil ich stattdessen meine Energie zum Füttern von Tasso und Mimi verbraucht habe." Dann gab sie ihren Töchtern einen Kuss auf die Wange, lächelte und sagte: „Wir werden euch am Tisch sicher vermissen."

Wenn diese Methode nicht zum Erfolg führt, werden kluge Eltern versuchen, einen anderen Besitzer für das Tier zu finden. Erklären Sie den Kindern freundlich und kritiklos: „Charly braucht wirklich jemanden, der ihn regelmäßig füttert" oder „Hansi braucht jemanden, der den Käfig immer sauber macht, weil er wirklich einen sauberen Käfig braucht." Dann geben Sie das Tier weg.

Ein anderer, für die Liebe-und-Logik-Autoren akzeptabler Standpunkt ist, dass die Eltern sich um die Haustiere kümmern und die Kinder sich um die Eltern kümmern, indem sie Aufgaben der Erwachsenen übernehmen, um die Zeit und Energie zu ersetzen, die die Eltern für die Tiere aufwenden.

Die andere Alternative ist, sich selbst um die Haustiere zu kümmern. Aber wenn unsere Kinder wissen, dass das Kaninchen von Mama gefüttert wird oder dass die Zedernspäne des Hamsters von Papa gewechselt werden, werden sie sich keine Gedanken mehr darüber machen. Die Pflege von Haustieren ist dann unser Problem, nicht ihres. Wir haben die Wahl.

PERLE 30

Dinge aufräumen

Der inoffizielle Weltrekord für die „Verwüstung“ eines Wohnzimmers wurde Anfang 1987 von einem Jungen aus Colorado namens Bobby aufgestellt. Innerhalb von fünfundvierzig Sekunden konnte dieser fünf Jahre alte Tornado siebzehn Teddybären zwei Treppenabsätze hinabstürzen, drei Eimer Bauklötze ausleeren, zwei komplette Legosätze, vier Schachteln Wachsmalstifte und ganze Armeen von Plastiksoldaten auf dem Boden verteilen. Als er dann noch die 500-teiligen Puzzles seiner großen Schwester ausgeschüttet hatte, konnte man nicht einmal mehr den Teppich sehen. *Nicht schlecht für eine Minute Arbeit,* mag Bobby sich gesagt haben, als er sein Werk begutachtete, *aber es ist mir zu unordentlich hier drin, um zu spielen. Ich gehe in den Keller.*

Kinder und ihr Spielzeug. In einer Minute mögen wir noch in relativer Ordnung dasitzen, doch sobald wir die Kinder mit ihrem Kram loslassen, ist der Raum verwüstet, noch bevor wir eine Seite in der Abendzeitung umblättern können. Wer räumt normalerweise auf? Wir. Es ist ein doppeltes Pech. Wir müssen die Arbeit machen, und unsere Kinder lernen nicht, wie sie sich um ihre Sachen kümmern sollen.

Vorbild zu sein ist das Geheimnis, um ein Verantwortungsgefühl für persönliche Dinge zu wecken. Unsere Kinder werden das tun, was wir tun. Leider können einige Eltern ihren Kindern nicht vorwerfen, sie würden ihr Spielzeug nicht aufräumen. Kleider drapieren die Stühle des Elternschlafzimmers, und als das letzte Mal der Rasen gemäht werden musste, dauerte es zwei Stunden, bis der Rasenmäher endlich in der Garage gefunden wurde. Diese Eltern kümmern sich nicht um ihre eigenen Sachen. Wenn Kinder in die Lebensphase kommen, in der sie groß sein wollen und sich groß fühlen, ahmen sie die großen Menschen in ihrem Leben nach – ihre Eltern.

Neben dem, dass man vorbildlich handelt, können wir auch mit uns selbst oder mit unserem Ehepartner sprechen, um die Botschaft rüberzubringen. Wenn wir zum Beispiel darüber reden, wie gut wir uns fühlen, wenn wir wissen, dass unsere Sachen ordentlich aufgeräumt sind, sagt das unseren Kindern, dass es toll ist, ordentlich zu sein. Das Geschirr wegräumen, das Werkzeug wieder an den richtigen Haken hängen, nach dem Mähen des Grases die Gehwege fegen – wenn wir so positiv darüber reden, während wir es tun und nachdem wir es getan haben, erhalten unsere Kinder die richtige Botschaft.

Bis unsere Kinder in den Kindergarten kommen, sollte das Aufräumen ihrer Spielsachen ein Gemeinschaftsprojekt sein. Wir räumen ein Spielzeug auf, dann räumen sie ein Spielzeug auf, dann räumen wir wieder ein Spielzeug auf und so weiter. Nach diesem Alter sind sie jedoch selbst für ihr Spielzeug verantwortlich. Was damit geschieht, ist Sache der Kinder. Wenn sie es in ihrem Zimmer herumliegen lassen, ist das eine Sache. Wir machen kein großes Problem daraus. Aber wenn wir jedes Mal, wenn wir einen Schritt durch das Wohnzimmer machen, mit den Zehen gegen einen Spielzeuglastwagen stoßen, ist das eine andere Sache. Ein Elternteil hat das Thema so gehandhabt:

> ELTERNTEIL: Hey, Kyle, heute liegen eine Menge deiner Sachen im Haus herum. Sie stehen irgendwie im Weg. Möchtest du sie aufräumen oder soll ich sie lieber aufräumen?
>
> KYLE: Du räumst sie auf.
>
> ELTERNTEIL: Der Vorteil, wenn du sie aufräumst, ist allerdings, dass du sie wieder benutzen kannst. Wenn ich aufräume, behalte ich sie. Vielleicht solltest du deine Entscheidung noch einmal überdenken. Aber du musst nichts überstürzen. Ich werde merken, was du willst. Falls ich nämlich bis zum Mittag deine Sachen immer noch da draußen sehe, weiß ich, dass du beschlossen hast, dass ich sie aufräumen soll. Wenn ich sehe, dass sie weg sind, dann weiß ich, dass du dich entschieden hast, sie selbst aufzuräumen.

Wenn wir am Ende das Spielzeug aufräumen, stellt sich die Frage: *Sollen wir es unserem Kind zurückgeben?* Das hängt davon ab, wie verantwortungsbewusst das Kind im Allgemeinen ist. Wenn unser Kind grundsätzlich verantwortlich ist, dann könnten wir sagen: „Kein

Problem. Jedes Mal, wenn du alle deine Sachen selbst aufräumst, ohne dass man es dir sagt, verdienst du dir eines der Spielzeuge zurück, die du heute verloren hast.“ Aber Kinder, die ein grundsätzliches Problem mit Verantwortung haben, sollten wissen, dass sie sich allmählich von den Spielsachen verabschieden, die wir aufräumen müssen. Aber fühlen Sie sich deswegen nicht zu schlecht. In den meisten Haushalten haben Kinder weitaus mehr Spielzeug, als sie brauchen oder damit umgehen können.

Scheuen Sie sich auch nicht, von Zeit zu Zeit zu sagen: „Ich mache mir wirklich Sorgen darüber, wie du mit deinem Modellauto umgehst. Ich glaube, dass du vielleicht etwas älter sein musst, bevor du diese Verantwortung übernehmen kannst. Ich nehme das Spielzeug also so lange in meine Obhut, bis ich mir keine Sorgen mehr darüber machen muss, wie gut du dich darum kümmerst. Irgendwann wirst du noch eine Chance bekommen. Aber mach dir keine Sorgen – es besteht keine große Eile.“ Das heißt, für uns besteht keine Eile. Wir machen uns keine Sorgen wegen dieses Spielzeugs. Aber die Kinder werden es tun, und das bedeutet, dass sie versuchen, mehr Verantwortung zu übernehmen.

Perle 31

Wann Sie professionelle Hilfe in Anspruch nehmen sollten

Für Eltern schwieriger Kinder stellt sich oft eine heikle Frage: „Wann sollten wir professionelle Hilfe in Anspruch nehmen?“ Zuerst sollten Sie sich aus dem Kopf schlagen, dass die Inanspruchnahme professioneller Hilfe ein Eingeständnis ist, versagt zu haben. In unserer komplexen Gesellschaft mit ihren unzähligen sozialen Problemen werden unsere Kinder ganz natürlich mit Situationen konfrontiert, mit denen wir in unserer Kindheit nie zurechtkommen mussten. Der gesellschaftliche Erfolgsdruck beispielsweise ist überwältigend und dringt selbst in die unteren Klassenstufen vor. Gruppenzwänge veranlassen die Kinder darauf zu bestehen, die neuesten Designer-Jeans und die coolsten Markenschuhe zu bekommen – und das schon im Kindergarten! Mehr Kinder als je zuvor haben ernsthafte Probleme, und die Ursachen dieser Probleme haben mit der Erziehungsmethode oder den Erziehungszielen der Eltern nichts zu tun.

Daher bieten wir zwei Richtlinien für die Suche nach professioneller Hilfe an:

1. Wenn Sie dieses Buch gelesen haben – und die Liebe-und-Logik-Methodik kennen und konsequent bei Ihren Kindern anwenden – und immer noch große Probleme haben, dann brauchen Sie professionelle Hilfe.
2. Hat sich eine Situation drei Monate lang ständig verschlechtert und ist keine Verbesserung in Sicht, sollten Sie einen Berater aufsuchen.

Professionelle Beratung bedeutet nicht unbedingt eine langwierige Reihe von Beratungssitzungen. Oft genügt eine einzige Sitzung mit einem geschulten Berater, der weiß, wovon er spricht, um Ihnen Klarheit und die Werkzeuge zur Lösung des Problems zu geben.

Perle 32

Das Zimmer: sauber halten

Die Augen blicken verstohlen den Flur entlang. Keine Schritte. Keine Stimmen. Es *scheint* sicher zu sein. Die Hand bewegt sich trotz der ominösen Warnungen, die ringsum angebracht sind – „Betreten verboten", „Draußen bleiben", „Betreten auf eigene Gefahr" – langsam und zögernd zu Türklinke

Manchmal muss eine Mutter, wenn es um eine größere Sache geht, ihre persönliche Sicherheit riskieren – auch wenn diese Sache nichts anderes als Neugier ist. Sie drückt auf die Klinke und wartet ab. Nichts. Keine Sprengfallen. Keine Sirenen. Keine Zombies, die ihr an die Kehle gehen. Ein angenehmer Hauch von Erleichterung zieht an ihren Lippen vorbei. Vorsichtig, behutsam drückt sie die Tür auf und schirmt ihre Augen ab, um sich auf den Anblick vorzubereiten. Aber es ist zu viel. Sie schreit.

Das Betreten eines Kinderzimmers kann gesundheitsgefährdend sein. Der Zustand dieses Raumes – bzw. die Gefahr für die Gesundheit – kann zu einer Vielzahl von Eltern-Kind-Reibereien führen. Wie stark die Eltern eingreifen sollen, was den „Zustand des Schweinestalls" angeht, hängt vom Alter und von der Fähigkeit des Kindes ab, Verantwortung zu übernehmen.

Kleinkindern und Vorschulkindern kann die Freude an einem sauberen Zimmer durch das elterliche Beispiel vermittelt werden. Die Eltern können dem Kind beim Saubermachen des Zimmers helfen und dabei die ganze Zeit reden: „Fühlt es sich nicht gut an, alle fünfundzwanzig deiner Stoff-Snoopys in einer Reihe zu haben?" oder: „Ich fühle mich jetzt so viel besser, da ich weiß, dass du nicht auf diese Dreckhäufchen treten wirst."

Wenn wir unseren Kindern beim Saubermachen ihres Zimmers helfen, ist die unausgesprochene Botschaft, die wir vermitteln, dass es Arbeit gibt, dass es Spaß macht und dass wir ihnen helfen. Wenn unsere Kinder jedoch in die dritte Klasse kommen, ist es an der Zeit, dass wir einen großen Schritt zurück tun und aus dem Bild verschwinden. Dann gibt es die Arbeit und es gibt Spaß, aber nicht *uns*. Wir geben die Kontrolle ab und lassen das Zimmer unserer Kinder zu ihrem privaten Reich werden.

Das Kinderzimmer ist ein großartiger Lernort für ein verantwortungsloses Kind. Sind unsere Kinder nicht so verantwortungsvoll, wie sie sein sollten, können wir einen großen Schritt zurück ins Bild machen.

Der Zustand der Kinderzimmer ist ein Kontrollstreit, den wir gewinnen können. Aber es zu einem Thema zu machen, heißt nicht, sie anzuschreien. Es bedeutet, dass man Wahlmöglichkeiten bietet und andere Liebe-und-Logik-Methoden anwendet. Auch hier wollen wir vermeiden, unseren Kindern zu sagen, wann sie ihr Zimmer in Ordnung bringen sollen. Viel besser ist es, eine bestimmte Zeit festzulegen, bis zu der sie es erledigt haben müssen. Ein Gespräch könnte so verlaufen:

ELTERNTEIL: Wäre es für dich möglich, dein Zimmer bis Samstagmorgen zu putzen?

KIND: Hm, ich will aber mein Zimmer gar nicht putzen.

ELTERNTEIL: Das ist okay. Das musst du nicht. Du kannst mich oder deine Schwester oder deinen Bruder damit beauftragen. Wir hätten gerne etwas mehr Geld.

KIND: Aber ich habe kein Geld.

ELTERNTEIL: Weißt du, wenn Erwachsene kein Geld haben, verkaufen sie etwas.

KIND: Etwas verkaufen?

ELTERNTEIL: Du musst dich nicht sofort entscheiden, was du verkaufen willst. Du kannst es mir bis Samstag sagen. Wenn du dich bis Samstag entscheiden kannst, bedeutet das, dass du wählen kannst, was du verkaufen möchtest. Und wenn du das nicht kannst, heißt das, dass ich entscheide. Du hast also die Wahl, wer entscheidet. Das liegt bei dir.

Die Chancen stehen gut, dass das Kind sich entscheidet, sein Zimmer sauber zu machen.

Zusammenfassend lässt sich sagen: Wenn Kinder klein sind, lernen sie, gerne Verantwortung zu übernehmen, wenn sie Spaß haben, gemeinsam mit einem Elternteil das Zimmer zu putzen. Wenn sie älter werden, mehr Aktivitäten haben und mehr Sachen sammeln, ist ihr Zimmer nicht sauberer als unser Hotelzimmer nach einer Woche Urlaub. Es gibt einfach nicht genug Platz, und es gibt noch andere Dinge zu tun. Die Kinder halten ihr Zimmer etwa so sauber wie wir die Garage – und das aus demselben Grund. Es ist ein Lagerbereich.

PERLE 33

Das Zimmer: das Kind drinnen halten

Die Beziehung zwischen den Kindern und ihrem Zimmer ist eine merkwürdige Sache. Wie Eltern von Teenagern wissen, ist es manchmal das Schwierigste auf der Welt, sie aus ihrem Zimmer zu holen. Für sie ist es ein geheimer, privater Ort, weit entfernt von den Wirren des jugendlichen Lebens. Aber wenn die Kinder noch klein sind, ist das Problem ein anderes: Sie bleiben nicht in ihrem Zimmer.

Kim fasste ihr Problem mit dem kleinen Noah so zusammen: „Wenn Noah meinen Ohren lästig ist, folge ich dem Plan von Liebe und Logik. Ich entscheide, was für uns beide das Beste ist. Und falls ich sein Verhalten nicht ändern kann, ändere ich den Ort. Ich hebe ihn hoch und bringe ihn in sein Zimmer. Aber sobald ich ihn absetze und die Treppe hinuntergehe, ist er wieder da und folgt mir."

Wenn wir unsere Kinder in ihr Zimmer geschickt haben, wie bringen wir sie dazu, dass sie dort bleiben? Kim tat eine Sache, die wir vermeiden sollten: Sie trug das Kind physisch in sein Zimmer. Außer wenn unsere Kinder sehr klein sind und noch im Kinderbettchen schlafen, sollten sie aus eigener Kraft auf ihr Zimmer gehen.

Wenn das Kind etwa zwei Jahre alt ist, wird eine Aussage, wie: „Ich möchte, dass du in dein Zimmer gehst, und zwar gleich", die wir fest ausdrücken und dabei mit dem Zeigefinger in Richtung Zimmer zeigen, in der Regel zum Erfolg führen. Falls das Kind wieder herauswatschelt, sollten wir ihm anbieten: „Möchtest du mit offener oder geschlossener Tür in deinem Zimmer bleiben?" Schlägt dies fehl, können wir weitermachen mit: „Möchtest du mit unverschlossener oder verschlossener Tür in deinem Zimmer bleiben?" Wenn wir dann gezwungen sind, die Tür abzuschließen, um es drinnen zu halten, müssen wir direkt an der Tür bleiben und sie öffnen, sobald sich das

Kind beruhigt hat, um ihm erneut die Möglichkeit zu geben, sich bei unverschlossener Tür fünf Minuten lang im Zimmer aufzuhalten, um das angemessene Verhalten zu üben. Ein Küchenwecker ist dabei eine große Hilfe. Wenn dieser klingelt, umarmen Sie das Kind dafür, dass es seine Aufgabe erfüllt hat und lassen Sie es wieder in Ihrer Nähe spielen.

Manchmal wollen Kinder ihr Zimmer wegen einer früheren traumatisierenden Erfahrung, wie einem Krankenhausaufenthalt oder einer Operation, verlassen. Diese Kinder brauchen unser besonderes Verständnis, und oft hilft ihnen ein gutes, sehr beruhigendes Gespräch, ihre Ängste zu überwinden. Aber die Kenntnis der Ursache des Problems ist keine Entschuldigung dafür, dass wir es weiterbestehen lassen. Sollte das Verhalten andauern, müssen wir das Kind darin unterstützen, Lösungen zu finden.

Neben disziplinarischen Situationen ist es für Eltern ein weiteres großes Problem, wenn Kinder nachts häufig aus ihrem Zimmer spazieren und ihre Eltern aufwecken, weil sie etwas trinken wollen oder Angst haben. Ein Nachtlicht kann helfen, dieses Problem zu beheben. Belästigt das Kind die Eltern nachts weiterhin (viele Kinder werden das tun), ist eine direktere Lösung erforderlich.

Reservieren Sie ein oder zwei Abende, um das Problem anzugehen. Sagen Sie Ihrem Ehepartner an diesem Abend, während das Kind es hört: „Wir müssen gut schlafen. Das ist schwierig, wenn Finn in der Nähe ist. Wie wäre es, wenn wir beide heute Abend in ein Hotel gehen? Wir können uns dann entspannen und gut schlafen." Dann geben die Eltern Finn einen liebevollen Kuss und umarmen ihn und rufen einen Babysitter an, den sie zuvor benachrichtigt haben, dass er nachts bei dem Jungen bleibt.

Auch der Babysitter hat eine Rolle zu spielen. Er oder sie sollte Dinge zu dem Kind sagen wie: „Es sieht so aus, als ob deine Eltern einen guten Schlaf brauchen. Vielleicht brauchen sie nur eine Nacht, aber vielleicht brauchen sie mehr." Falls das Kind den Babysitter mitten in der Nacht weckt, sollte er bzw. sie nicht darauf eingehen und sagen: „Ich weiß nicht, was ich mit Kindern tun soll, die mitten in der Nacht aufstehen, weil ich keine Kinder habe, die so etwas tun." Der Babysitter muss dies vielleicht zwei oder drei Mal während der Nacht tun, aber es ist absolut wichtig, dass er der Bitte des Kindes nicht nachgibt.

Weder der Babysitter noch Sie sollten sich ärgern. Wir vermasseln es völlig, wenn wir sagen: „Du wirst schon sehen, wie es dir gefällt, wenn du die Nacht ohne uns im Haus verbringst. Was meinst du dazu?“ Das Kind wird dann wütend auf uns, anstatt sich um sein eigenes Problem zu kümmern. Sätze wie „Wir müssen das Haus verlassen“, „Du zwingst uns zu gehen“ oder „Sieh mal, was wir wegen dir tun müssen“ senden ebenfalls die falsche Botschaft.

Wir verlassen das Haus nur aus einem Grund: Wir wollen gut schlafen. Sagen Sie also etwas, wie: „Liebling, wir brauchen einen guten Schlaf, und dazu müssen wir vielleicht heute Abend von zu Hause weggehen. Vielleicht tun wir das noch viele andere Nächte, da es Daddy und mir wirklich gut tut, wenn wir gut schlafen. Manchmal schlafen wir besser, wenn wir nicht bei dir sind.“

Viele Kinder, die mitten in der Nacht aufstehen, sind von ihren Eltern abhängig. Manchmal ist die einzige Möglichkeit, diese Abhängigkeit zu beseitigen, wenn man nicht für sie da ist. Dies mag wie eine extreme, komplizierte und teure Lösung erscheinen, aber wenn Sie ein Elternteil sind, der seit Monaten oder Jahren keinen anständigen Schlaf mehr hatte, ist dieser Ansatz die Mühe und die Kosten wert. Sie können es sogar kostenlos tun, wenn Freunde mit einem ähnlichen Problem eine Nacht lang die Häuser tauschen wollen. Kinder zögern, „fremde Eltern“ zu nerven; sie wissen nicht, welche „Knöpfe“ sie bei ihnen drücken müssen.

PERLE 34

Frechheit und Respektlosigkeit

„Ich muss dir nicht zuhören, also halt die Klappe!“ Wenn Ihnen schon einmal eine Explosion solch trotziger Worte aus dem Mund Ihres Kindes begegnet ist, wissen Sie wahrscheinlich, wie Sie darauf reagiert haben. Zornesröte. Geballte Fäuste. Geschürzte Lippen. Die Versuchung, den Stock zu holen. Und all das ist nur ein Vorspiel für das anschließende Feuerwerk.

Respektlose Kinder sind schwer zu ertragen. Sie scheinen eine superkluge Antwort auf alles zu haben, was wir sagen. Das Problem ist, dass wir, wenn wir als Reaktion ein Feuerwerk zünden, eigentlich unsere Kinder für ihre Frechheit belohnen. Wir geben unseren Kindern Emotionen. Und Kinder leben von elterlichen Emotionen; sie lehnen sich zurück und genießen die Show. Das ist Teil der menschlichen Natur. Predigten über Feuer und Schwefel werden in der Regel ein größeres Publikum anziehen als die, die sich auf die Liebe Jesu konzentrieren. Die Menschheit will keinen Frieden, sie will Emotionen.

Anstatt zu sagen: „Keines meiner Kinder wird so mit mir sprechen“, gefolgt von einem predigtartigen Vortrag über Respekt, machen Liebe-und-Logik-Eltern von Anfang an klar, dass Frechheit nicht zu einer emotionalen Reaktion führt.

Der Schlüssel zur Entschärfung frecher Kinder besteht darin, sie außer Sicht- und Hörweite zu bringen, bis sie leise und ruhig sprechen können und unser Blutdruck um fünfzig Punkte gesunken ist. Aber wir diktieren ihnen ihr Exil nicht. Wir lassen ihnen die Verbannung ihrer Wahl: „Möchtest du in dein Zimmer oder in den Keller gehen? Komm wieder, wenn du so ruhig sprechen kannst, wie ich gerade spreche.“

Beobachten Sie, wie Susanne mit ihrem respektlosen Sohn Calvin umgeht:

CALVIN: Ich muss dir nicht zuhören. Halt die Klappe!

SUSANNE: Weißt du, Calvin, niemand kann dich zwingen, zuzuhören. Ich glaube, wir haben im Moment Schwierigkeiten, einander zuzuhören. Warum gehst du also nicht für eine Weile woanders hin?

CALVIN: Ich muss nirgendwo anders hingehen. Das ist auch mein Haus, Ich wohne hier. Außerdem hörst du mir nie zu.

SUSANNE: Calvin, ich höre dir gerne zu, wenn du dich beruhigt hast. Aber ich glaube, du wärst viel glücklicher, wenn du erst einmal woanders hingehen würdest.

CALVIN: Du hörst nie auf ein Wort, das ich sage!

SUSANNE: Ich glaube, du wärst viel glücklicher, wenn du woanders hingehen würdest.

CALVIN: Das ist nicht fair!

SUSANNE: Es tut mir leid, dass du das so siehst, aber ich glaube, du wärst viel glücklicher, wenn du woanders hingehen würdest.

Verwenden Sie bei frechen Kindern die Methode der kaputten Schallplatte, in dem sie immer dasselbe wiederholen. Das Hauptziel besteht darin, sie von Ihnen wegzubekommen, bis Ruhe eintritt. Aber vergessen Sie nicht, das Gespräch zu führen, das Sie versprochen haben. Wenn sich die Gemüter abgekühlt haben und Worte gesprochen werden können, ohne dass sich bei einem der Beteiligten das Gesicht verfärbt, versuchen Sie, den Grund für die Respektlosigkeit des Kindes herauszufinden.

An diesem Punkt hilft es zu sagen: „In letzter Zeit hast du mich oft beschimpft, wenn ich dich um etwas gebeten habe. Ich frage mich, ob ich es so höre, wie du es meinst. Mir ist nicht klar, was du mir sagen willst. Willst du mir sagen, dass es dir peinlich ist, dass du dich niedergeschlagen fühlst, dass du der Chef sein willst, dass du mich hasst oder dass du einfach nicht weißt, wie du reagieren sollst, oder was ist es sonst?" Dies führt in der Regel zu einem Gespräch. Es ist absolut notwendig, dass Sie zuhören, ohne defensiv oder wertend zu sein. (Seien Sie bereit, sich wieder zu trennen, wenn Sie spüren, dass die Emotionen steigen.) Sagen Sie nach dem Gespräch: „Danke, dass du mir deine Gedanken mitgeteilt hast." Dies wird das Kind dazu veranlassen, über seine Antwort, statt über Ihre, nachzudenken, und ihm helfen, in Zukunft bei Meinungsverschiedenheiten bessere Worte zu finden.

PERLE 35

Warum wir gegen körperliche Züchtigung sind

„Papa, warum kannst du uns nicht einfach den Hintern versohlen, damit wir das hinter uns bringen?“ Die sechsjährige Olivia war leise ins Wohnzimmer geschlichen, wo der Vater gerade seine Zeitung las. Sie bettelte: „Unsere Freunde dürfen sich den Hintern versohlen lassen, und dann dürfen sie wieder spielen. Wenn du uns den Hintern versohlst, werden wir nie wieder auf der Straße spielen. Wir haben keine Lust, darauf zu warten, dass du entscheidest, was du tun wirst.“

Ja, dachte Papa. *Eine Tracht Prügel ist viel einfacher, als zu warten und darüber nachzudenken, was man falsch gemacht hat. Dadurch gibt man Kindern eine schnelle Flucht aus der Verantwortung, mit einer schlechten Entscheidung zu leben. Anstatt mit den Konsequenzen leben und über Lösungen nachdenken zu müssen, haben die Kinder einen kurzen Moment lang Schmerzen, und dann sind sie aus dem Schneider.*

Es gibt viele gute Gründe, weshalb wir auf körperliche Züchtigung verzichten sollten:[1]

- Einfühlungsvermögen und logische Konsequenzen sind viel stärker als Prügel, weil sie den Kindern beibringen, wie sie Probleme lösen können.
- Körperliche Züchtigung ist nicht in der Lage, den Kindern die Verhaltensweisen beizubringen, die wir ihnen für ihr späteres Leben gerne mitgeben würden.

[1] In Deutschland und anderen Ländern ist körperliche Züchtigung ohnehin gesetzlich verboten. Anmerkung d. Hrsg.

- Die meisten Kinder würden lieber eine Tracht Prügel erhalten, als über ihre schlechte Entscheidung nachdenken zu müssen.
- Neuere Forschungen zeigen, dass körperliche Züchtigung viele negative Nebenwirkungen hat, wie Zorn, Groll und Rachegelüste.
- Unsere Kinder werden eines Tages vielleicht darüber entscheiden, in welches Pflegeheim wir kommen.

Statt dass wir Liebe-und-Logik-Methoden anwenden, wäre es den Kindern oft lieber, wir würden ihnen den Hintern versohlen. Wir wurden zum ersten Mal mit diesem Gedanken konfrontiert, als ein Schüler der Schule, an der Jim Schulleiter war, seinem Therapeuten das erzählte. Dieser wunderbare Berater fragte den Jungen mit Hilfe einer Art umgekehrten Psychologie: „Tony, musst du *wirklich* tun, was diese Lehrer dir sagen? Vielleicht kommst du auch durch, ohne die Schulregeln zu beachten."

„Oh, nein! Oh, nein!", schrie Tony. „Man muss tun, was sie einem sagen! Wenn nicht, muss man in Mr. Fays Büro gehen und nachdenken! Das mache ich nicht noch einmal durch – auf keinen Fall!"

Im Gegensatz zum vorherigen Schulleiter verzichtete Jim auf den Stock. Die einfache Regel in seinem Büro war, dass Kinder die von ihnen geschaffenen Probleme lösen mussten. Sie baten ihn stattdessen ständig um Prügel.

Perle 36

Sport

Als Eltern wollen die meisten von uns, dass ihre Kinder von klein auf Sport treiben, und zwar aus verschiedenen Gründen: Bewegung, Sozialisierung, Charakterbildung, Teamfähigkeit, Fairness usw. Daher ist es nicht ungewöhnlich, dass Kleinkinder einem Fußball nachrennen, bevor sie überhaupt verstehen, um welches Spiel es sich handelt.

Jüngste Studien haben auch gezeigt, dass unsere Kinder heute nur noch halb so viel unstrukturierte Spielzeit haben wie noch vor einer Generation, weil wir zwischen Schule, Tanzen, Fußball, Reiten oder einem anderen Training hin und her rennen und die Eltern sich nicht mehr so wohl fühlen wie früher, wenn sie ihre Kinder die Straße entlang laufen lassen, um bei einem Freund zu spielen, der mehr als ein oder zwei Straßen entfernt ist. Die Familien essen auch ein Drittel weniger gemeinsam zu Abend als früher.[1] Diese Tatsachen haben dazu geführt, dass wir heute im Zeitalter der Fußballmama und des Trainerpapas leben, und dass die Kinder nur selten aus dem Haus kommen, wenn es nicht für eine geplante Veranstaltung ist, die im Allgemeinen mit Sport zu tun hat.

Ein weiteres Problem, das sich aus dieser Veränderung unserer Zeitgestaltung entwickelt hat, ist die Tatsache, dass der Sport immer zwischen zwei Philosophien geschwankt hat:

1. Es geht nicht darum, ob man gewinnt oder verliert, sondern wie man das Spiel spielt, oder
2. Gewinnen ist nicht alles – es ist das Einzige.

Dazu kommt der Traum vieler Eltern, dass ihre Kinder eines Tages in den oberen Ligen spielen werden (auch wenn das weniger als fünf

---

[1] Peter Cary, „Fixing Kids' Sports", U.S. News & World Report, vol. 136, no. 20 (7. Juni 2004), S. 46-47.

Prozent unserer Kinder schaffen), und dieser kulturelle Wandel hat einen unglaublichen neuen Druck auf unsere Kinder geschaffen – einen Druck, der letztlich dazu führt, dass viele unserer Kinder den Sport vor dem Erreichen der Oberstufe abbrechen.

Unserer Meinung nach ist die Teilnahme von Kindern an organisierten Sportarten eine gute Sache, solange der Fokus primär auf den positiven Aspekten – Charakterbildung, Zusammenarbeit, Fitbleiben usw. – und erst in zweiter Linie auf dem Wettbewerb und dem Streben nach „Bestleistung" liegt. Sport zu treiben, ist eine wunderbare Möglichkeit für Kinder, schwierige Dinge auszuprobieren und durch das Erlernen neuer Fähigkeiten Selbstvertrauen zu gewinnen. Es ist zwar gut, wenn Eltern ihre Kinder zur Teilnahme ermutigen, aber letztlich müssen es die Kinder sein, die spielen wollen, weil es ihnen Spaß macht, und nicht, weil ihre Eltern wollen, dass sie ein Star werden. Beim Sport wie auch bei anderen Themen will Liebe und Logik letztlich, dass die Kinder entscheiden, und nicht die Eltern.

Ein Vater schrieb uns kürzlich, welche Erfahrungen er mit Liebe und Logik, seinem Sohn und Sport machte:

> Mein Sohn und ich hatten oft Konflikte, was seine Leistung auf dem Sportplatz anging. Von klein auf hat er immer Fußball gespielt, und ich habe in den letzten drei Jahren seine Baseballmannschaft trainiert. Im vergangenen Winter beschloss er aus verschiedenen Gründen, Basketball aufzugeben, weil „es einfach nicht sein Ding war" und er sich mehr auf seine beiden anderen Sportarten konzentrieren wollte. Das war hart für mich, da ich in einer Zeit aufgewachsen bin, in der es Standard war, drei Sportarten zu betreiben hat, aber die Zeiten haben sich anscheinend geändert, also habe ich zugestimmt, ihm zu helfen, mehr an seinen Baseball- und Fußballfähigkeiten zu arbeiten.
>
> Das vergangene Jahr war besonders hart. Da in seiner Fußball-Liga der Wettbewerb immer härter geworden war, spielte er im Laufe des Jahres immer weniger. Wir hatten zahlreiche Konflikte, was seinen Trainer, seinen Eifer und die Frage anging, ob er den Sport fortsetzen würde oder nicht. Ich habe auch versucht, ihn auf dem Heimweg von den Spielen zu coachen, aber er wollte immer weniger davon hören. Ich merkte, wie sich ein Riss zwischen uns auftat, und ich wusste nicht, was ich dagegen tun sollte. Ich wollte nicht,

dass er aufgab, aber ich wusste auch, dass es egal war, was ich selbst dachte, wenn er nicht spielen wollte. Ich konnte ihn nicht *dazu bringen,* sich mehr anzustrengen – er musste es wollen.

Mit dem Beginn dieses neuen Schuljahres und der neuen Fußballsaison schien es besser zu werden. Er hatte einen Trainer, der ihn mehr spielen ließ, und er zeigte bessere Leistungen auf dem Feld. Vor ein paar Wochen hatte er dann ein Spiel, bei dem er auf dem Spielfeld einfach wie tot schien, und die ganze alte Frustration über seine Bemühungen und seine Einstellung kamen zurück. Als das Spiel zu Ende war, war ich so aufgebracht, dass ich ihm am liebsten eine Standpauke über Sieger und Verlierer gehalten hätte.

Aber nachdem ich kürzlich *Mit Liebe und Logik erziehen* gelesen hatte, wusste ich, dass er sich mit seinen elf Jahren entscheiden musste, ob er weiterhin spielen oder bald aufhören wollte – ich konnte ihn nicht dazu bringen, sich mehr anzustrengen. Also beschloss ich, das Schwierige zu tun – ich hielt den Mund, um ihn über das Spiel sprechen zu lassen.

Als wir zum Auto zurückkamen, schäumte ich vor Wut und ging ich erst mal zur Toilette, um mich zu beruhigen, bevor wir nach Hause fuhren. Auf der Heimfahrt war es still Auto im Auto, und ich weigerte mich, ihn das Radio einschalten zu lassen, um ihm Zeit zum Nachdenken zu geben. Als wir zu Hause ankamen, stellten wir fest, dass er eine der Sandalen, die er vor und nach dem Spiel trägt, auf dem Spielfeld zurückgelassen hatte, also fuhren wir zurück. Dies war ebenfalls eine ruhige Fahrt, bis er mich etwa auf halbem Weg fragte: „Warum hast du mich angeschrien, ich solle rennen, als der Junge hinfiel?“ Während er mit einem anderen Jungen um den Ball gekämpft hatte, war dieser hingefallen. Alle an der Seitenlinie hatten geschrien, er solle den Ball nehmen und damit zum Tor rennen. Ich erklärte ihm, dass ich nicht gesehen hätte, dass der andere Junge verletzt war, aber dass es, wenn er sich deswegen Sorgen gemacht habe, richtig gewesen wäre, den Ball über die Auslinie zu kicken, damit der Schiedsrichter eine Auszeit hätte ausrufen können, sodass der Trainer nach dem Jungen hätte sehen können. Dann entschuldigte ich mich dafür, dass ich mich so aufgeregt hatte.

Danach begannen sich die Zwiebelschichten zu lösen, als sich sein Fokus von außen – mein Schreien an der Seitenlinie – nach innen veränderte: Er sprach darüber, wie er seine Leistung empfand und wie wichtig es ihm war, vor seiner Mutter, deren Zeitplan es ihr nicht erlaubte, zu sehr vielen seiner Spiele zu kommen, gut zu spielen. Er sagte, er habe ihr zeigen wollen, dass er spiele, weil ihm das Spiel gefalle, und nicht nur, weil ich wolle, dass er spiele. Auch hier ließ ich ihn einfach reden, aber meine Gefühle hatten sich von Wut zu Stolz auf ihn gewandelt – ich war sogar ein wenig zu Tränen gerührt.

Schließlich kamen wir wieder am Sportplatz an und fanden seine Sandale, und dann beschloss ich, ein paar Smoothies zu holen, damit wir unsere Unterhaltung fortsetzen konnten. Während wir unsere Smoothies tranken, sprachen wir noch ein wenig über seine Leistung, warum er sich träge gefühlt hatte (er hatte vor dem Spiel zu viel Wasser getrunken), und er hörte sogar zu, als ich ihm ein paar Hinweise gab, was er tun könne, um einige der Probleme zu lösen, die er an diesem Tag auf dem Spielfeld gehabt hatte. Es war eines der besten Gespräche, das ich je mit ihm hatte.

Seitdem habe ich ihm die Verantwortung für seine sportlichen Aktivitäten mehr selbst überlassen, und er hat mich sogar gebeten, ein paar Mal mit ihm Werfen und Fangen zu spielen, damit er auf die Baseball-Saison vorbereitet ist, die seine eigentliche Liebe ist. Das alte Bild eines Vaters, der mit seinem Sohn Werfen und Fangen spielt, hat nichts von seiner Nostalgie verloren.

Ihm zu überlassen, wie er sich sportlich betätigen will, und ihn nicht dadurch zu beeinflussen, dass ich zu emotional werde und ihm sage, wie er das Spiel spielen soll, hat alles verändert.

Perle 37

Stehlen

Von allen Problemen, die bei unseren Kindern auftauchen, berührt uns nichts so stark wie Diebstahl. Das Eigentumsrecht nimmt in unserer moralischen Hierarchie einen hohen Stellenwert ein. Wir wollen, dass unsere Kinder respektieren, was ihnen gehört, und die Hände von dem lassen, was ihnen nicht gehört. Aber einige Kinder stehlen trotzdem. Normalerweise kann das Stehlen unserer Kinder nicht durch einen Frontalangriff auf das Stehlen selbst geheilt werden. Stattdessen muss man damit umgehen, indem man die zugrunde liegenden Gefühle, die überhaupt erst zur Tat geführt haben, versteht und einbezieht.

Wie beim Lügen ist der frühe Diebstahl – also im Alter zwischen vier und sechs Jahren – glücklicherweise fast immer nur eine Phase der Kindheit. Wenn wir es sachlich und ohne allzu viel Ärger handhaben, wachsen die meisten Kinder unweigerlich schnell aus der Phase des Stehlens heraus. Eine emotionale Reaktion von uns macht die Sache jedoch in der Regel noch schlimmer, weil das Kind dann in die Defensive gerät und um die Kontrolle kämpft. Schauen wir uns die beiden Ansätze in der Praxis an.

Die vierjährige Sophie nimmt einen Ohrring aus dem Schmuckkästchen ihrer Mutter. Mama findet es heraus und schreit: „Sophie, hast du diesen Ohrring genommen? Schau mich nicht nur an – antworte mir! Ich habe dir gesagt, dass du nicht an mein Schmuckkästchen gehen sollst. Das macht mich wirklich wütend. Lege es sofort zurück, und tu das nie wieder!“ Indem sie so emotional wird, lehrt diese Mutter Sophie, ohne dass es ihr bewusst ist, weiter zu stehlen. Das Kind wird anfangen, alles zu tun, um die Mutter zu ärgern. Stehlen wird für Sophie irgendwie aufregend – viel Lärm und keine Konsequenzen.

Eine bessere Art und Weise, mit dem Vorfall umzugehen, wäre gewesen, wenn die Mutter gesagt hätte: „Sophie, Schatz, Mami mag es nicht, wenn du ihren Ohrring nimmst. Lege ihn jetzt zurück in die Box. Danke. Danke, dass du ihn zurückgelegt hast! Das freut mich. Was für ein braves Mädchen!“ Durch diese Vorgehensweise gibt Mama Sophie ein gutes Gefühl dafür, dass der Ohrring an den richtigen Platz gelegt wird, und keine Emotionen, weil der Ohrring überhaupt genommen wurde.

Chronischer Diebstahl kann jedoch eine andere Geschichte sein. Die Ursache dafür kann ein Kampf um die Kontrolle zwischen Eltern und Kindern sein oder tiefer liegen. Diebstahl tritt fast immer dann auf, wenn sich ein Kind leer oder ungeliebt fühlt. Das Gefühl der Leere des Kindes kann spontan auftreten oder langfristig sein. Das Kind kann auf die gleiche Weise stehlen, wie andere an ihren Fingernägeln kauen: aus Gewohnheit. Innerlich sagen sich diese Kinder: „Ich bekomme nicht, was mir zusteht. Ich sollte mehr haben.“

Bei chronischem Diebstahl ist es wichtig, dass wir das zugrunde liegende Problem angehen, sei es das schlechte Selbstbild des Kindes oder sein Gefühl, „ungerecht behandelt“ zu werden. Mit unseren Kindern zu sprechen (wenn das Problem nicht auftritt), ihr Selbstbild verbessern und unsere Liebe zu ihnen zu demonstrieren, wird enorm helfen.

Diebstahl ist ein vielschichtiges Problem, dem man normalerweise nicht direkt begegnen kann, aber dem Gefühl von Verlust, Leere oder ungerechter Behandlung des Kindes kann man mit Verständnis, Berührung, Augenkontakt, Umarmungen und dem Einsatz vernünftiger Konsequenzen begegnen.

Perle 38

Fluchen und unanständige Sprache

Es ist wie eine kalte Dusche für uns. Das unschuldige kleine Wesen, das wir einst im Schoß wiegten und dessen Wortschatz ausschließlich aus lustigen Silben bestand, trampelt eines Tages durch die Tür und spuckt eine Reihe von Schimpfwörtern aus, die selbst einen Seemann erröten lassen würden. Manchmal ahmen unsere Kinder ihre Schulkameraden nach. Ein anderes Mal scheinen sie Obszönitäten nur zu benutzen, um zu sehen, ob sich uns die Nackenhaare sträuben. Was auch immer der Grund sein mag, die schlechte Sprache unserer Kinder kann uns beunruhigen.

In vielen Fällen handelt es sich um eine bloße Übergangsphase, die Kinder auf ihrem Weg zur Reife durchlaufen. Sie hören ältere Kinder fluchen, und da sie so groß sein wollen wie sie, entwickeln sie einen Wortschatz, der nicht gerade dem entspricht, der in einer christlichen Familie verwendet wird.

Wir könnten mit einer Hetzrede der Entrüstung antworten: „So redest du in diesem Haus nicht! Wie oft haben wir dir gesagt, du sollst das lassen?" Oder wir könnten ihnen den Mund mit Seife auswaschen, aber dann würden sie sich erst recht dazu entschließen, ihre Unabhängigkeit zu demonstrieren. Unsere unmittelbare Reaktion sollte also darin bestehen, das Problem aus der Reichweite des Zuhörers zu verlagern. Sagen Sie dem Kind ohne Ärger: „Ich werde gerne mit dir reden, wenn du höflich mit mir sprichst und eine anständige und reife Sprache verwendest."

Wenn sich sowohl das Kind als auch wir selbst uns beruhigt haben, sollten wir über das eigentliche Problem sprechen. Ein Ansatz besteht darin, das Selbstwertgefühl des Kindes anzusprechen: „Ich glaube, viele Menschen, die diese Art von Sprache benutzen, sind Menschen, die nicht besonders zufrieden mit sich sind." Oder wir wollen vielleicht einen intellektuellen Kurs einschlagen: „Manche Menschen, die so reden, haben einen sehr begrenzten Wortschatz. Sie kennen nicht viele Wörter, und deshalb benutzen sie diese langweiligen alten Schimpfwörter. Niemand muss sie im Wörterbuch nachschlagen. Das sind wirklich einfache Worte. Das ist wahrscheinlich der Grund, warum einige Leute sie benutzen." Dann sollten wir das Thema fallen lassen. Die Sprache, die unsere Kinder benutzen, wird auf lange Sicht ohnehin die Sprache sein, die sie benutzen wollen. Weißglühender Zorn unsererseits wird nur ihre Erkenntnis verzögern, dass unreife Menschen auf eine solche Sprache zurückgreifen.

Perle 39

Probleme mit Lehrern und der Schule

Im Allgemeinen besteht unsere Rolle im Schulleben unserer Kinder, also was ihre Noten und ihr Verhalten angeht, darin, sie zu ermutigen und ihnen ein gutes Vorbild zu sein. Wir überlassen die Disziplin den Lehrern und sonstigen Fachkräften. Wir überlassen es unseren Kindern, wie sie mit ihren Schulproblemen umgehen. Aber manchmal müssen wir vielleicht eingreifen und auf den Lehrer eines Kindes zugehen. Das ist eine schwierige Sache, da sie uns oft an all die Einschüchterungsgefühle erinnern, die wir vielleicht bei unseren eigenen Lehrern erlebt haben.

Wenn wir auf den Lehrer eines Kindes zugehen, sollten wir eine Haltung einnehmen, die darin besteht, Informationen zu sammeln und darüber nachzudenken, anstatt in das Lehrerzimmer zu stürmen und Lösungen anzubieten. Wir können drei häufige Fehler machen:

1. ***Wir sagen dem Lehrer, was er tun soll.*** Wenn wir sagen: „Ich will mein Kind aus dem Klassenzimmer raushaben", dann sagen wir dem Lehrer in Wirklichkeit: „Sie sind nicht klug genug, um herauszufinden, was zu tun ist, also muss ich Ihnen helfen."
2. ***Wir gehen mit Drohungen in die Schule.*** Wenn wir sagen: „Wenn ich nicht Recht bekomme, gehe ich zum Schulleiter", schafft das noch mehr Probleme, als wir bei unserer Ankunft hatten.
3. ***Wir versammeln eine Armee von gleichgesinnten Eltern, um den Lehrer massenhaft anzugreifen.*** Jeder Sieg in dieser Art von Konfrontation wird von kurzer Dauer sein, da der Lehrer um sein Leben kämpfen wird. Eine Variante dieser Taktik ist zu sagen: „Ich bin nicht der Einzige, der sich darüber aufregt. Viele andere tun es auch. Aber ich bin der Einzige, der die Nerven hat, zu Ihnen zu kommen und mit Ihnen zu reden."

All diese Taktiken sind schwerwiegende Fehler. Wir mögen mit einem Problem in die Schule gekommen sein, aber wenn wir wieder herauskommen, haben wir ein Problem und einen Feind. Im Allgemeinen sind Menschen, die in die Defensive gedrängt werden, weniger geneigt, durchdachte Lösungen für Probleme zu finden.

Eltern, die die besten Ergebnisse mit Lehrern erzielen, sind diejenigen, die das Zauberwort „beschreiben" verwenden. Denn wenn wir es benutzen, *fordern* wir den Lehrer zu nichts *auf.* Wir *beschreiben* etwas: „Ich möchte etwas beschreiben, das geschieht, und Ihnen dann sagen, was ich dazu denke." Wenn wir dann zu Wort gekommen sind, können wir noch mehr Zauberworte verwenden, wie z. B.: „Ich würde gerne Ihre Meinung dazu hören." Wenn wir dies sagen, sagen wir dem Lehrer, dass wir Vertrauen haben, dass er selbstständig denken kann.

Ein anderer Ansatz ist die Frage: „Welche Möglichkeiten gibt es, ein solches Problem zu lösen?" Dann lehnen Sie sich zurück und erlauben dem Lehrer, eine Weile nachzudenken. Denken Sie daran: So gut wir unsere Kinder auch zu kennen glauben, wir wissen vielleicht nicht, wie sie in einem schulischen Umfeld reagieren. Häufig verhalten sich Kinder in der Schule ganz anders als zu Hause, sodass sehr hilfreich ist, wie der Lehrer die Situation bewertet. Ein Kind, mit dem man leicht zu zweit arbeiten kann, kann frustriert und aufsässig sein, wenn es nur ein Fünfundzwanzigstel dieser Aufmerksamkeit bekommt.

Wenn wir mit dem Lehrer nicht zufrieden sind und das Problem eine Ebene höher zur Sprache bringen wollen, sollten wir sagen: „Würde es Ihnen etwas ausmachen, mit mir zum Schulleiter zu gehen, um zu sehen, was er dazu denkt?" Das ist viel besser, als zu sagen: „Wenn ich meinen Willen nicht bekomme, gehe ich zum Schulleiter.

Wenn wir einen Lehrer aufsuchen, ist unsere Hauptaufgabe, das Problem unseres Kindes zu besprechen und zu sehen, ob eine Lösung gefunden werden kann – sowohl zu reden als auch zuzuhören, Vorschläge zu machen und auch anzunehmen. Kommunikation und Respekt für andere sind viel effektiver als Befehle und Drohungen.

Perle 40

Moderne Technik: Internet, Handy, Pornographie, Fernsehen, Videos und Videospiele

Moderne Technik ist ein Segen und ein Fluch. Die Informationen sind leicht zugänglich, die Geräte sind leicht verfügbar, und manche Lebensaspekte sind dadurch einfacher geworden. Viele Kinder und Lehrer genießen den Einsatz von Technik im Klassenzimmer. Viele Eltern empfinden die Technik jedoch als Fluch, insbesondere wenn sie ihre Kinder nicht dazu bringen können, lange genug vom Smartphone aufzuschauen, um ein Gespräch zu führen. Für Eltern kann es schwierig sein zu wissen, welche Grenzen man der Technik setzen soll, weil sie für das tägliche Leben so wichtig geworden ist.

Die Technik wird bleiben, und das kann eine großartige Sache sein. Unsere Aufgabe als Eltern und Pädagogen ist es, Kinder dabei zu unterstützen, wirklich gute Nutzer der Technik zu werden und gute Entscheidungen in Bezug auf sie zu treffen.

Technik im Zusammenhang mit der Erziehung kann das Internet, Mobiltelefone, Fernsehen, Tablets, Videospiele und alle Bildschirm- und Kommunikationsgeräte umfassen. Mit der Technologie kommt auch die Verantwortung, und wie in allen anderen Bereichen im Leben der Kinder ist es wichtig, sie durch **vier Schritte** zu führen, um diese Verantwortung zu fördern.

1. ***Geben Sie den Kindern Aufgaben, die sie bewältigen können.*** Wenn es um Internet, Videospiele und andere technische Dinge geht, brauchen unsere Kinder vielleicht etwas Übung. Hierzu können wir auch Fachbücher zu Hilfe nehmen.
2. ***Hoffen Sie, dass das Kind auf ein Problem trifft.*** Das ist ein schwieriger Punkt. Die schlechte Nachricht ist, dass Kinder auf

Herausforderungen stoßen *werden.* Kinder werden online auf Pornografie und andere unangemessene Inhalte stoßen; Kinder werden sich schwertun, gute Entscheidungen in Bezug auf die Zeit vor dem Bildschirm zu treffen. Die Welt ist voller endloser Versuchungen, von denen wir unsere Kinder oft nicht abschirmen können. Macht es Sinn, dass sie lernen, diesen Versuchungen zu widerstehen, wenn sie noch zu Hause und die Folgen geringer sind? Oder ist es am besten, wenn wir versuchen, ihr Leben jetzt im Detail zu managen und sie erst während des ersten College-Jahres aus den Konsequenzen lernen zu lassen?
Es ist entscheidend, dass wir viele durchdachte Gespräche über die Versuchungen führen, denen sie ausgesetzt sein werden, dass wir sie gut anleiten, mit solchen Situationen umzugehen, und dass sie Fehler machen dürfen, die keinen großen Schaden anrichten. Wenn Kinder es vergeigen, müssen sie wissen, dass sie zu ihren Eltern kommen können und dass diese sie immer noch lieben und ihr Bestes tun werden, um ruhig zu bleiben.

3. ***Handeln Sie mit Einfühlungsvermögen und ziehen Sie das Kind zur Verantwortung.*** Es kann zwar schwierig sein, ein aufrichtiges Einfühlungsvermögen an den Tag zu legen, wenn ein Kind etwas Unangenehmes getan hat, doch schafft es die Voraussetzung für echtes Lernen. Wollen wir, dass sie über uns verärgert sind, oder hoffen wir, dass sie sich über sich selbst ärgern, weil sie die schlechten Entscheidungen getroffen haben? Wenn es um Pornografie oder eine andere negative Sache geht, die das Kind online gemacht hat, könnte Einfühlungsvermögen so klingen: „Ich liebe dich sehr, und ich habe herausgefunden, dass du das tust. Du kannst dieses Gerät gerne zurückhaben, wenn ich darauf vertrauen kann, dass du einen guten Plan hast, um zu verhindern, dass es sich wiederholt.

4. ***Übertragen Sie dem Kind wieder die Sache.*** Das heißt, sobald wir uns darauf verlassen können, dass es einen Plan hat, um verantwortungsbewusster mit dem Thema umzugehen. Trifft das Kind in Bezug auf die Technik eine schlechte Entscheidung, besteht die Versuchung, insbesondere bei den gewissenhaftesten Eltern, zu versuchen, es für immer von ihm fernzuhalten. Früher oder später wird das Kind jedoch als Erwachsener in dieser Welt leben und sollte

die Gelegenheit gehabt haben, die Fähigkeiten zum Umgang mit diesen Dingen zu üben und zu entwickeln. Denken Sie daran: Die Technik geht nicht weg. Die einzige Lösung, um Kindern zu helfen, sie weise zu nutzen, besteht darin, ihnen beizubringen, dass schlechte Entscheidungen bedauerliche Konsequenzen haben, während gute Entscheidungen zu besseren führen.

Viele Eltern fragen: „Welche Art von Grenzen sollte ich bei der Nutzung von Technik setzen? Hocheffektive Eltern versuchen, nicht zu viele Grenzen zu setzen. Stattdessen sind die von ihnen festgelegten Bedingungen zu 100 Prozent durchsetzbar. Diese Grenzen sind auch ziemlich allgemein. Viel besser als eine lange Liste spezifischer Grenzen – von denen viele nicht durchsetzbar sind – ist es, ein oder zwei zu haben, die so gut wie alles abdecken, was sich ergibt. Wir kennen viele Familien, die erfolgreich mit nur einer einzigen Regel funktionierten: „Fühl dich frei zu tun, was immer du willst, solange es für niemanden ein Problem darstellt." Natürlich können die Erwachsenen im Haushalt entscheiden, welche Verhaltensweisen „Probleme" darstellen.

Vielleicht sind ein paar Beispiele angebracht:

- Was ist, wenn unser Kind jedes Mal, wenn es am Computer war, eine böse, gereizte oder trotzige Haltung hat? Ist das ein Problem?
- Ist es ein Problem, wenn ein Kind beim Essen ständig mit seinem Handy telefoniert?
- Ist es ein Problem, wenn ein Kind jedes Mal einen Wutanfall bekommt, wenn es aufgefordert wird, die Videospiele auszuschalten?

Und ob!

Werden unsere Kinder – wenn sie unsere Liebe erfahren, damit sie sie nicht von Bildschirmen bekommen müssen –, eher zu Menschen heranwachsen, die gute Entscheidungen in Bezug auf technische Geräte treffen? Wenn sie unsere liebevollen Grenzen erfahren, werden sie dann eher lernen, sich selbst Grenzen zu setzen, wenn es um technische Geräte geht? Wenn wir sie mit liebevollem Einfühlungsvermögen für ihre schlechten Entscheidungen zur Verantwortung ziehen, werden sie dann eher verstehen, dass das Leben mehr Spaß macht, wenn man gute Entscheidungen trifft? Wenn wir diese Dinge konsequent tun, sind die Chancen hoch, dass sie uns eines Tages dafür danken werden.

Das Internet

Eltern tun gut daran, sich über das Internet Gedanken zu machen, das mit wirklich guten Dingen gefüllt ist – aber auch mit vielen extrem schlechten. Kinder können tolle Fakten über die Geschichte erfahren, wie man Welpen trainiert und was man tun muss, wenn die Kette vom Fahrrad fällt. Sie können auch viele falsche Informationen über alles Mögliche „lernen". Noch besorgniserregender ist, dass Pädophile, Identitätsdiebe und andere Schurken in der Lage sind, durch soziale Medien und andere Websites zu trollen, um Gespräche mit ahnungslosen Kindern zu führen und sie zu ermutigen, Adressen, Telefonnummern und andere persönliche Informationen anzugeben. Durch Markieren des Kästchens, mit dem bestätigt wird, dass der Benutzer achtzehn Jahre oder älter ist, kann jeder Zugang zu sexuell explizitem oder anderem hochgradig schädlichem Material erhalten.

Laut einer kürzlich durchgeführten Umfrage gibt jeder fünfte US-Teenager, der sich regelmäßig ins Internet einloggt, an, er habe unerwünschte sexuelle Anfragen über das Internet erhalten.[1] Als Anfragen wurden Aufforderungen zu sexuellen Aktivitäten oder sexuellen Gesprächen oder zur Angabe persönlicher sexueller Informationen definiert.

Liebe-und-Logik-Eltern sind weise und behalten alle digitalen Geräte, die sich in ihren Häusern befinden, genau im Auge. Sie verwenden elektronische Filter und andere technische Schutzmaßnahmen, aber sie verlassen sich nicht nur auf diese, um ihre Kinder daran zu hindern, unangemessene digitale Entscheidungen zu treffen. Warum ist dies der Fall?

- Die intelligenten, aber sehr bösen Menschen, die hinter unseren Kindern her sind, kennen sich mit Filter- und Überwachungssoftware und anderen technischen Schutzmaßnahmen aus. Diese Leute lernen schnell, wie sie sie umgehen können.
- Technisch versierte Teenager haben möglicherweise kein Problem damit, Filter zu umgehen.

[1] „First Youth Internet Safety Survey", *Crimes Against Children Research Center* (The University of New Hampshire), Zugriff am 4. Oktober 2019, http://www.unh.edu/ccrc/youth_internet_safety_survey.html

- Digitale Geräte sind fast überall erhältlich. Wir können nicht kontrollieren, ob ein Kind ein Gerät benutzt, das einem Freund gehört, oder eines, das es irgendwie ohne unser Wissen gekauft hat.
- Am wichtigsten ist, dass technologische Sicherheitsvorkehrungen die Kinder nicht in einer Weise erziehen können, die ihnen beibringt, wie sie gute Entscheidungen treffen und Selbstkontrolle entwickeln können. Nur Eltern können das tun!

Die Computer und anderen Geräte sollten im Wohnbereich stehen, wo die Eltern den Kindern von Zeit zu Zeit über die Schulter schauen können. Viele Eltern finden es auch hilfreich, wenn ihre Kinder nachts Telefone und andere Geräte in einen Korb legen.

Das letztendliche Ziel ist jedoch die Selbstkontrolle. Liebe und Logik betont ja das Ziel, Kinder großzuziehen, die lernen, ihr eigenes Verhalten zu kontrollieren.

Es gibt immer einen Weg, um externe Kontrollen zu umgehen. Selbst in Gefängnissen, dem stärksten externen Kontrollprogramm, gibt es schwere Kriminalität und sogar Ausbrüche. Die Gefahr, sich zu sehr darauf zu verlassen, dass man versucht, Kinder von außen nach innen zu kontrollieren, ist, dass dies oft zu Rebellion von innen nach außen führt. Deshalb ist es so wichtig, sie zu informieren.

Kinder mit dem Vorteil, Liebe-und-Logik-Eltern zu haben, entwickeln nach und nach eine innere Stimme, die sagt: *Ich frage mich, wie sich meine nächste Entscheidung auf mich und die Menschen um mich herum auswirken wird.* Diese Stimme rührt daher, dass sie schlechte Entscheidungen getroffen haben und mit den Konsequenzen leben müssen, während sie gleichzeitig die Liebe und das Einfühlungsvermögen ihrer Eltern erfahren. Diese Stimme ist weitaus wichtiger als alle externen Kontrollen, die sich Eltern ausdenken können.

Warum also überhaupt technische Schutzmaßnahmen einsetzen? Weil sie eine kluge erste Verteidigungslinie bieten und unseren Kindern zeigen, dass wir sie genug lieben, sodass wir unser Bestes tun, um Grenzen zu setzen und sie zu schützen.

Es folgt ein verkürztes Gespräch zwischen einem Liebe-und-Logik-Vater und seinem Sohn, das zeigt, dass kluge Eltern ihr Kind dazu befähigen, sich an der Entscheidungsfindung und den daraus folgenden Entscheidungen zu beteiligen, bevor sie selbst etwas unternehmen:

ELTERNTEIL: David, was hältst du davon, einige der Interneteinhalte auf deinem Computer zu filtern?

DAVID: Warum? Vertraust du mir nicht? Ich brauche keinen Filter.

ELTERNTEIL: Es ist keine Frage des Vertrauens. Selbst in meinem Büro filtert die Firma Inhalte – nicht, weil sie uns nicht vertraut, sondern einfach, um zu verhindern, dass Material, das wir nicht wollen, sich in unsere Computer einschleicht.

DAVID: Hmm.

ELTERNTEIL: Es gibt verschiedene Arten von Filtern. Einige sind strenger als andere. Einige filtern alle Bilder, die per E-Mail verschickt werden, bei einigen handelt es sich um Sichtfilter, bei anderen um Textfilter. Ich dachte, wir könnten diese Möglichkeiten gemeinsam ausloten. Es ist mir wichtig, dass du dich bei unserer Entscheidung wohl fühlst.

DAVID: Okay.

Was ist nun, wenn sich das Kind bei einem Gespräch wie diesem aufregt oder wenn es die erhoffte Selbstbeherrschung nur langsam entwickelt? Ist das ein „Problem"? Auf jeden Fall. Die Eltern müssen weiterhin dranbleiben und in liebevoller Weise die Kontrolle über die Familie behalten. Es liegt daher vollkommen in ihrer Befugnis, ein Gerät zu entfernen oder seine Verwendung auf andere Weise einzuschränken, bis sie glauben, dass ihr Kind ein weiteres Mal bereit ist, zu beweisen, dass es gute Entscheidungen treffen kann.

Die glücklichsten Menschen verlassen sich ihr ganzes Leben lang auf interne Kontrollen und Selbstdisziplin. Die unglücklichsten Menschen müssen sich auf externe Kontrollen verlassen, um ihr Verhalten unter Kontrolle zu halten. Irgendwann, irgendwo, irgendwie müssen unsere Kinder lernen, sich auf interne Kontrollen zu verlassen. Glücklich ist das Kind, das Eltern hat, die diese Art des Lernens schon früh fördern. Weise und fürsorgliche Liebe-und-Logik-Eltern haben immer mit der Spannung zwischen der Bereitstellung vieler Gelegenheiten zur Entwicklung von Selbstkontrolle und der zeitweiligen Notwendigkeit, einzugreifen und vorübergehend externe Kontrolle zu übernehmen, zu kämpfen. Je komplizierter die Welt wird, desto heftiger wird diese Spannung für die Eltern.

Eine große Komplikation, die die heutigen technologischen Fortschritte mit sich gebracht haben, hat mit der Abhängigkeit vom Internet und von Videospielen zu tun. Die Statistiken sind sehr ernüchternd. Bei etwa fünf Prozent der Kinder in Nordamerika und Europa kann man davon sprechen, dass sie eine Internet-Sucht haben.[2] Internet- oder Videospielsucht ist relativ leicht zu erkennen. Einem Kind, das süchtig ist, ist alles andere egal. Früher verbrachte dieses Kind Zeit mit Freunden, fuhr Fahrrad, machte Sport – aber jetzt ist all das in den Hintergrund getreten und es sitzt oder steht nur noch vor einem Bildschirm. Untersuchungen zeigen, dass das Internet und Videospiele für viele Kinder eine Form der Flucht darstellen. Sie fühlen sich mächtiger, wenn sie online sind oder Zombies vernichten; sie haben das Gefühl, dass die Menschen sie online mehr mögen, und diese Aktivitäten ermöglichen es ihnen, in Gedanken einigen der Probleme zu entgehen, die sie erleben.

Durch dieses Buch haben Sie wirksame Strategien für das Setzen und Durchsetzen von Grenzen gelernt. Sie haben die Kraft des Einfühlungsvermögens kennengelernt und wissen, warum es der Schlüssel dazu ist, Kindern zu helfen, aus den Folgen ihrer schlechten Entscheidungen zu lernen. Sie haben auch gelernt, dass das, was wir vorleben, der wohl größte Faktor ist, der ihren Charakter prägt. Es gibt keine neuen „Königswege" für die Erziehung großartiger Kinder im digitalen Zeitalter. Die gute Nachricht ist jedoch, dass die bewährten Liebe-und-Logik-Strategien weiterhin gelten. Es geht darum, liebevolle Grenzen zu setzen, unsere Liebe durch angebotene Wahlmöglichkeiten zu zeigen, Kinder so zu lieben, dass sie mit Einfühlungsvermögen zur Rechenschaft gezogen werden können, und unser Bestes zu tun, um ihnen zu zeigen, wie sie ehrenhafte Männer und Frauen werden können.

Mobiltelefon

Vor Kurzem bat Jim ein vorpubertäres Mädchen zu beschreiben, wie wichtig ihrer Meinung nach ein Smartphone für ein durchschnittliches

---

[2] A. Weinstein und M. Lejoyeux, „Internet Addiction or Excessive Internet Use," *American Journal of Drug and Alcohol Abuse* 36, no. 5 (September 2010), 277-83, https://www.ncbi.nlm.nih.gov/pubmed/20545603.

Kind ihres Alters sei. Ohne mit den Wimpern zu zucken, rollte sie mit den Augen und rief: „Definitiv wichtig … wichtiger als Luft!“

Telefonhersteller und Mobilfunkanbieter haben gute Arbeit geleistet, um Kinder davon zu überzeugen, dass sie alle Smartphones brauchen. Auch ihre Altersgenossen tragen dazu bei, von denen die meisten eines haben. Bei Liebe und Logik sind wir der Meinung, dass Kinder unter zehn Jahren kein eigenes Handy/Smartphone haben sollten. Viele von uns können sich daran erinnern, dass wir Kinder waren und uns darauf gefreut haben, alt genug zu sein, um etwas zu haben. Als Jungen freuten wir uns z. B. darauf, alt genug zu sein, um ein Luftgewehr zu haben. Manche von Ihnen haben sich wahrscheinlich darauf gefreut, alt genug zu sein, um Make-up zu tragen. Diese „Vorfreude“ half uns zu erkennen, dass wir älter und reifer werden mussten, um in neue Lebensphasen einzutreten. Leider ist diese Tradition verloren gegangen. Sehr junge Mädchen tragen oft Make-up und sehr erwachsen wirkende Kleidung. Kleine Jungen genießen heute viele der gleichen Privilegien, die einst jungen Männern vorbehalten waren. Vielleicht ist dies ein Grund dafür, dass Anspruchsdenken, Narzissmus und mangelnde Reife in unserer Gesellschaft grassieren.

Wenn Kinder in die Pubertät hineinwachsen, ist es klug, dass Eltern ihnen erlauben, Smartphones zu besitzen, solange drei Bedingungen konsequent erfüllt sind:

- Das Kind zahlt einen erheblichen Teil des Smartphones und/oder der Mobilfunkgebühren.
- Das Kind weiß, dass es das Smartphone gerne benutzen darf, solange es keine Probleme verursacht.
- Das Kind sieht es positiv, dass die Eltern das Recht behalten, auf dem Smartphone eine Überwachungssoftware zu installieren.

Offensichtlich kann diese letzte Bedingung manche Teenager verärgern.

Das Folgende ist ein abgekürztes Gespräch zwischen einer Liebe-und-Logik-Mutter, die ihre Tochter bittet, eine Software zur elterlichen Kontrolle auf ihrem Smartphone zu installieren. Denken Sie beim Lesen daran, dass das Setzen von Grenzen auch diagnostisch ist: Die Reaktion eines Kindes kann uns viel darüber sagen, ob es für ein Privileg bereit ist oder nicht.

MUTTER: Papa und ich haben das Gefühl, dass wir uns besser fühlen würden und wir dich besser schützen könnten, wenn auf deinem Smartphone eine Überwachungssoftware installiert wäre.

TOCHTER: Ich glaube nicht, dass ich es auf einem installieren sollte, das ich bezahle. Ich habe nicht das Gefühl, dass ich ausspioniert werden muss. Ich habe nichts getan.

MUTTER: Du hast also das Gefühl, dass wir dich ausspionieren, anstatt dir zu helfen, sicher zu sein.

TOCHTER: Ja. Ich habe nichts getan, was mich gefährdet. Ich habe auch nicht vor, etwas zu tun, das mich gefährden würde.

MUTTER: Ich glaube, was du sagst, ist, dass du dafür absolut keine Verwendung siehst.

TOCHTER: Richtig.

MUTTER: Wirst du das tun, auch wenn du keinen Grund dafür siehst?

TOCHTER: Ich weiß von keinen meiner Freunde, dass deren Eltern das mit ihnen machen. Sie vertrauen ihnen.

MUTTER: Du willst mir also sagen, dass du das nicht tun wirst. Okay. Ich weiß es zu schätzen, dass du diesbezüglich ehrlich zu mir bist. Ich wollte dich nur höflich fragen.

Beachten Sie, dass die Mutter das Gespräch abbrach, weil sie merkte, dass sie völlig machtlos war. Sobald Eltern dieses Gefühl bekommen, ist es Zeit, dem Kind zu danken, Abstand zu nehmen und darüber nachzudenken, was sie tun werden.

In dieser Situation geht es beim Trotz des Kindes um etwas viel Ernsteres als das Smartphone. Es geht darum, dass es nicht davon überzeugt ist, dass seine Eltern das Recht haben, ihm vernünftige Grenzen zu setzen. Es ist auch ein klares Signal, dass es noch nicht reif genug ist, um mit dem Privileg eines Smartphone umzugehen. In einer solchen Situation ist es oft klug, wenn ein Elternteil sagt: „Liebling, wir freuen uns darauf, dass du dein Smartphone haben darfst, wenn wir wissen, dass du Verständnis dafür hast und mit uns kooperierst, dass wir die Überwachungssoftware darauf installieren."

Natürlich sind die Situationen, denen Eltern aufgrund von Smartphones begegnen, unterschiedlich. Wenn unsere Kinder mit einem demütigen, aufnahmefähigen Herzen reagieren, haben wir einen Hinweis darauf, dass sie möglicherweise bereit sind. Wenn unsere höflichen Versuche, das Thema zu diskutieren, zu Widerstand und Respektlosigkeit führen, können wir sicher sein, dass sie nicht bereit sind.

Auch Apps auf Smartphones können problematisch sein. Wenn die App neu ist und noch nicht sehr viele Erwachsene sie kennen, tun die Eltern gut daran, ihrem Kind die Nutzung der App zu verweigern. Die Softwareentwickler schaffen ständig neue Dinge, die den Kindern noch raffiniertere Möglichkeiten zum Informationsaustausch bieten. Viele dieser Apps beinhalten Fotos. Es ist einfach, ein Foto zu machen, es an Leute zu schicken und einige Kommentare hinzuzufügen – und immer dann, wenn Leute impulsiv handeln können, geht es selten gut aus. Kinder versenden Fotos, und die Übeltäter können genau herausfinden, wo diese Fotos aufgenommen wurden, was die Gefahr von Stalking und anderen Formen der Belästigung birgt. Diese Fotoseiten können schnell negativ werden: viel Schund und unangebrachtes sexuelles Material.

Im Folgenden wird ein verkürztes Gespräch zwischen einem Liebe-und-Logik-Vater und seiner Tochter dargestellt.

VATER: Mir ist aufgefallen, dass du diese App hast. Von der habe ich noch nie etwas gehört, und das beunruhigt mich. Das schafft ein Problem. Ich kann sie erst befürworten, wenn ich Informationen habe, die mir das Gegenteil beweisen. Wie könntest du mir beweisen, dass das etwas ist, was gut für dich ist? Fällt dir noch eine andere Idee ein, wie du Informationen und Bilder mit deinen Freunden teilen könntest, die mich mehr überzeugt und die dir immer noch die Möglichkeit gibt, die Dinge zu tun, die Teenager gerne tun?

TOCHTER: Das ist dumm. Inwiefern stellt das ein Problem für dich dar? Ich poste nichts, was unangemessen ist.

VATER: Es ist ein Problem für mich, weil ich mir Sorgen mache. Nenne mich altmodisch.

TOCHTER: Nun, du machst dir zu viele Sorgen.

VATER: Wahrscheinlich. Ich mache mir aber lieber zu viele Sorgen als zu wenig.

Auch hier deutet die schnippische Haltung dieses Kindes eindeutig darauf hin, dass es noch nicht reif genug und noch nicht bereit für ein solch potenziell gefährliches Gerät ist.

Bitte verstehen Sie, dass wir bei Liebe und Logik möchten, dass Kinder, die älter als etwa zehn Jahre sind, die Möglichkeit haben, sich das Privileg zu verdienen, ein Smartphone zu haben und zu benutzen. Da es für Kinder und Jugendliche hilfreich ist, ihre Smartphones zu benutzen, um auf gesunde Weise miteinander in Verbindung zu treten, raten wir Eltern, nein zu sagen, wenn es nötig ist, aber ihren Kindern weiterhin zu helfen, die Reife zu entwickeln, um dieses Privileg zu verdienen. Die am Beginn dieser Perle erwähnten vier Schritte zur Verantwortung können hier viel helfen.

Pornographie

Etwa die Hälfte der Jungen und ein Drittel der Mädchen im Alter von zwölf bis fünfzehn Jahren geben zu, dass sie sich Pornografie ansehen. Die meisten von ihnen tun dies online. Etwa 70 Prozent der Kinder geben zu, dass sie mehr oder weniger zufällig oder als sie etwas Legitimes getan haben, auf Pornografie gestoßen sind.[3]

Das Folgende ist ein verkürztes Gespräch zwischen einer Liebe-und-Logik-Mutter und ihrem Kind. Dieses Beispiel veranschaulicht einen oft ignorierten Vorteil der Verwendung von Überwachungssoftware: Sie bietet die Möglichkeit, Bestätigung und Ermutigung zu geben, wenn unsere Kinder gute Entscheidungen treffen.

MUTTER: Mir ist aufgefallen, dass du, als du auf eine Pornografie-Website kamst, sie sofort geschlossen hast.

TOCHTER: Richtig. Sie tauchte auf, als ich etwas gearbeitet habe.

MUTTER: Weißt du, ich habe an verschiedenen Stellen gelesen, dass 70 Prozent der Kinder aller Altersgruppen, die versuchen, ihre Hausaufgaben online zu machen, versehentlich auf eine pornografische Website gelangen. Ist das nicht verrückt? Das liegt daran, dass diese schlechten Menschen wissen, wie man Kinder und Erwachsene in solche Dinge verwickelt. Ich habe gerade mitbekommen, dass

[3] Barna-Gruppe, The Porn Phenomenon: The Impact of Pornography in the Digital Age (Ventura, CA: Barna, 2016).

du diesbezüglich eine wirklich gute Entscheidung getroffen hast. Ich bin stolz auf dich.

Wenn Eltern nachschauen, wo ihr Kind online unterwegs war, wollen sie nicht nur Probleme aufdecken, sondern sie wollen einfach nicht nur dann über Dinge reden, wenn es Probleme gibt.

Wie können Eltern das Problem der Online-Pornografie angehen, wenn ihr Kind eine schlechte Entscheidung getroffen hat? Denken Sie beim Lesen daran, dass selbst Kinder, die wissen, dass sie überwacht werden, auf ungeeignete Websites zugreifen können. Viele tun dies unbewusst und fragen sich, ob ihre Eltern sie genug lieben werden, um ihnen ruhig, aber bestimmt Grenzen zu setzen.

VATER (in einem ruhigen Ton): Mir ist aufgefallen, dass du über anderthalb Stunden auf dieser Porno-Website warst. Warum das?

SOHN: Nun, ich wollte sie mir nur mal ansehen.

VATER: Und was meinst du dazu?

SOHN: Naja, sie hatten einige ziemlich coole Sachen drauf.

VATER (immer noch in ruhigem Ton): Nun, was denkst du, was ich davon halte?

SOHN: Du findest es wahrscheinlich nicht besonders cool. Aber was ist deiner Meinung nach so falsch daran, sich das anzusehen? Es sind nur Körper.

VATER: Und was glaubst du, was ich jetzt in dieser Situation tun werde? Denn, erinnere dich daran, dass ich sagte, wir würden Technik zugänglich machen, solange sie keine …

SOHN: Probleme macht.

VATER: Richtig. Und diese Sache ist für deine Mutter und mich ein Problem.

SOHN: Warum verursacht es ein Problem? Ich habe niemanden geschadet. Ich war doch hier, zu Hause.

VATER: Ich kann verstehen, dass jemand neugierig auf solche Dinge ist. Darüber würde ich wirklich gerne mit dir reden. Wenn du dich immer noch dafür interessiert, warum deine Mutter und ich denken, dass es ein Problem ist, würde ich mich gerne morgen oder zu einem anderen Zeitpunkt mit dir zusammensetzen, um darüber zu sprechen. Danke.

In dem Szenario hat der Vater dem Kind nicht gesagt, was als Folge dieses Verhaltens geschehen wird. Weise Eltern haben jedoch einen Plan. Beispielsweise können Eltern dem Kind den Zugang zu den Computern und Geräten im Haus solange entziehen, bis das Kind einen Plan hat. Das Kind wird dann zu den Eltern kommen und sagt: „Hey, was ist denn mit dem Computer los? Es ist alles gesperrt." Die Eltern sollten ihre Antwort einfühlsam, aber vage halten: „Ich möchte, dass du das alles benutzen kannst, und das kannst du – sobald du einen Plan hast, dass es nicht zum Problem wird." Weise Eltern halten ihre Antwort ziemlich offen, damit das Kind über die Situation und das weitere Vorgehen nachdenken kann. Weise Eltern lassen auch ihre Optionen offen, wie das Gespräch weitergeführt werden kann. Während sie vielleicht unbedingt mit dem Kind darüber sprechen wollen, warum Pornografie ein Problem ist, ist das Kind vielleicht nicht bereit, es zu hören. Der Vater hat vielleicht später eine Gelegenheit dazu. Wenn diese sich bietet, könnte sie wie folgt genutzt werden:

VATER: Weißt du, du hast anscheinend wirklich aufrichtig darüber nachgedacht, warum Pornographie ein Problem ist. Willst du wirklich unsere Meinung dazu hören?

SOHN: Ja. Weil ich nicht weiß, warum es eine große Sache ist.

VATER: Gut. Das möchte ich dir gerne erklären. Ich hatte gehofft, dass wir dieses Gespräch führen könnten. Zunächst einmal neigen wir als Menschen alle dazu, auf das Äußere von Menschen zu schauen und sie nach ihrem äußeren Erscheinungsbild zu bewerten, anstatt auf das Herz zu schauen. Etwas, das deiner Mutter und mir wichtig ist, ist, dass wir in das Innere der Menschen schauen wollen – was in ihren Herzen ist. Wenn sich jemand daran gewöhnt, die Haut oder den Körper von Menschen anzuschauen, ist es viel schwieriger, sich den Blick auf das Innere zu bewahren.

Beachten Sie hier, dass die Eltern nicht darüber sprechen, was das Kind glauben soll. Es kann anderer Meinung sein, aber das ist, was seine Eltern glauben.

VATER: Wir haben einige Statistiken über die Anzahl der Menschen gelesen, die durch Pornographie verletzt werden – zerbrochene Ehen, Arbeitsplatzverluste –, und auch über die Anzahl der Menschen, die bei der Herstellung von Pornographie wirklich missbraucht werden. Je älter ich werde und je mehr ich darüber weiß, desto mehr sehe ich, wie schädlich es für die Menschen ist. Und deshalb weiß ich es zu schätzen, dass du mir zuhörst.

SOHN: Nun, dem stimme ich nicht zu. Ich glaube das alles nicht. Ich glaube, ihr seid wirklich verkrampft deswegen. Ich verstehe immer noch nicht, was das Problem ist.

VATER (widersteht dem Drang, Vorträge zu halten oder wütend zu werden): Nun, ich weiß es zu schätzen, dass du diesbezüglich ehrlich bist. Wer hat zu entscheiden, wie du dich dabei fühlst?

SOHN: Ich.

VATER: Ja, du darfst entscheiden. Danke, dass du zugehört hast.

Meistens versucht ein Kind, das diese Dinge sagt, bei uns „Knöpfe zu drücken“. Wenn sie diesen Knopfdruck nutzen können, um die Gesichtsfarbe ihrer Eltern zu ändern oder ihre Eltern dazu zu bringen, Atem und Energie für Vorträge zu verschwenden, entwickeln sie weniger Respekt vor den Werten ihrer Eltern. Wenn die Eltern stattdessen ruhig bleiben, steigen die Chancen, dass die Kinder die gleichen Überzeugungen entwickeln, indem sie sehen, wie ihre Eltern leben. Eltern müssen darauf vertrauen, dass ihr Kind seine Meinung ändert und dass, auch wenn sie ihr Kind nicht direkt kontrollieren können, ihre Leitung und ihre Lebensweise einen massiven Einfluss haben werden.

Hier gibt es einen Vorbehalt: Handelt es sich bei der Pornographie um unangemessenes Material, an dem Minderjährige beteiligt sind, muss die Polizei benachrichtigt werden. In einer solchen Situation ist es nicht mehr nur eine Familienangelegenheit – es ist eine rechtliche Frage. Wenn einem Kind Bilder eines anderen Kindes zugesandt werden, die unangemessen sind, könnte dies als Kinderpornographie eingestuft werden. Kluge Eltern lieben und unterstützen ihre Kinder, aber sie nehmen ihnen nicht die Konsequenzen ab. Manchmal sind die Konsequenzen schwerwiegend, aber inmitten der Konsequenzen liegt die Gelegenheit zu bedingungsloser Liebe und Wertschätzung des Kindes.

Fernsehen und Videos

Jede Studie über die Nutzung der neuen Medien bringt eine neue Welle elterlicher Angst mit sich. Die Schlagzeilen sind alarmierend: „Laut einer Studie verbringt ein durchschnittliches Kind fünf Stunden am Tag vor dem Bildschirm“, oder: „Experten behaupten, dass Online-Videos und das Fernsehen das Leben unserer Kinder dominierend beeinflussen.“ Wir lesen die Berichte, werfen einen wachsamen Blick auf unsere Kinder, die regungslos vor ihren Bildschirmen sitzen, und schütteln bestürzt den Kopf. Was ist bei Fernsehen und Videos angebracht? Wie viel Zeit ist zu viel? Wie können wir das eindämmen, ohne einen Krieg in unserem Haus zu verursachen? Auch diese Dinge sind für Eltern von heute Quellen der Angst.

Viele Eltern erlauben ihren kleinen Kindern, stundenlang vor dem Bildschirm zu sitzen, weil sie glauben, dass alles in Ordnung sei mit der Welt, wenn der Inhalt als „erzieherisch“ oder zumindest als „jugendfrei“ eingestuft wird. Leider nicht. Wir sind eher darüber besorgt, *dass* kleine Kinder viel Zeit passiv vor dem Bildschirm sitzen. In den ersten sechs Jahren und natürlich auch danach entwickelt sich das Gehirn eines Kindes blitzschnell. Diese frühen Jahre, bevor das Kind lernt, Fahrrad zu fahren, sind wichtige Jahre, in denen man Dinge lernt, indem man sie tut.

Es ist bewiesen, dass das Anschauen von Videos und Fernsehen im Säuglingsalter, in der Kleinkindphase und in den Vorschuljahren besonders nachteilige Auswirkungen auf die Entwicklung des Gehirns hat, vor allem, was Aufmerksamkeit, Selbstkontrolle, Problemlösungsfähigkeiten und Kreativität angeht. Kinder, die schon früh mit viel passiver Zeit vor dem Bildschirm aufgewachsen sind, sind oft nicht in der Lage, die Aufgaben in der Schule zu erfüllen. Ihre Zerstreutheit bei der Erledigung von Aufgaben kann zur Diagnose einer Aufmerksamkeitsdefizit-Hyperaktivitätsstörung (ADHS) führen. Dies ist eine falsche Bezeichnung und verwirrt nur, denn viele dieser Kinder haben überhaupt kein Problem damit, Fernsehen, Videos oder andere höchst anregende digitale Medien aufmerksam zu verfolgen. Ihr Problem tritt auf, wenn der Lehrer sie bittet, sich auf eine Aufgabe zu konzentrieren, die Denken, Tun und Ausdauer erfordert.

Es gibt noch ein weiteres Problem mit zu viel Bildschirmzeit: chronische Gefühle der Langeweile. Zu viele Kinder von heute fragen:

„Was kann ich mir *ansehen?*" statt „Was kann ich *tun?*" Die wichtigste – und definitiv positivste – Lösung für dieses Problem besteht darin, dass wir gute Vorbilder sind und viel intensive Zeit mit unseren Kindern verbringen und mit ihnen Dinge tun, die wir gegenseitig genießen. Anstatt zu versuchen, die „Bildschirmzeit-Polizei" zu sein, vermeiden kluge Eltern auf diese Weise Kontrollkämpfe.

Für Eltern, die stundenlang auf die Bildschirme von Telefonen, Tablets, Computern und Fernsehern starren, ist es ziemlich unvernünftig, die Sehgewohnheiten ihrer Kinder stark zu kritisieren. Dass wir uns unserer eigenen Sehgewohnheiten bewusst sein müssen, ist ziemlich offensichtlich, aber es geht noch um mehr. Wenn wir interessanter sind und mehr Spaß machen als die Inhalte, die über das Web oder die Kabelbox verfügbar sind, werden unsere Kinder lieber mit uns zusammen sein und mit uns aktive Dinge tun. Mit einem einfachen „Was meinst du, sollen wir das Vogelhaus machen, David?" oder „Okay, Claire, bist du bereit, es mit deiner Mutter beim Damespiel aufzunehmen?" oder „Komm raus in die Einfahrt, Christopher, und ich zeige dir die Feinheiten meines weltberühmten Basketball-Hakenwurfs" werden unsere Kinder oft von den Bildschirmen weggerissen. Die meisten Kinder würden lieber etwas anderes tun, als zuzuschauen, solange es mit jemandem ist, den sie mögen. Um die Gewohnheiten unserer Kinder zu beeinflussen, müssen wir die gesunden betonen – die Alternativen und die guten Dinge wie Freunde, Familie, Hobbys, Sport und so weiter.

Es ist zweifellos am besten, keinen Kontrollstreit um Videos und Fernsehen heraufzubeschwören, indem wir Befehle und Drohungen von uns geben. Wir haben zwar immer die Möglichkeit, die Zeit vor dem Bildschirm stärker zu begrenzen oder die Geräte sogar zu entfernen, aber wenn unsere Kinder sich weigern, sich zu fügen, können wir oft mit weit weniger Aufwand oder Konflikten ein positives Ergebnis erzielen. Ein gutes Vorbild und viel spielerische Zeit miteinander können sehr hilfreich sein. Das gilt auch für Humor zur rechten Zeit. Wenn ein Kind vor seinem Bildschirm dahinvegetiert, kann ich sanft auf seinen Kopf drücken und sagen: „O Mann, ich kann wirklich spüren, wie er matschig wird." Das kann als spielerisches Zeichen dafür dienen, dass es Zeit ist, das Gerät auszuschalten.

Videospiele

So wie wir die Zeit, die unsere Kinder vor dem Fernseher verbringen, kontrollieren können, können wir auch die Minuten oder Stunden, die unsere Kinder damit verbringen, in Videospielen Bösewichte zu erschießen oder Autorennen zu fahren, zeitlich begrenzen. Wenn wir davon ausgehen können, dass die Kinder gehorsam sind, können wir die Zeit, die sie in unserem Haus mit Videospielen verbringen, kontrollieren. Das Problem ist jedoch, dass, wenn wir versuchen, unseren Kindern solche Grenzen zu setzen, *wo auch immer* sie sein mögen, wir im Wesentlichen sagen: „Du hast nicht die Selbstdisziplin, dich selbst einzuschränken." Solche äußeren Grenzen sind zwar manchmal notwendig, verhindern aber eine unabhängige Entscheidungsfindung und Selbstkontrolle. Das ist traurig, da beide Fähigkeiten wesentlich sind, wenn unsere Kinder Entscheidungen über die Nutzung des Autos, über Freunde, Drogenmissbrauch und sexuelle Aktivitäten treffen.

Da wir nur in unserem eigenen Haus Grenzen setzen können, sollten wir zuerst andere Dinge ausprobieren. Wir wollen dafür sorgen, dass unsere Kinder die Möglichkeit haben, das Setzen ihrer eigenen Grenzen zu üben, idealerweise dann, wenn die Kosten für Fehler gering sind und es eher um Videospiele als um Drogenmissbrauch oder Sex geht. Weise Eltern folgen den Liebe-und-Logik-Schritten, die immer empfohlen werden, wenn es um Fragen geht, die die Kinder direkt betreffen:

1. Stellen Sie sicher, dass dies ein guter Zeitpunkt für das Gespräch ist.
2. Zeigen Sie Neugier, Interesse und Akzeptanz (wenn auch nicht unbedingt Zustimmung); nutzen Sie durchdachte Fragen, um den Standpunkt Ihres Kindes zu erforschen.
3. Fragen Sie das Kind, ob Sie Ihre Gedanken und Beobachtungen mitteilen können.
4. Teilen Sie Ihre Gedanken kurz und liebevoll mit, ohne zu belehren. Fahren Sie gegebenenfalls mit Fragen fort.
5. Danken Sie Ihrem Kind, dass es zugehört hat, und schließen Sie mit der Hoffnung, dass es Ihre Meinung berücksichtigen wird.

Hören wir einem klugen Vater zu, der mit seinem Sohn über Videospiele diskutiert.

VATER: (schaut seinem Sohn über die Schulter, während das Blut der Bösewichte über den Bildschirm spritzt): Hey Rob, sieht so aus, als ob du es ziemlich gut beherrscht! Wie läuft es?

ROB: Super, Papa! Ich bin jetzt auf Ebene vier, und ich habe einen ganzen feindlichen Zug ausgelöscht.

VATER: Ich wette, das macht dir Spaß! Wie lange kämpfst du hier schon?

ROB: Heute bisher etwa eine halbe Stunde, gestern etwa zwei Stunden.

VATER: Wow. Viel Kampfzeit. Was gefällt dir am besten am Spielen?

ROB: Nun, ich überliste gern den Feind. Diese neuen Spiele sind so realistisch. Etwas, das beim ersten Mal funktioniert, funktioniert beim zweiten Mal nicht mehr.

VATER: Ja, ich kann sehen, wie aufregend das ist. Geht es nur um dich oder führst du einen Zug an?

ROB: Beides. Kommt darauf an, wie ich die Sache einrichte!

VATER: Interessant ... Könntest du die Aktion kurz unterbrechen, damit wir miteinander reden können?

ROB: Klar, Papa. (Kinder wollen eher hören, was ihre Eltern zu sagen haben, wenn sie daran gewöhnt sind, dass die Eltern Beobachtungen, Ideen und Gedanken äußern, statt Befehle, Forderungen oder Anschuldigungen).

VATER: Weißt du, Rob, ich habe dich immer als eine Person mit echten Führungsqualitäten gesehen, und ich habe immer gedacht, dass du in einer von dir geschaffenen Welt einen Unterschied machen würdest und dass andere Menschen nach deinen Regeln spielen würden.

ROB: Was meinst du damit, Papa?

VATER: Nun, so aufregend der Kampf auch ist, du lebst in einer Welt, die von sehr talentierten und kreativen Computerkünstlern und Programmierern erschaffen wurde. Sie sind wirklich gut darin, Welten zu kreieren, in denen andere Menschen viel Zeit verbringen wollen.

ROB: Ja, aber es ist nicht so, dass ich nicht meine eigenen Entscheidungen treffe.

VATER: Ich wette, dass du gute machst. Kannst du jede beliebige Entscheidung treffen?

ROB: Nein, nicht jede.

VATER: Richtig. Du kannst nicht entscheiden, dass du auf einen Baum klettern willst, oder?

ROB: Nein.

VATER: Oder Möglichkeiten für Frieden schaffen.

ROB: Papa, bei diesem Spiel geht es nicht um Frieden!

VATER: Nun, darum geht's mir irgendwie. Das scheint mir ein wenig einschränkend zu sein. Man kann auf neue Ebenen nur auf eine Weise vordringen, die sie programmiert haben, nicht wahr?

ROB: Ja, ich glaube schon.

VATER: Versteh' mich nicht falsch, Rob. Wenn ich dich hier sehe, wie du das Spiel genießt, wird mir klar, dass die meisten Menschen das Spiel des Lebens nach den Regeln anderer Menschen spielen. Du kannst dich also der Menschheit anschließen. Je mehr Zeit du jedoch außerhalb der virtuellen Realität mit realen Menschen verbringst, desto mehr Fähigkeiten erwirbst du, um dir deine eigene Welt – nicht die eines anderen – zu kreieren und zu kommunizieren.

ROB: Ich verstehe, was du meinst, Papa.

VATER: Viel Glück, Junge! Danke, dass du darüber nachgedacht hast.

Neben dem, dass sie wichtige Lern- und soziale Aktivitäten verpassen, besteht bei Kindern, die zu viel Zeit mit den heutigen fortgeschrittenen, actionreichen Spielen verbringen, ein hohes Risiko, süchtig zu werden. Die Abhängigkeit von Videospielen ist ein reales Problem und kann tragische Folgen haben, wenn Eltern zulassen, dass sie im Leben ihrer Kinder Fuß fasst.

Es folgt nun ein verkürztes Gespräch zwischen einem Liebe-und-Logik-Vater und seinem Sohn, der häufig Videospiele spielt.

VATER: Mir ist aufgefallen, dass du weit über eine Stunde am Tag mit Videospielen verbringst. Was wäre deiner Meinung nach eine gesündere Grenze, die du dir selbst setzen könntest?

SOHN: Nun, ich denke, etwa drei Stunden wären in Ordnung.

VATER: Drei Stunden? Ich mag deinen Sinn für Humor. Aber im Ernst, was glaubst du, wäre eine gesündere Zeitdauer vor dem Bildschirm? Ich möchte, dass du das entscheidest, anstatt dass ich alles für dich entscheide.

In solchen Situationen ist es ideal, wenn das Kind sich etwas einfallen lässt, das gesünder ist. Aber wenn das Kind nicht bereit ist, eine gesunde Grenze zu setzen, sind kluge Eltern bereit, diese Grenze für das Kind zu setzen, um es vor der Suchtgefahr zu schützen. Im Allgemeinen sollte kein Kind, egal wie alt, mehr als dreißig Minuten am Tag mit solchen Spielen verbringen. Die Entwicklung der Selbstkontrolle ist immer das Ideal und sollte das erste Ziel der Eltern sein. Kann ein Kind diese kostbare Fähigkeit vorübergehend nicht an den Tag legen, haben die Eltern das Recht, diese Beschränkungen von außen aufzuerlegen, wenn auch ungern.

PERLE 41

Zähneputzen

Wie wir alle lieben Kinder zweite Chancen. Diese schrecklichen Fehler, die sie machen, sind nicht annähernd so problematisch, wenn sie wissen, dass es eine weitere Chance gibt, falls sie die erste vergeigen.

Eine großartige Gelegenheit für unsere Kinder, eine zweite Chance zu bekommen, schaut uns jedes Mal an, wenn sie uns ihr großes, glückliches Grinsen zeigen. In der Tat gibt es zwanzig zweite Chancen, die uns anstarren – ihre Milchzähne. Die Kinder erhalten einen ganzen Mund voll, um ihre Putztechniken zu üben, und nach ein paar Jahren erhalten sie ein nagelneues Set. Es kann jedoch schwierig sein, die Kinder dazu zu bringen, diese zweite Chance zu schätzen. Sie greifen nach jeder Mahlzeit mit etwa der gleichen Begeisterung nach Zahnbürste und Tube, wie wir jedes Jahr unsere Steuererklärung machen. Einmal kurz über die perlweißen Zähne streichen, und schon kann das Leben weitergehen.

Wir können unseren Kindern den Einstieg in eine gewissenhafte Zahnpflege ermöglichen, ohne dass es zu Auseinandersetzungen führen muss, aber wir müssen gute Vorbilder sein. Ihnen zu zeigen, wie wir uns die Zähne putzen, ist effektiv, und ebenso, dass wir sagen: „Ich habe gerade gegessen, und ich glaube, ich sollte meine Zähne lieber mit ein bisschen Zähneputzen schützen."

Noch effektiver ist es, mit unserem Ehepartner zu sprechen. Ein Vater beendete jede Mahlzeit, indem er zu seiner Frau sagte: „Ich kann den Rest des Tages bestimmt nicht mit all dem Zucker auf meinen Zähnen und im Mund aushalten. Ich kümmere mich besser darum, damit ich keine Karies bekomme." Dann ging er zum Bad, um gründlich die Zähne zu bürsten. Als er zurückkam, sagte er zu seiner Frau: „Gut, dass ich das gemacht habe. Es hat nur ein paar Minuten gedauert, und jetzt fühle ich mich viel besser." So können die Kinder das, was wir sagen und wie es uns anschließend geht, nachvollziehen.

Solche Bemerkungen können für unsere lauschenden Kinder nicht transparent genug sein. Sie spüren die Aufregung, wenn sie etwas hören, von dem sie meinen, dass sie es nicht hören sollten, und sie versuchen es viel eher selbst, als wenn wir es ihnen ins Gesicht sagen. Da der „Nervenkitzel" des Putzens jedoch irgendwann nachlässt, könnten wir es für notwendig erachten, Ergebnisse zu erzielen, indem wir die Zahnhygiene unserer Kinder mit den Dingen, die sie tun wollen, verbinden. Hier sind Nachdenkworte der richtige Weg: „Du kannst gerne rausgehen, um zu spielen, sobald du dir die Zähne geputzt hast", oder „Du kannst gerne fernsehen, sobald du deine Zähne geputzt hast."

Bevor eine Mutter Kekse verteilte, stellte sie diese Worte voran: „Ich verteile Sachen mit Zucker darin an die Menschen in dieser Familie, die ihre Zähne durch Putzen schützen." Dann las sie die Anwesenheitsliste: „Noelle hat sich die Zähne geputzt, und auch Makayla hat ihre geputzt, und Claudia … nun, Claudia, wir sollten mit den Keksen lieber warten, bis ich mir nicht mehr so viele Sorgen um deine Zähne machen muss."

Claudia war von diesem Tag an Stammgast am Waschbecken.

Perle 42

Störungen beim Telefonieren

Kleine Kinder verstehen die Telefon-Benimmregeln einfach nicht. Sie sind nämlich in der Lage, genau in der Zeit, in der wir am Telefon sind, uns eine Frage zu stellen, eine Bitte zu äußern oder anderweitig unsere Aufmerksamkeit zu suchen. Auch wenn sich die Technik verändert hat, kann man immer noch nicht mit zwei verschiedenen Personen gleichzeitig über zwei verschiedene Dinge sprechen. Was normalerweise passiert, ist, dass die Person am anderen Ende der Leitung so etwas hört: „Ja, Herr Soundso, im Castleman-Bericht hieß es ausdrücklich – Amelie! Hör auf, mir an der Hose zu ziehen! – Entschuldigen Sie, aber die Zahlen für das zweite Quartal sind offensichtlich gestiegen – Amelie! Nicht jetzt!“ Und Herr Soundso denkt: *Warum kriegt dieser Typ sein Kind nicht in den Griff?*

Tatsache ist, dass wir nicht an dieses Telefon gekettet sind. Wir können es ablegen. Wenn wir mit dem Problem der Unterbrechungen durch Kinder auf rationale Weise umgehen, erlaubt es unseren Anrufern, die Vorstellung aufzugeben, dass unser häusliches Leben total chaotisch ist. Wenn wir mit unseren hartnäckigen Kindern geschäftsmäßig umgehen – „Herr Soundso, es sieht so aus, als wäre etwas dazwischengekommen. Können Sie kurz dranbleiben?“ –, wird unser Anrufer nicht weniger von uns halten. Gehen Sie dann auf das Kind ein und sagen Sie etwas, wie: „Amelie, Schatz, du musst für fünf Minuten auf dein Zimmer gehen. Wenn die fünf Minuten vorbei sind, möchte ich dich wieder hier unten sehen, aber mit geschlossenem Mund, wenn ich noch telefoniere.“

Wenn Amelie sich weigert, dann müssen wir uns mit dem Problem eingehender befassen. Wenn wir zu unserem Anrufer sagen: „Kann ich Sie gleich zurückrufen?“, wird uns das diese Möglichkeit geben. Ein Anrufer akzeptiert diese Methode in der Regel. Sie können sehen, dass wir die Kontrolle über unsere Kinder übernehmen und nicht zulassen, dass sie uns kontrollieren. Außerdem ist es für sie viel angenehmer, wenn im Hintergrund keine menschliche Sirene heult.

Irgendwann, wenn das Telefon nicht mehr klingelt (gibt es so eine Zeit?), können wir unser Kind auf unseren Schoß ziehen und die Sache besprechen:

PAPA: Amelie, Schatz, mir fällt auf, dass du immer, wenn ich telefoniere, gleichzeitig mit mir reden willst. Was denkst du darüber?

AMELIE: Ich wollte dir Aschenputtel und die bösen Schwestern zeigen. Schau mal!

PAPA: Ja, Amelie. Das will ich gerne mal kurz anschauen ... Das sind sehr schöne Farben. Aber ich kann nur eines auf einmal tun, meine Liebe. Wenn ich telefoniere, kann ich dein Aschenputtel und die bösen Schwestern nur kurz anschauen. Aber wenn ich nicht telefoniere, kann ich sie länger anschauen.

AMELIE: Aber ich wollte, dass du sie dir anschaust, als du am Telefon warst!

PAPA: Ich denke aber, dass ich sie viel besser anschauen kann, wenn ich nicht gerade telefoniere. Ich würde sie mir wirklich gerne mehr ansehen, aber wenn ich mit der Person am Telefon sprechen muss, geht das nicht. Was wäre deiner Meinung nach besser: Wenn ich wenig Zeit dafür habe, mir dein Bild anzuschauen, oder wenn ich viel Zeit dafür habe?

AMELIE: Wenn du viel Zeit hast.

PAPA: Richtig. Und wann wäre das?

AMELIE: Wenn du nicht gerade telefonierst.

Diese Methode ist auch bei Kindern einsetzbar, die Gespräche zwischen Eltern oder zwischen einem Elternteil und einem anderen Erwachsenen unterbrechen. Die Botschaft an das Kind ist, dass die Unterbrechungen ein Problem sind und wir es nicht mögen. Wenn es doch passiert, muss das Kind woanders hingehen und darüber nachdenken.

Eine Mutter berichtete, dass ihr willensstarkes Kind nicht gut auf diese Methode reagierte, sodass sie eine Übungssituation organisierte. Sie ließ eine ihrer Freundinnen anrufen und mitspielen. Als das Kind unterbrach, sagte Mama ruhig: „Tut mir leid, Lotta. Wir haben hier ein kleines Problem.“ Sie legte ruhig den Hörer auf und benutzte die die „Oh-Oh!-Gesangsmethode“. Ihre Kleine wurde auf ihr Zimmer gebracht. „Wir sehen uns, wenn mein Telefonat vorbei ist, Schatz.“ Die Mutter war bereit, diese Trainingseinheit bei Bedarf mehrmals zu wiederholen, stellte aber fest, dass eine einzige ruhige Intervention ausreichte.

PERLE 43

Wutanfälle

Die gute Nachricht ist, dass es normalerweise eine kleine Warnung gibt: das große Stirnrunzeln von Ohr zu Ohr, das Erröten des Gesichts, die zusammengepressten kleinen Fäuste. Manchmal zucken die kleinen Lippen krampfhaft wie eine Art Aufwärmübung. All diese Vorbereitungen geben uns ein paar Sekunden Zeit, um nach den Ohrenschützern zu sprinten, bevor sich der kleine Mund weit öffnet und den Raum mit einem Schrei erfüllt, der uns Schauer über den Rücken sendet.

Der Wutanfall. Jedes Kind hat seinen eigenen Stil. Einige pflanzen ihre Hinterteile zur Vorbereitung auf den Boden, andere klammern sich an unseren Beinen fest, als seien sie Baumstämme in einem Sturm, und wieder andere greifen auf die alte Tradition zurück und schlagen mit den Fäusten auf den Boden. Es wäre sogar fast lustig – wenn es das Kind anderer Leute wäre und wir einen geeigneten Gehörschutz hätten!

Die schlechte Nachricht ist, dass Wutausbrüche unabhängig von dem, was wir tun, auftreten. Irgendwann hat jedes Kind einen. Leider gehen viele Eltern mit diesen Wutausbrüchen mit Angst und Abscheu um. Sie versuchen, alles Menschenmögliche zu tun, um sie zu verhindern, bis dahin, dass sie es vermeiden, „nein" zu ihrem Lümmel zu sagen, aus Angst, der kleine Kerl könne wie ein Vulkan explodieren.

Es gibt zwei Dinge, die man sich bei Wutanfällen merken sollte: Erstens: Auch das beste Kind wird wahrscheinlich ab und zu einen solchen Anfall bekommen. Nur Kinder, deren Geist gebrochen ist, kämpfen nicht um ihren Willen. Zweitens: Kinder werden nur so lange Wutanfälle bekommen, wie sie damit etwas erreichen. Wenn sie allein in ihrem Zimmer sind, scheinen Kinder nie zu schreien und auf den Boden zu hämmern, aber die Show geht weiter, wenn sie ein unfreiwilliges Publikum haben.

Weise Eltern lassen Wutausbrüche einfach zu. Wir können sowieso nichts tun, um sie zu stoppen. Was wir jedoch tun können, ist, den Standort zu wechseln. Wir ändern nicht, *dass* es geschieht, sondern *wo* es geschieht.

„Ich gebe diesem Wutanfall eine 7,5“, sagte ein Elternteil zu seiner heulenden Hannah. „Es ist nicht Weltklasse, aber für ein Mädchen von hier ist es ziemlich gut. Gut, wo möchtest du diesen Wutanfall haben, damit er meine Ohren nicht stört?“

„Wa-a-a-a-a!“ Hannah schreit, schlägt mit den Fäusten auf den Boden und tritt in die Luft.

„Er ist jetzt zu einem 8,2 geworden. Möchtest du ihn im Keller oder in deinem Zimmer haben?“

Hannah schreit von ihrem Platz neben dem Kühlschrank, gegen den sie ihren Kopf schlägt, um ihr Argument zu unterstreichen.

„Oh, das ist definitiv ein Keller-Wutanfall, Hannah. Warte – ich mache die Tür auf. Übrigens, willst du das Licht an oder aus haben?“

Sie verstehen schon. Geben Sie ein paar Wahlmöglichkeiten, und bringen Sie das Kind außer Reichweite. Nichts im Erziehungshandbuch sagt, dass wir einen solchen Missbrauch hinnehmen müssen, also entfernen wir das Kind aus unserer Gegenwart. Wir erlauben ihm zurückzukommen, wenn der Hurrikan zu einem leichten Nieselregen abklingt.

Das Letzte, was wir wollen, ist, die Fassung zu verlieren, unsere Kinder anzuschreien oder zu sagen: „Schrei ruhig weiter, und ich gebe dir etwas, worüber du wirklich schreien kannst!“ Der Umgang mit Wutausbrüchen erfordert Eltern mit leisen Stimmen, die nicht einmal versuchen, mit ihrem sich schlecht benehmenden Kind vernünftig zu reden. Die Botschaft, die wir vermitteln wollen, lautet: „Dieses Verhalten ist vorerst in Ordnung, solange ich es nicht sehen oder hören muss.“

Einige Eltern sind besorgt darüber, dass sich Kinder bei Wutanfällen verletzen könnten. Diese Eltern sollten den Raum kindersicher machen und alle gefährlichen oder wertvollen Gegenstände entfernen. Extreme Gewalt wird jedoch selten auftreten, wenn das Publikum weg ist. Wenn die Kinder sich jedoch verletzen, sorgen Sie dafür, dass die Lektion ankommt, indem Sie Mitgefühl für ihre Verletzungen zeigen, wenn der Wutanfall vorbei ist. (Für Familien, in denen dies ein schwerwiegendes Problem darstellt, empfehlen wir eine professionelle Beratung).

Perle 44

Toilettentraining

Machen Sie sich darauf gefasst: Toilettentraining macht Spaß! „Was?“, schreien Sie. „Es ist so ein Kampf, Kinder auf das Töpfchen zu bekommen! Und wenn wir sie dann dort haben, sollte man meinen, sie würden dann auch „liefern“, nicht wahr? Leider nein. Sie sitzen ein paar Sekunden da und stehen dann auf und verkünden: „Alles fertig!“ Anschließend begeben sie sich in die Ecke des Wohnzimmers und erledigen ihre Drecksarbeit *dort.* Und dann darf ich die ganze Sauerei bereinigen. Spaß? Es macht ungefähr so viel Spaß wie Giftmüll!“

Okay, okay, wir haben gelogen. Was wir sagen wollten, war: „Toilettentraining *kann* Spaß machen – für uns und für unsere Kinder.“ Aber zuerst die Fakten:

- Manche Kinder sind von Natur aus leicht zum Toilettentraining zu bewegen und tun es wirklich von selbst. Bei manchen Kindern ist es mühsamer.
- Kinder unterscheiden sich in ihrer Entwicklung. Einige sind im Alter von zwei Jahren bereit, während andere vielleicht erst mit viereinhalb Jahren bereit sind.
- Es ist wichtig, die Atmosphäre rund um das Toilettentraining amüsant und aufregend – ja sogar lustig – zu halten.
- Da wir ein persönliches Interesse an den Töpfchengewohnheiten unserer Kinder haben, ist es allzu leicht, negativ und frustriert zu werden. Wir wollen wirklich, dass sie aufs Töpfchen gehen.

Wenn wir diese Tatsachen im Auge behalten, können wir das Toilettentraining nicht so angehen, als wäre es eine Art Folter, der wir uns alle mehrmals am Tag unterwerfen müssten, aber mit einer enthusiastischen und glücklichen Einstellung. Wenn *wir* es als lästige Pflicht ansehen, werden unsere Kinder nachziehen.

Bedenken Sie, dass es einen anatomischen Unterschied zwischen Jungen und Mädchen gibt. Was für den einen funktioniert, wird für die andere nicht funktionieren. Tina malt Bilder für ihre kleine Tochter Lara, während sie sprechen:

> TINA: Schau mal, hier ist die Katze, die in das Loch, das sie gräbt, ihr Geschäft macht. Siehst du, wie glücklich die Katze ist?
>
> LARA: Ist sie glücklich?
>
> TINA: Oh, sie ist so glücklich, dass sie es dort hinmacht. Alle Tiere sind unterschiedlich. Hier ist ein Hund. Er geht gerne an einen Baum. Mann, ist der glücklich. Weißt du was? Ich will mich selbst glücklich machen, deshalb gehe ich jetzt ins Badezimmer und tue mein Pipi ins Töpfchen. Ich fühle mich so gut, wenn ich das tue!
>
> LARA: Kann ich das auch machen?
>
> TINA: Oh, das wäre toll, aber nur, wenn ich es zuerst tun kann.

Mit Jungen können wir gleich eine kleine Nachmach-Aktion machen. Bernd spielt mit seinem kleinen Sohn Alex „Schiffe versenken“:

> BERND: Ich nehme dieses Toilettenpapier und mache es zu einem Knäuel, Alex, und werfe es dort rein. Weißt du, was das ist?
>
> ALEX: Nein.
>
> BERND: Das ist ein feindliches Schiff. Und hier ist ein weiteres, ein Schlachtschiff. Kannst du erraten, was ich tun werde, Alex?
>
> ALEX: Nein.
>
> BERND: Ich werde sie alle versenken. Sieh mal zu!
>
> ALEX: Kann ich das auch tun?
>
> BERND: Wenn du ein guter Schütze bist. Aber man muss schnell sein, denn sie sinken ziemlich schnell von selbst.

Manche Eltern kleben zwei Lutscher an die Badezimmertür, die man nach der „Arbeit“ genießen darf – nicht als Bestechung, sondern weil sich Kinder und Eltern so gut fühlen, wenn sie fertig sind, dass sie das Gefühl haben, sie hätten sie beide verdient. Eine Taktik, die man vermeiden sollte, ist jedoch zu sagen: „Du bleibst da, bis du fertig bist.“ Das kann eine Menge negativer Gefühle hervorrufen und ist normalerweise ineffektiv.

Perle 45

Wie wir Werte an unsere Kinder weitergeben

Jeden Tag scheint es eine andere Geschichte des Werteverfalls in unserer Jugend zu geben. Selbst in abgelegenen Schulen auf dem Land sind Drogen erhältlich. Sexuell übertragbare Infektionen bei Teenagern schießen in die Höhe. In manchen Schulen sind die Lehrer mehr Polizeibeamte als Ausbilder. Ein beunruhigender Materialismus erhebt sein hässliches Haupt sogar unter Grundschülern. In unserer Gesellschaft scheinen die richtigen moralischen Werte ziemlich angegriffen zu werden. Uns Eltern bringt dieser beunruhigende Trend den kalten Schweiß der Verantwortung auf unsere zerfurchten Stirnen. „Ich möchte, dass meine Kinder verantwortungsvolle ethische Werte haben“, sagen wir, „aber wie bringe ich ihnen diese Werte bei?“

Eltern können ihre Kinder nicht dazu bringen, so zu denken wie sie selbst, indem sie ihnen einfach sagen: „Du machst das, sonst ...“ Forderungen und Drohungen mögen zwar kurzfristig zu Ergebnissen führen, aber sie prägen nicht das Denken unserer Kinder. Sie überzeugen sie nicht davon, dass wir recht haben. Der wirkliche Sinn von Erziehung ist die Vermittlung unserer Werte an unsere Kinder. Wir wollen, dass unsere Kinder ehrlich sind; wir wollen, dass sie andere respektieren; wir wollen, dass sie den Wert harter Arbeit kennen; wir wollen, dass ein moralischer und ethischer Lebensstil für sie genauso wichtig ist wie für uns.

Allerdings gibt es in dieser Frage der Wertevermittlung sowohl schlechte als auch gute Nachrichten. Die schlechte Nachricht ist, dass wir nicht den breiten und einfachen Weg gehen können, indem wir unseren Kindern Vorträge zu diesem Thema halten. Bei unseren Eltern mag es noch funktioniert haben, aber die Erfolgschancen haben sich radikal umgekehrt. Die gute Nachricht ist jedoch, dass es immer noch möglich *ist,* unsere Werte an unsere Kinder weiterzugeben, aber es wird einige Überlegungen und Anstrengungen erfordern.

Werte werden auf zwei Arten an Kinder weitergegeben: durch das, was unsere Kinder *sehen,* und durch das, was sie *in der Beziehung zu uns erleben.* Wenn unsere Kinder sehen, dass wir ehrlich sind, lernen sie etwas über Ehrlichkeit. Wenn wir mit unseren Kindern mit Liebe und Respekt sprechen, lernen sie, so auch mit anderen zu reden.

Wir können die Wirksamkeit unseres Vorbilds beschleunigen, indem wir „Wertevermittlung durch Mithören" praktizieren. Das bedeutet, dass Mama und Papa miteinander über ihre Werte sprechen, aber in Hörweite der Kinder. Wenn wir wollen, dass unsere Kinder zum Beispiel etwas über Ehrlichkeit lernen, dann sorgen wir dafür, dass sie uns belauschen, wenn wir einander über unsere echten ehrlichen Handlungen informieren. „Weißt du, Schatz", könnten wir unserem Ehepartner sagen, „heute ist mir etwas Interessantes passiert. Im Laden habe ich der Verkäuferin einen Fünf-Euro-Schein für eine Dose Limonade gegeben und sie gab mir 14,50 Euro statt 4,50 Euro Wechselgeld zurück. Deshalb gab ich ihr die zehn zurück. Ich hätte nichts sagen und um zehn Euro reicher sein können, aber ich fühle mich viel besser, wenn ich ehrlich bin und das Richtige tue."

Oder wenn unsere Kollegen bei der Arbeit ein paar schlüpfrige und erniedrigende Geschichten erzählen, sagen wir vielleicht zu unserem Ehepartner, wenn unsere Kinder uns belauschen können: „Die Jungs im Büro haben heute in der Kantine schmutzige Geschichten erzählt. Daraufhin habe ich mich entschuldigt, bin an meinem Schreibtisch gegangen und habe dort zu Mittag gegessen. Es stört mich immer, wenn ich solche Geschichten höre. Es geht mir viel besser, wenn ich selbst denken und weggehen kann."

Kinder saugen auf, was sie hören, wenn wir mit anderen sprechen. Es ist toll, wenn das, was sie aufsaugen, gut ist, aber vergessen Sie nicht: Sie sind sozusagen auch Schwämme für das Schlechte. Unsere unangemessenen Worte und Taten treffen sie mit derselben Wucht. Wenn wir für unsere Chefs und Mitarbeiter nichts als Spott übrig haben, lernen unsere Kinder, dass Spott und Sarkasmus eine akzeptable Art zu reden sind. Wenn wir bei Brettspielen oder beim Sport mit unseren kleinen Kindern schummeln, dann sollten wir uns nicht wundern und „Warum" rufen. wenn sie auch in der Schule wegen Schummelns entlarvt werden. Wenn unsere Vorstellung von einer guten Zeit ein bequemer Liegestuhl, eine Kiste Bier und ein Fußballspiel im Fernsehen ist, werden unsere Kinder die Botschaft erhalten, dass Erwachsene auf diese Weise Spaß haben. Alle unsere weisen Worte, die das Gegenteil zum Ausdruck bringen, werden das nicht ändern.

Die andere Art und Weise, auf die wir die Werte unserer Kinder beeinflussen, ist, wie wir sie behandeln. Hier gilt die „Goldene Regel“: Kinder behandeln andere Menschen so, wie ihre Eltern sie behandeln. Unsere Kinder mit Respekt zu behandeln, lehrt sie, das Gleiche zu tun. Wenn wir unseren Kindern gegenüber fair sind, wollen sie auch gegenüber ihren Freunden und Lehrern fair sein.

Kinder haben ihren eigenen Kopf. Sie wollen ihre Unabhängigkeit ausleben und selbstständig denken. Sie lehnen ab, was ihnen aufgezwungen wird, und nehmen auf, was sie glauben wollen. Wenn wir unsere Werte an sie weitergeben wollen, müssen wir diese Werte so darstellen, wie unsere Kinder sie akzeptieren können: in unseren Taten und Worten. Die Werte der Kinder kommen von dem, was sie sehen und hören. Sie akzeptieren nicht, was wir ihnen durch Belehrung in den Kopf zu setzen versuchen.

Perle 46

Jammern und sich beschweren

Es ist zehn Uhr morgens, und Jona will einen Keks. Er weiß, dass er keinen haben kann, aber das hat ihn noch nie davon abgehalten, einen zu verlangen, und es wird ihn auch jetzt nicht davon abhalten. „Mami, ich will einen Keks", jammert er und umklammert dabei die Naht an der Jeans seiner Mutter mit seinen kleinen Fingern.

„Jona, du weißt, dass du zwischen den Mahlzeiten keine Kekse essen darfst", erwidert Mama. „Jetzt geh los und spiele."

„Aber Mami, ich will einen", fährt Jona fort.

„Du kannst einen zur Mittagszeit haben. Und jetzt ab mit dir."

„Ich will nicht warten. Ich will *jetzt* einen."

„Nein, du kannst keinen haben."

„Aber, Maaamaaa. Ich will einen, jeeeetzt!"

Dann passiert es. Eltern, die das Jammern ihrer Kinder tolerieren, jammern schließlich zurück. „Hörst du auf zu *jammern?* " Mama sagt. „Ich *hasse* es, wenn du so jammerst!"

Kein Wunder, dass Jona wie ein Profi jammert: Er hat einen guten Lehrer. Tatsache ist, dass Eltern, die viel Zeit damit verbringen, ihre Kinder anzubetteln, Kinder entwickeln, die Experten im Betteln sind. Oftmals geben wir auf, nur um dieses lange Hin und Her zu beenden, und geben ihnen widerwillig den Keks. Die Botschaft, die das Kind dadurch erhält, ist, dass Jammern funktioniert.

Einige Schullehrer bekämpfen das Jammern effektiv mit Wahlmöglichkeiten. Jim hörte einmal einen Lehrer sagen: „Glaubst du, dass ich dich besser verstehen kann, wenn du jammerst oder wenn du nicht jammerst? Warum gehst du nicht an deinen Schreibtisch und denkst darüber nach? Komm wieder, wenn du dich entschieden hast."

Wir können dasselbe tun. „Wenn deine Stimme wie meine klingt, spreche ich gerne mit dir", spricht das eigentliche Problem des Jammerns an: der Tonfall des Kindes. Ob Jona einen Keks haben kann, wird später diskutiert, wenn das sentimentale, aufgeregte Gebettel beendet ist. Kinder sind jedoch extrem hartnäckig. Manchmal ermutigt sie der Satz „Ich werde dir nicht zuhören, wenn du jammerst" und gibt ihnen das gewünschte emotionale Feedback. Wenn wir so etwas sagen, gehen wir vielleicht sogar auf ihr Jammern ein. Was dann?

Wenn wir glauben, dass es nicht zum Erfolg führt, wenn wir unsere jammernden Kinder bitten zu gehen oder wenn wir uns in eine Diskussion hineinziehen lassen, dann können wir den Kampf gewinnen, indem wir das Jammern ganz ignorieren. Am besten ist es jedoch, diese Methode zu erklären, bevor wir sie anwenden. Setzen Sie sich mit Kind hin, wenn es entspannt ist, und sagen Sie: „Jona, wenn Papa und ich uns jemals so verhalten, als würden wir dich nicht hören, dann nicht, weil wir dich nicht hören. Wir hören dich. Es ist nur so, dass wir dich nicht hören wollen, wenn du nicht auf eine bestimmte Art und Weise redest. Deshalb werden wir auf deine Bitte nicht eingehen. Aber wenn du höflich redest, im gleichen Tonfall wie wir, dann bekommst du eine Antwort." Irgendwann werden die Kinder merken, dass wir nur zuhören, wenn sie höflich sprechen.

ANHANG A

Drei Arten von Eltern

	Helikopter	**Feldwebel**	**Berater**
	Diese Eltern schweben über ihren Kindern und retten sie aus der feindlichen Welt, in der sie leben.	*Diese Eltern befehlen und lenken das Leben ihrer Kinder.*	*Diese Liebe-und-Logik-Eltern geben ihren Kindern Rat und Orientierung.*
1	Vermitteln dem Kind, dass es schwach ist und einen geringen persönlichen Wert hat	Vermitteln dem Kind, dass es einen geringen persönlichen Wert hat und dass sie ihm widerstehen	Vermitteln dem Kind, dass es persönlich wertvoll und stark ist
2	Entschuldigen das Kind, klagen aber über schlecht ausgeführte Verantwortlichkeiten	Stellen viele Forderungen und haben viele Erwartungen in Bezug auf Verantwortung	Erwähnen Verantwortlichkeiten sehr selten
3	Übernehmen die Verantwortung des Kindes	Sagen dem Kind, wie es mit Verantwortung umgehen soll	Zeigen, wie man sich um sich selbst und um Verantwortlichkeiten kümmert
4	Schützen das Kind vor möglichen negativen Gefühlen	Sagen dem Kind, wie es sich fühlen soll	Teilen ihre Gefühle in Bezug auf die eigene persönliche Leistung und Verantwortung mit
5	Treffen Entscheidungen für das Kind	Bieten Absolutheiten: „Diese Entscheidung solltest du treffen!"	Bieten dem Kind Alternativen oder helfen ihm bei der Suche danach und ermöglichen ihm, seine eigenen Entscheidungen zu treffen

	Helikopter	Feldwebel	Berater
6	Bieten keine Struktur, sondern beklagen sich: „Nach allem, was ich für dich getan habe …"	Verlangen, dass Aufgaben oder Verantwortlichkeiten jetzt erledigt werden.	Bieten einen Zeitrahmen, in dem das Kind die Verantwortlichkeiten erfüllen kann.
7	Jammern und benutzen Schuldgefühle: „Wann wirst du es jemals lernen? Ich muss immer hinter dir aufräumen."	Erteilen Befehle und Drohungen: „Du räumst jetzt das Zimmer auf, sonst …"	Sind Vorbilder darin, wie man gute Arbeit leistet, Dinge zu Ende führt, aufräumt und sich dabei gut fühlt.
8	Jammern und klagen darüber, dass sie ein unverantwortliches Kind haben, das „uns" viel Arbeit und Verantwortung auferlegt	Übernehmen die Verantwortung für das Problem, indem sie Drohungen und Befehle benutzen, um das Problem zu lösen	Stellen sicher, dass das Kind die Verantwortung für das Problem übernimmt; helfen dem Kind, Lösungen für sein eigenes Problem zu finden
9	Benutzen viele Worte und Taten, die andeuten, dass das Kind nicht fähig oder nicht verantwortlich ist	Benutzen viele harte Worte, sehr wenige Taten	Benutzen viele Taten, aber nur sehr wenige Worte
10	Schützen das Kind vor den natürlichen Folgen; benutzen Schuldgefühle als Lehrmeister	Benutzen Bestrafung; Schmerz und Erniedrigung dienen als Lehrmeister	Lassen das Kind die natürlichen Konsequenzen des Lebens erfahren

ANHANG B

Verwandeln Sie Ihre Worte in Gold: Die Kunst der durchsetzbaren Anweisungen für die Familie

Unwirksame Methode	**Liebe-und-Logik-Methode**
Setz dich bitte hin. Wir essen jetzt.	Wir essen, sobald du dich hingesetzt hast.
Sei bitte still. Ich kann deinem Bruder nicht zuhören, wenn ihr beide gleichzeitig sprecht.	Ich höre dir gerne zu, sobald dein Bruder das Gespräch mit mir beendet hat.
Räume dein Zimmer auf, damit wir einkaufen gehen können.	Ich nehme dich gerne mit zum Einkaufen, sobald dein Zimmer sauber ist.
Ich spiele nicht mit dir Ball, bevor du nicht still bist.	Ich spiele gerne mit dir Ball, sobald du ruhig bist.
Rede nicht, während ich dir vorlese.	Ich werde dir wieder vorlesen, sobald du aufhörst zu reden.
Du kannst nicht spielen gehen, bevor du deine Hausaufgaben gemacht hast.	Du kannst gerne spielen gehen, sobald du deine Hausaufgaben gemacht hast.
Schrei mich nicht an!	Ich höre Menschen zu, die mich nicht anschreien.
Hör zu!	Ich werde weitermachen, sobald ich weiß, dass du mir zuhörst.
Lass deine Schwester in Ruhe.	Du kannst gerne bei uns bleiben, solange du deine Schwester nicht ärgerst.
Behalte deine Hände bei dir.	Fühl' dich frei, mit uns zusammen zu sein, sobald du deine Hände für dich behalten kannst.

Unwirksame Methode	Liebe-und-Logik-Methode
Erledige deine Hausarbeiten pünktlich, sonst bekommst du Hausarrest.	Ich lasse dich gerne mit deinen Freunden gehen, sobald deine Hausarbeiten erledigt sind.
Rede nicht in diesem Ton mit mir!	Ich werde zuhören, sobald deine Stimme so ruhig ist wie meine.
Sei respektvoller!	Ich bespreche das gerne, wenn man mir Respekt entgegenbringt.
Komm nicht zu spät von der Schule nach Hause.	Ich fahre diejenigen zum Training, die pünktlich nach Hause kommen.
Ich werde deine schmutzige Wäsche nicht aufheben.	Ich wasche gerne die Wäsche, die in den Wäschekorb gelegt wird.
Halte dein Zimmer sauber.	Alle, deren Räume ordentlich sind, sind eingeladen, ein Eis mit uns zu essen.
Ich werde dir kein Geld mehr leihen.	Ich verleihe Geld an diejenigen, die Sicherheiten bieten.
Wenn du nicht weißt, wo dein Bleistift ist, musst du eben ohne ihn auskommen.	Fühl dich frei, von anderen etwas zu leihen, nur nicht von mir.
Du gehst nicht ohne deinen Mantel raus.	Du kannst rausgehen, sobald du deinen Mantel anhast.
Du wirst nicht in dieser Gruppe bleiben, solange du dich so verhältst.	Du kannst bei uns bleiben, wenn du dieses Verhalten bleiben lassen kannst.
Komm nicht in dieses Zimmer zurück, bevor du etwas Respekt zeigen kannst!	Du kannst gerne wieder in das Zimmer zurückkommen, sobald du dich beruhigt hast.
Hör' auf, die Spielregeln zu brechen.	Wer sich an die Regeln halten kann, darf gerne weiterspielen.
Räume sofort dieses Zimmer auf, und zwar im Ernst!	Sobald dein Zimmer sauber ist, kannst du mit uns einen Eisbecher essen.
Hör auf, mit mir zu streiten.	Ich werde gerne mit dir darüber sprechen, sobald deine Streiterei beendet ist.

Unwirksame Methode	**Liebe-und-Logik-Methode**
Wenn du mit den Pinseln nicht richtig umgehen kannst, kannst du an diesem Projekt nicht teilnehmen.	Alle, die mit den Pinseln richtig umgehen können, sind eingeladen, sich an dem Projekt zu beteiligen.
Wenn du deinen Erlaubniszettel vergisst, verpasst du den Ausflug.	Alle, die den Erlaubniszettel mitbringen, dürfen auf den Ausflug mitkommen.

Die Fortsetzung des Buches für die Teenagerjahre:

Foster Cline und Jim Fay

Teenager mit Liebe und Logik erziehen

Jugendliche auf ein verantwortungsvolles Erwachsensein vorbereiten; 360 S., Pb.

Wenn Kinder in die Teenagerjahre kommen, kommt die Erziehung in eine ganz neue Phase. Auf dem Weg zur Unabhängigkeit und Selbstständigkeit stehen Kinder vor Entscheidungen über Leben und Tod, lange bevor sie auf sich allein gestellt sind.

Die Autoren glauben, dass das Einzige, was Teenager effektiv auf die reale Welt vorbereiten kann, das konsequente Üben von Verantwortung ist. Eltern lernen, ihren Teenagern die Möglichkeit zu geben, ihre eigenen Entscheidungen zu treffen, während sie ihnen gleichzeitig erlauben, mit den natürlichen Konsequenzen ihrer Fehler zu leben, und Empathie für den Schmerz, die Enttäuschung und die Frustration zeigen, die sie erleben werden. Die Teenagerjahre sind herausfordernd, bieten Ihnen aber auch eine unglaubliche Chance: Sie können Ihre Kinder zu einem produktiven, glücklichen und verantwortungsbewussten Erwachsensein führen.

Über die Autoren

Dr. Foster Cline ist ein international anerkannter Kinder- und Erwachsenenpsychiater. Zusammen mit Jim Fay ist er Mitbegründer des Liebe-und-Logik-Instituts und Experte in den Bereichen Bindung von Kindern, Umgang mit begabten und talentierten Kindern, Kindererziehung, Klassenführung sowie Kommunikation.

Seine Liebe zu Kindern und seine Leidenschaft, Menschen zu helfen, verleihen ihm eine einzigartige Klarheit, um schwierige und oft verwirrende Prinzipien der kindlichen Entwicklung in direkte Gespräche und Antworten für Erwachsene zu verwandeln. Er ist weltweit als Berater für Schulen und Krankenhäuser tätig.

Dr. Cline ist auch Großvater und Vater von drei leiblichen Kindern, einem Adoptivkind und mehreren Pflegekindern.

Jim Fay hat mehr als fünfzig Jahre Erfahrung in der Arbeit mit Kindern und Familien. Während seiner 31-jährigen Tätigkeit als Pädagoge, Schulleiter und Verwalter diente er in öffentlichen, privaten und konfessionellen Schulen. Er ist Mitbegründer des Liebe-und-Logik-Instituts sowie Gründer eines Schulberatungsdienstes.

Außerdem ist er einer der gefragtesten Redner Amerikas für Erziehung, positive Disziplin und Klassenführung und ist als Berater für Schulen, Eltern, Einrichtungen für psychische Gesundheit und das US-Militär tätig. Er gilt als einer der besten Bildungsexperten Amerikas und hat viele Preise im Bildungsbereich gewonnen.

Jim Fay ist Großvater und Vater von drei Kindern. Sein jüngster Sohn, Dr. Charles Fay, ist Schulpsychologe und hat sich dem Liebe-und-Logik-Institut als Redner, Autor und Berater angeschlossen.

Weitere Produkte von GloryWorld-Medien

„Himmlische Bücher für die Erde"

Danny Silk, Erziehung mit Liebe und Vision

Herzensbeziehungen eingehen statt Machtkämpfe austragen

Vorwort von Bill Johnson; 170 S., Pb.

Danny Silk fordert uns in unserem bisherigen Denken über Liebe, Disziplin und Respekt, ja in unserer generellen Vorstellung von Kindererziehung heraus. Er stellt eine Denk- und Lebensweise vor, die eine Leichtigkeit und Frieden in unsere familiären und sonstigen Beziehungen bringt.

Unser Herz spielt dabei die zentrale Rolle. Das Herz der Eltern und das Herz der Kinder. Wenn beide Seiten verstehen, wie sich ihr jeweiliges Verhalten auf das Herz des anderen auswirkt, werden die Herzen geschützt und Beziehungen können gedeihen.

Mirjam Fischer

Das Leben beginnt

Empfängnis, Schwangerschaft und Geburt aus Gottes Sicht

112 Seiten, Pb.

Familienplanung ist ein Thema mit vielen Fragen. Mirjam Fischer ist es ein großes Anliegen, dass jedes Kind einen möglichst guten Start ins Leben hat und dass werdende Mütter und Väter sich uneingeschränkt auf die Geburt ihrer Kinder freuen können. Sie hat sich vertieft auf die Suche gemacht, was Gottes Gedanken hinsichtlich Befruchtung, Schwangerschaft, Geburt und Wochenbett sind. Auch andere wichtige Themen wie Namensfindung, Berufung, Paten oder der Verlust eines Kindes werden beleuchtet.

Heiderose Hofmann

Vertrau mir, mein Kind!

Alleinerziehend im Licht der Bibel, 160 S., Paperback

Viele alleinerziehende Eltern fühlen sich – selbst unter Christen – in ihrer Problematik häufig allein gelassen. Da die Autorin selbst mit dieser Problematik konfrontiert war, lernte sie mit der Zeit, Gott in ihre Situation mit hineinzunehmen. Er offenbarte ihr Schritt für Schritt sein Herz für die Alleinerziehenden.

Das Buch hilft Betroffenen, Heilung zu finden und mit ihrer Situation zurechtzukommen, und enthält eine Anleitung zum Aufbau von Gruppen für Alleinerziehende.

Wayne Jacobsen, Geliebt!

Tag für Tag in der Zuneigung des himmlischen Vaters leben

240 S., Paperback

Jeden Tag ein Leben zu führen, in dem wir völlig sicher sind, dass wir bedingungslos von Gott geliebt sind – ist das wirklich möglich, und wie sieht das konkret aus?

Wayne Jacobsen bringt uns Schritt für Schritt nahe, wie tief die Liebe Gottes zu uns tatsächlich ist. Wir entdecken dabei, dass wir nicht zu Sklaven, sondern zu Söhnen und Töchtern berufen sind. Die liebevolle Zuneigung unseres Vaters im Himmel gilt uns in allen Umständen. Wir erfahren eine lebendige Beziehung zu ihm, die uns von der Qual der Scham befreit und uns so verändert, dass wir als seine Kinder leben können.

Larry Crabb

Orte der Geborgenheit und Heilung

Auf dem Weg zu authentischen geistlichen Gemeinschaften,

280 S.; Paperback

In diesem bahnbrechenden Buch stellt uns Larry Crabb ein inspirierendes Bild vor Augen, was Kirche bzw. Gemeinde, ja auch jede Ehe, Familie und Kleingruppe eigentlich sein könnte: eine echte geistliche Gemeinschaft – ein Ort, an dem nicht erwartet wird, dass man schon eine gewisse Perfektion erreicht hat, sondern an dem Menschen sich miteinander auf den Weg zu Gott machen, ein Ort, an dem Gott Menschen heilen kann und an dem sie wieder miteinander in Verbindung kommen und letztlich auch mit ihm.

Wayne Jacobsen & Clay Jacobsen

Authentische Beziehungen

Die verlorene Kunst des Miteinanders; 160 Seiten, Pb.

Die Liebe der ersten Christen untereinander war sprichwörtlich. Ihr Miteinander und ihre Ausstrahlung waren ihr größtes Zeugnis.

Heute sind echte und tiefe Beziehungen rar geworden. Wir haben die Kunst, solche Beziehungen aufzubauen, verlernt oder sind nicht gewillt, die entsprechenden Kosten auf uns zu nehmen. Die Folge ist, dass unser Zeugnis nach außen schwach ist und dass viele in den Gemeinden unter Einsamkeit und oberflächlichen Beziehungen leiden.

Die Autoren erläutern, welches Modell für liebevolle, ermutigende und authentische Beziehungen wir im Neuen Testament finden, und zeigen anhand praktischer Beispiele, wie wir zu solchen Beziehungen kommen und sie pflegen können.

Don Atkin

Wie der Vater, so der Sohn

Jünger machen nach dem Herzen Gottes, 192 S., Paperback

Wie können die Vaterlosigkeit und Waisenmentalität, die sowohl unsere Gesellschaft als auch weite Teile der Kirche/Gemeinde prägen, im Geist Christi überwunden werden?

Jesus, der vollkommene Sohn offenbarte Vater- und Sohnschaft als Weg unserer Bestimmung.

Don Atkin zeigt auf, wie dadurch, dass natürliche und geistliche Väter – im Einklang mit dem Wirken des Heiligen Geistes – für Einzelne Verantwortung übernehmen, reife Söhne (und Töchter) hervorgehen.

Desweiteren gibt er praktische Richtlinien zur persönlichen Jüngerschaft. Eine Pionierleistung auf diesem dringlichen Themenfeld.

Henk Bruggeman

Das Herz des Vaters entdecken

Unsere Identität als Söhne und Töchter Gottes empfangen; 200 S., Paperback

Gott sehnt sich mehr denn je danach, seinen Kindern sein Vaterherz zu offenbaren. Er möchte, dass wir ihn nicht nur mit dem Kopf, sondern vor allem mit dem Herzen kennenlernen. Statt einer Distanziertheit soll eine innige Vertrautheit unsere Beziehung zu ihm prägen.

Darüber hinaus möchte er uns aber eine neue Identität schenken: die Identität der Sohnschaft. Wir entdecken mehr und mehr, wie wir als echte Söhne und Töchter Gottes leben können.

Michael Stahl / Klaus Hettmer

Geheimsache Männerherz

Stahlhart, zerbrechlich & butterweich

208 Seiten, Paperback

Wie tickt ein Männerherz? Wer hat es erschaffen? Welche Sehnsüchte sind darin verborgen? Welche Verletzungen und Geheimnisse lagern dort seit langer Zeit?

Die Hauptautoren Michael Stahl und Klaus Hettmer wurden fast gleichzeitig von gesundheitlichen Niederschlägen getroffen. Michael Stahl erlitt wenige Monate vor der Arbeit an diesem Buch einen Herzinfarkt; Klaus Hettmer musste sich einige Wochen danach einer sehr schweren Herzoperation unterziehen. Zusammen mit weiteren bekannten Autoren berichten sie über ihre Erfahrungen, um andere Männerherzen zu berühren.

Barry & Lori Byrne, Liebe in der Ehe

Eine tiefere geistliche, emotionale und körperliche Einheit erleben

Vorwort von Bill Johnson; 334 S., Klappenbroschur

Gott möchte, dass die Ehe ein Ort echter Liebe und Vertrautheit ist. Dafür brauchen wir die Hilfe des Heiligen Geistes. Mit ihm können wir die Ursachen unserer Konflikte erkennen und überwinden. Unsere Ehe kann Heilung und Wiederherstellung erfahren, egal, wie der momentane Zustand ist.

Mit klarer biblischer Lehre und vielen praktischen Hilfen packen die Autoren die wichtigsten heißen Eisen an. Viele ermutigende Erfahrungsberichte verdeutlichen die dramatische Heilung und Intimität, die mit Gottes Hilfe möglich ist.

Frank Krause, Unterordnung – Segen oder Fluch

Das Geheimnis der Macht in Gemeinde und Ehe

180 Seiten, Paperback

Das Thema „Unterordnung" spielt in der christlichen Kirche und insbesondere ihrer Sicht von Ehe eine große Rolle, aber nicht nur dort.

In jedem Miteinander von Menschen ist die Frage nach der Verteilung der Macht von entscheidender Bedeutung. Dennoch wird dieses Thema in den Gemeinden selten reflektiert und häufig wie ein Tabu behandelt, was dazu führen kann, dass Missbrauch oft entweder gar nicht als solcher wahrgenommen oder aber bagatellisiert, uminterpretiert und vergeistlicht wird.

Danny Silk, Unbestrafbar

Unsere Vorliebe für Bestrafung beenden; 200 S., Pb.

Jesus ist gekommen, um uns einen besseren Weg zu zeigen, wie wir auf menschliche Fehltritte und Schlamassel reagieren können, als durch Bestrafung: den Weg der Umkehr, Versöhnung und Wiederherstellung. Dadurch werden Menschen von Angst, Scham und Bestrafung befreit und befähigt, ihre Probleme an der Wurzel anzupacken und sich einen neuen Lebensstil anzueignen: Sie lernen, im Licht zu leben und ihre Beziehung zu Gott, sich selbst und anderen zu schützen.

„Unbestrafbar" ist ein Wegweiser, um selbst den Weg der Umkehr, Versöhnung und Wiederherstellung zu gehen, anderen auf diesem Weg zu helfen und straffreie Kulturen der Liebe in unserem Leben, unseren Beziehungen, Familien, Gemeinden und Organisationen zu schaffen.

Wayne Jacobsen / Dave Coleman

Der Schrei der Wildgänse

Aufbrechen zu einem freien Leben in Christus jenseits von Religion und Tradition; 220 Seiten, Paperback

Wie können wir heute als Einzelne und in Gemeinschaft in der Freiheit leben, zu der uns Christus befreit hat? Wie können wir religiöse Zwänge entlarven, die uns diese Freiheit immer wieder rauben wollen?

Die Autoren beantworten diese Fragen mitten aus dem Leben. Sie zeigen auf, wie wir heute ganz praktisch mit Jesus leben und eine Freude und eine Freiheit erleben können, von der wir bisher bestenfalls träumen konnten.

Neil Cole, Leiten lernen wie Paulus

Hineinwachsen in ein Leben, das Kreise zieht

240 S., Klappenbr.

Welche Lektionen können wir von Paulus, einem der größten Weltveränderer der Geschichte lernen? Welche Lebens- und Leiterschule durchlief er, um am Ende sagen zu können: „Ich habe den guten Kampf gekämpft, ich habe den Lauf vollendet …" (2 Tim 4,7)?

In diesem Buch nimmt uns der erfahrene Coach und Gemeindegründer Neil Cole mit auf eine Reise. Wir untersuchen das Leben des Apostels Paulus und lernen wertvolle Lektionen darüber, wie Gott in verschiedenen Lebensphasen einen Leiter formt und ihn zum Ziel bringt.

Leiten bedeutet dabei, Einfluss zu haben. Jeder ist dazu geboren, jemand zu werden, der Einfluss hat – egal, ob er wie Paulus unerreichten Völkern das Evangelium bringt oder Kinder so erzieht, dass sie unsere Gesellschaft positiv prägen.

Neil Cole, Organische Gemeinde

Wenn sich das Reich Gottes ganz natürlich ausbreitet

288 Seiten, gebunden

Wie wäre es, wenn Gemeinden auf organische Weise entstünden, wie kleine geistliche Familien, aus dem Boden der Verlorenheit geboren, weil hier der Same Gottes ausgesät wurde? Genau dies erlebte Neil Cole, nachdem er anfing umzusetzen, was Jesus selbst zum Thema Gemeinde lehrte.

Innerhalb von sechs Jahren entstanden 800 Gemeinden in 32 Ländern. In diesem Buch fasst er seine Erkenntnisse zusammen: Welche Sicht hatte Jesus selbst von der Gemeinde? Die organische Natur des Reiches Gottes / Der genetische Aufbau des Leibes Christi / Jesu Strategie, sein Reich auszubreiten / Unsere hohe Berufung, an Gottes Plan mitzuwirken.

Wayne Jacobsen

Die Gemeinschaft der Neuen Schöpfung

Wie wir sie finden und warum es noch so viel mehr gibt

272 S.; Paperback

Seit über 50 Jahren beschäftigt den Autor die Frage nach der authentischen neutestamentlichen Gemeinde. Er hat sie schließlich an den ungewöhnlichsten Orten entdeckt und möchte uns dabei helfen, diese unglaubliche, von Jesus geformte Braut zu finden.

Dazu betrachtet er die Gemeinde aus Gottes Sicht. Sie beginnt im Herzen Einzelner und fügt sich dann zu einer weltweiten Gemeinschaft von Menschen zusammen, die untereinander Gottes Herrlichkeit zum Ausdruck bringen.

Jim Montgomery, Leuchthäuser

Wie es hell wird in unserer Stadt; 160 Seiten, Pb.

Wenn wir erleben wollen, dass Gottes Herrlichkeit in unsere Städte und Dörfer kommt und die Atmosphäre bestimmt, ist ein entscheidender Schritt, dass jeder Christ die Vision hat und befähigt wird, seine Mitmenschen mit der Liebe Gottes zu erreichen.

Der Autor zeigt zum einen auf, wie der einzelne Christ oder eine Familie Schritte gehen kann, seinen bzw. ihren Mitmenschen auf unkomplizierte Weise das Licht und die Liebe Jesu so zu bringen, dass sie Interesse am Glauben bekommen. Zum anderen vermittelt er die Vision, wie daraus eine Bewegung entstehen kann, sodass ganze Dörfer, Städte und Länder zu leuchten anfangen.

Frank Krause, Männerdämmerung

Auf dem Weg zu wahrer Identität und Stärke; 160 S., Pb.

Viele Männer stecken in der Krise. Sie wissen nicht, wer sie sind, und spielen Rollen, um anderen zu gefallen und deren Erwartungen zu erfüllen.

Die Frage ist: Gibt es eine authentische männliche Form von Transformation, wie Männer zu „echten" Männern werden? Und wer hilft ihnen dabei, damit sie nicht nur jede Menge Porzellan zerschlagen, sondern wirklich zu einer anderen Dimension von Mannsein durchbrechen?

Der Autor zeigt auf, wie revolutionär die Lehren Jesu gerade für Männer sind.

Mike & Sue Dowgiewicz

Zeiten der Wiederherstellung

Fundamente für ein authentisches Christsein; Fundamente für die Endzeitgemeinde; 320 Seiten, gebunden

Wie können wir die Vertrautheit und Vollmacht der ersten Christen zurückgewinnen?

Dieses Buch lädt zu einer Entdeckungsreise ein. Sie lernen die Charakteristiken des urgemeindlichen, noch hebräisch geprägten Lebensstils kennen, aber auch die Fehlentwicklungen der frühen Kirche. Im Wesentlichen bietet es jedoch eine Orientierung auf dem Weg zu geistlicher Erneuerung.

Larry Kreider

Authentisches geistliches Mentoring

Anderen helfen, im Glauben zu reifen; 240 Seiten, Pb.

Es ist kein Geheimnis, dass es einen großen Bedarf an geistlichen Vätern und Müttern gibt, die Mentoren für jüngere Christen sein können, um diese für ihr Leben und ihre Berufung zuzurüsten.

Der Autor stellt insbesondere das Mentoring-Modell Jesu vor und zeigt auf, wie wir dieses in unserer geistlichen Familie anwenden können. Ob Sie einen geistlichen Mentor suchen oder einer werden wollen – dieses Buch ist gleichermaßen für Sie geeignet!

Michael Stahl, Vater-Sehnsucht

120 Seiten, Paperback

Immer mehr Kinder wachsen in dieser Welt ohne Vater auf. Was wird aus diesen Kindern? Der Vater ist der erste Held im Leben eines Kindes. Dieser mächtigste Mensch der Welt kann Wunden schlagen und sie auch heilen.

Michael Stahl, lässt uns an der Entstehung und dem Heilungsprozess seiner eigenen Vaterwunden teilhaben. Und er berichtet, was er erlebt, wenn er in Schulen, Heime, Gefängnisse oder Firmen geht und dort Menschen hilft, sich miteinander zu versöhnen.

Das Buch ist eine Schatzgrube für alle auf der Suche nach Wurzeln, Identität und Wahrheit. Es ist auch **als Hörbuch** sowie **in Englisch und Russisch** erhältlich.

Bestellen Sie im Buchhandel oder direkt beim Verlag:

GloryWorld-Medien | Beit-Sahour-Str. 4 | D-46509 Xanten
Fon: 02801-9854003 | Fon: 02801-9854004 | info@gloryworld.de

Aktuelles, Leseproben, Downloads & Shop: **www.gloryworld.de**